智能时代中小学教师专业发展的学校支持

王 薇 著

中国轻工业出版社

图书在版编目（CIP）数据

智能时代中小学教师专业发展的学校支持 / 王薇著.
北京：中国轻工业出版社，2024.10. --ISBN 978-7
-5184-4913-2

Ⅰ.G635.12

中国国家版本馆CIP数据核字第2024FA6894号

责任编辑：张　晗　　责任终审：高惠京　　设计制作：锋尚设计
策划编辑：张　晗　　责任校对：吴大朋　　责任监印：张京华

出版发行：中国轻工业出版社（北京鲁谷东街5号，邮编：100040）

印　　刷：北京君升印刷有限公司

经　　销：各地新华书店

版　　次：2024年10月第1版第1次印刷

开　　本：720×1000　1/16　印张：14.75

字　　数：320千字

书　　号：ISBN 978-7-5184-4913-2　定价：69.80元

邮购电话：010-85119873

发行电话：010-85119832　010-85119912

网　　址：http://www.chlip.com.cn

Email：club@chlip.com.cn

版权所有　侵权必究

如发现图书残缺请与我社邮购联系调换

220521Y1X101ZBW

序

当前,以人工智能和量子信息技术等为特征的新技术革命如大海浪潮滚滚而来,这不仅改变了我们的生活方式和思维习惯,也必将改变我们的思维方式和生命状态。人,不是孤立的、抽象的,是多种文化熏陶下的人,是受一定社会环境影响的人,是不断自我觉醒、自我完善,不断成长的人。人,必有人性,否则,何以为人!何谓人性?正如恩斯特·卡西尔在《人论》中论述:"人性是人的自我塑造的过程,真正的人性无非就是人的无限的创造性活动。"

王薇博士从事的,正是"人的自我塑造"的工作。多年来,她在教书育人、师资培训等工作中,全情投入,倾心付出。无论是教学改革、课题研究,还是班主任工作,都做出了显著的成绩。追溯王薇博士的成长历程,说明她今天取得的成绩,绝非偶然。她本科学习外语专业,对中西文化的碰撞和交融,早就有初步的认知,这同时也拓宽了她的国际视野。后又师承教育名家,专心探索净化、美化学生心灵的艺术,从而对青少年的兴趣、爱好、性格、需求、愿景、梦想等有真切的了解。不惑之年又投入本人门下攻读教育信息技术课程与教学论博士,她紧跟时代的潮流,勇立时代的潮头。我想,当教育技术之树浇灌了人文思想的养分之时,定会结下丰硕的创新之果。

王薇博士心存善念、怀有爱心。她的心灵充满阳光,不仅对当前的教育现状有深入的了解,而且对教育的未来有美好的期待,尤其对高校教师的内心诉求和发展愿景有感同身受的认知。由于她曾在教师发展中心、质量监控中心等部门从事管理和研究,为一线教师提供专业指导,积累了大量关于教师发展、教师职业期待、跨学科的教师团队合作等方面的资料。她知晓青年教师入职后在教学、科研以及职评等方面的困惑、焦虑和期待,中年教师在专业发展上遇到"高原现象"时的无助与不安。实践研究证明,尽管学校从不同层面上助力教师发展,但教师对专业发展的期待和学校对教师的支持,仍存在不小的差距。面对现状,王薇博士本着强烈的时代使命感和教师责任心,深切感受到由智能技术引发的社会变革,对高校固有的培养模式和原有的教师专业发展路径提出了挑战,从而重新审视学生的培养方向、培养规格、培养方式,以及教师专业发展的内涵、维度、途径、方式等,以符合智能时代对教师专业发展的要求。

她认为,在传统教育中,教师发展往往被赋予"被教育者"的身份,因而缺失了主动性,缺乏反思能力和进取精神,因而效果不显著。本书以"赋权增能"等理论为指导,通过制度搭建、组织架构、开展活动、资源建设、考核评价等激发教师自主学习、勇于探究的精神和敢于质疑、乐于思辨的能力，进而培养教师的创新意识、创新品格和创新能力。教师的发展与成长，如果没有教师主体的积极参与，没有教师鲜明、张扬的个性，没有教师锲而不舍、水滴石穿的坚持，没有教师独抒己见、另辟蹊径的探索，教师发展的目标和愿景是难以实现的。

为此，本书主要研讨以下几个问题：智能时代中小学教师专业发展学校支持的内涵；智能时代学校支持教师专业发展理论、标准以及学校支持教师专业发展的价值取向；智能时代中小学教师TPACK水平和智能时代中小学教师专业发展的学校支持现状；智能时代中小学教师专业发展的学校支持路径。

教育是面向未来的事业，具有现实性，更具有前瞻性。书中不仅蕴含了王薇多年来积累下来的教育经验，而且力求站在时代的高度，运用教育技术学的相关理论，将这些经验上升到教育思想的高度，进而梳理出了当代我国教师发展和人才培养的基本特点和规律。其主要特点如下：

第一，关注教师群体自主学习能力的激发。本书对影响教师专业发展的内外因进行研究，相比于外因，内因是决定成效的主因。本书运用"赋权增能"等理论，通过赋权管理、赋权教师，在制度、政策、教师参与权等方面给予教师外在支持，通过这些外在支持，激发教师内在动力，最后实现教师自觉成长，促进教师专业发展。对教师本身自主学习能力的激发和关注是本书的核心和灵魂，并在调研中得到证实。

第二，从学校角度系统研究智能时代教师专业发展的理论和维度。智能时代中小学教师专业发展的内涵、维度以及价值取向是本书关注和回答的重要问题。相对于非智能时代，智能时代中小学教师专业发展的学校支持要赋权教师、赋权技术、赋权管理。在目标设计、组织实施以及考核评价上提供支持，以提升教师专业发展水平。教师专业发展既要有中国特色，还要有世界眼光，应具有国际视野，遴选美国、欧盟等有代表性的教师专业发展标准，探讨指标的异同，吸纳其中科学、适用的要素。

第三，研究方法上采用实证和访谈结合的方式。学校支持的教师专业发展，最终的落脚点是在人的培养上，而涉及人的培养方面，单一的研究方法不能解决问题。本书综合了文献研究、调查研究等方法，在问卷分析上采用量化和质性相结合的方法。在理论探寻基础上，开展了实地调研。为达到中小学教师在智能时代必备的教师专业发展水平，制定了学校支持教师专业发展的基本目标和主要策略。

第四，科学搭建了学校支持的教师专业发展路径。在理论和实践基础上，本书构建科学的、系统的支持路径：理念引领，重塑智能时代中小学教师专业发展的学校支持新理念；构建学校组织、教师成长中心、学科组、教师个体意愿和行为，以及校外机构及社区支持的"五位一体"的智能时代中小学教师专业发展的学校支持体系；生成与建设学校教师专业发展资源库；开展活动，以多元化、个性化方式助力教师成长；评价反馈，为教师专业发展质量保驾护航。

在具体实施中，本书提出要充分发挥校长领导力和教师组织力，采取分层赋权、技术引领、平台助力等具体举措。这也为未来学校支持教师专业发展提供了新的思路。智能时代也促使我们要重新梳理学校与教师专业发展的关系，深入思考未来教师专业发展的可能变化，制定符合学校实际的教师教育方案，力争探索一条适合我国国情的教师专业成长之路。我想，王薇将来会有更多的成果产出，也将为学校支持的教师专业发展提供实践指导。我相信也会有越来越多的学者和实践者参与这项研究，共同促进教师教育发展。

当然，无论智能技术多么巧妙、多么高深，都是人类创造的成果。恩格斯把人的大脑比喻成世界上最美的花朵，这不仅在于大脑皮层神经回路纵横交错显示的美感，更在于人的大脑思维活动结下了人类最美的创新之果。人和其他动物的本质区别，正在于人有思想，会思考，会产生新思想，还会创造新事物，创造新生活。当今，智能技术已进入学校，进入课堂，使教育改革发生了我们始料未及的变化。时代在发展，智能技术在发展，人的自身也在发展。无论如何，人始终是教育的本体，教育的中心，教育的归宿。离开了人，无论改革什么，我们都将重蹈"工具主义"的覆辙。

写作至此，感慨良多。遂移步窗前，俯瞰窗下，见绿树葱茏，茂密的叶片在阳光下绿得发亮，焕发出勃勃生机。此刻，我突然想起德国大作家歌德的一句话："生活之树常青，而理论往往是灰色的。"我想把歌德这句话加以引申：教育理论或是教育技术，如果脱离了生动、活泼的教育生活，定会是灰色的、枯萎的；反之，如果教育生活缺失了教育理论的引领和教育技术的支持，也将会是灰色的、浑浊的。在教学和科研中，只有理论和实践的紧密结合，才能让生活之树绽放理论之花，结下思想之果。这也是我对王薇的殷切期望。

前些时，王薇将几经修改后的书稿寄给我，嘱我作序。我仔细阅读书稿后，有感而发，写了上面的话，是为序。

华中师范大学人工智能学部教师教育学院副院长、博士生导师

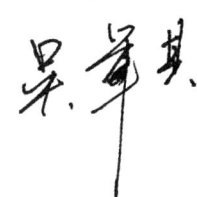

目 录

第一章 绪论
第一节 研究背景及意义 1
一、研究背景 2
二、研究意义 8
第二节 概念界定 9
一、智能时代及相关界定 9
二、教师专业发展及相关界定 13
三、学校支持的含义 15
第三节 研究综述 16
一、学校支持研究 16
二、智能时代变革教师专业发展研究 27
三、智能时代支持学校发展研究 32
四、研究述评 39
第四节 研究目标、框架与方法 40
一、研究目标 40
二、研究框架 41
三、研究方法 43

第二章 智能时代中小学教师专业发展学校支持的理论基础
第一节 教师专业发展理论 45
一、赋权增能理论 45
二、社会互动理论 50
三、传播生态理论 52
四、教师职业生涯阶段理论 54
第二节 智能时代中小学教师专业发展学校支持的内涵和特点 56
一、智能时代中小学教师专业发展学校支持的内涵 56
二、智能时代中小学教师专业发展学校支持的特点 64

第三章 教师专业发展标准：学校支持教师专业发展的基本取向
第一节 教师专业发展标准的中外经验 70
一、国外教师专业发展标准 71
二、中国教师专业发展标准 76
第二节 教师专业发展标准比较分析 77
一、教师专业发展标准之间的差异 78
二、教师专业发展标准的共同关注 81
第三节 学校支持的中小学教师专业发展的取向 89
一、促进教师自主发展 89
二、注重校本研修 90
三、以评价为导向 91
四、强调沟通和交往 92

第四章 智能时代中小学教师专业发展及学校支持的基本现状

第一节 中小学教师专业发展及学校支持调研设计 94
一、问卷编制与发放 94
二、访谈设计与实施 99

第二节 智能时代中小学教师专业发展现状分析 101
一、智能时代中小学教师TPACK水平整体分析 101
二、智能时代中小学教师专业发展分维度考察 102
三、智能时代中小学教师专业发展的个体差异 103
四、教师运用技术的意愿和行为情况 107

第三节 智能时代中小学教师专业发展的学校支持现状 109
一、智能时代中小学教师专业发展学校支持的描述性统计 109
二、智能时代中小学教师专业发展学校支持的差异性分析 110
三、智能时代中小学教师专业发展学校支持的回归分析 114

第四节 教师专业发展及学校支持的现状总结 117
一、智能时代中小学教师专业发展现状总结 117
二、智能时代中小学教师专业发展的学校支持现状总结 118

第五章 学校支持教师专业发展的当代挑战与角色转变

第一节 学校支持教师专业发展的当代挑战 121
一、多元的教师专业发展理念与学校线性发展思维的冲突 121
二、教师专业发展目标与学校传统制度的矛盾 122
三、海量数字资源与教师自身素养的冲突 123
四、人工智能教师、实体教师并存与单一实体教师群体的抵牾 123

第二节 智能时代学校支持教师专业发展的角色转变 125
一、学校是教师专业发展的重构者 125
二、学校是智能环境的构建者 126
三、学校是教师发展专长的引导者 126
四、学校是教师交流合作平台的搭建者 127

第六章 智能时代中小学教师专业发展的学校支持路径构建

第一节 理念引领：重塑中小学教师专业发展的学校支持新理念 129
一、以赋权增能、社会互动和传播生态理论为指导 129
二、树立以学为中心的理念 130

第二节 体系保障：构建五位一体的学校支持体系 131
一、学校组织 131
二、教师成长中心 142

三、学科组 150
四、教师个体意愿和行为 153
五、校外机构及社区 158
第三节 资源支持：生成智能时代教师专业发展的资源库 160
一、资源建设的理念及管理 160
二、多元化资源平台 161
第四节 活动支持：多元化、个性化的方式助力教师成长 163
一、教师专业发展活动的设计 163
二、教师专业发展活动的实施主体 163
三、教师专业发展活动的主要形式 164
第五节 评价反馈：为教师专业发展质量保驾护航 167
一、评价的基本理论 168
二、智能时代教师专业发展评价的主体及内容 171
三、智能时代教师专业发展评价的形式 174
四、评价结果的整合与运用 176
第六节 案例分析 178
一、研究设计及组织架构 178
二、理论指导及制度构架 179
三、平台助力及资源整合 180
四、评价引领及数据收集 181

第七章 研究总结及展望

第一节 研究总结 183
一、研究的结论 183
二、研究的不足 185

第二节 创新与展望 185
一、研究的创新 185
二、研究展望 186

附 录

附录一 《澳大利亚教师专业标准》 188
附录二 《英国教师专业发展标准准纲》 191
附录三 《教师应该知道和能做什么》 193
附录四 《美国教师核心素养》 194
附录五 以核心素养来促进终身学习的建议书 195
附录六 《我国中小学教师专业发展标准（试行）》 196
附录七 智能时代中小学教师专业发展水平及学校支持路径研究访谈提纲 199
附录八 智能时代中小学教师专业发展现状及影响因素调查问卷 200

参考文献 205

第一章 绪论

自21世纪以来,信息技术如互联网、云计算、区块链等飞速发展,引领着社会生活和工作方式的变革,德国学者克劳斯·施瓦布提出人类正在经历第四次工业革命[①]。国家也关注到智能技术变革社会和教育的作用。2019年,中共中央、国务院发布《中国教育现代化2035》,总体部署智能教育的发展。党的二十大报告也明确指出要"实施科教兴国战略,强化现代化建设人才支撑","推进教育数字化,建设全民终身学习的学习型社会、学习型大国"。这些均彰显了智能技术在人类进步和社会发展中的重要地位。把握全球人工智能发展态势,找准突破口及主攻方向,培养具有创新能力及合作精神的人工智能高端人才是全世界各个国家的重要课题。面对这一现实,如何推进教育变革,培养符合智能时代需求的人才,是我国社会各界,特别是教育管理部门、各级学校需要关注并积极探讨和实践的问题。

第一节 研究背景及意义

围绕信息技术,国家颁布了一系列文件,如《教育信息化十年发展规划(2011—2020年)》《国家教育事业发展"十三五"规划》等,在文件中提出要强化教育信息化,以教育现代化强国。2017年,国务院印发了《新一代人工智能发展规划》。2022年,《新时代基础教育强师计划》强调推进教师队伍建设信息化,探索人工智能助推教师管理优化、教师教育改革等路径。学校是国家政策的执行者,教师是教学实践活动的主要践行者,具体承担培养符合未来社会需求的人才的任务。换言之,教师的教学水平决定人才培养质量的高低。由此,国家要大力推进教师教育,提升教师专业水平。

---

① [德]克劳斯·施瓦布. 第四次工业革命[M]. 北京:中信出版社,2016:4.

一、研究背景

（一）信息技术助推社会进入智能时代

信息技术带来突飞猛进的变化，学者赵炬明提出信息技术革命经历了数字化、网络化、移动化三次重大变革后，进入了智能化时代[1]。2016年，随着人工智能棋手打败韩国名将，吴军提出社会进入了智能时代[2]，人工智能是智能时代最具有代表性的技术。人工智能这一概念，是在1956年达特茅斯会议上提出的。随着深度学习研究的推进，人工智能取得突破性发展[3]。目前，以人工智能为代表的技术，已渗透到社会中，正引领着新一轮科技革命。智能技术从实验室里走了出来，应用于社会发展各个领域，加速社会产业变革[4]。人工智能加速经济社会的数字化和网络化，引发链式突破，改变了社会基本业态，促进社会向智能化跃进[5]。也就是说，智能时代，社会的智能化程度变高[6]。

智能技术促进社会发生变革，创新驱动发展成为时代的最强音。人工智能作为智能时代最具有代表性的技术，在国内外都受到极大关注，各个国家更是将人工智能教育作为强国的重要举措。为确保在人工智能领域的全球领先地位，美国出台系列政策，从宏观层面对人工智能的发展给予指导。2019年，美国政府启动"美国人工智能计划"[7]，并发布战略规划、评估报告及规范指南。其中战略规划有《国家人工智能研发战略计划》[8]等，评估报告包括《2016—2019年人工智能研发

---

[1] 赵炬明. 助力学习：学习环境与教育技术——美国"以学生为中心"的本科教学改革研究之四[J]. 高等工程教育研究，2019（02）：7-25.

[2] 吴军. 智能时代[M]. 北京：中信出版社，2016：103.

[3] 吕伟，钟臻怡，张伟. 人工智能技术综述[J]. 上海电气技术，2018，11（01）：62-64.

[4] 刘文. 人工智能时代高等教育之变与不变[J]. 黑龙江高教研究，2018（03）：1-5.

[5] 潘懋元，陈斌. "互联网+教育"是高校教学改革的必然趋势[J]. 重庆高教研究，2017（01）：3-8.

[6] 杨宗凯，吴砥，陈敏. 新兴技术助力教育生态重构[J]. 中国电化教育，2019（02）：1-5.

[7] Donald J T. Accelerating America's Leadership in Artificial Intelligence [EB/OL]. （2019-02-11）[2020-05-16]. https：//www.whitehouse.gov/articles/accelerating Americas -leadership-in-artificial-intelligence/.

[8] National Science & Technology Council. The National Artificial Intelligence Research and Development Strategic Plan：2019 Update [EB/OL]. （2019-06-21）[2020-05-16]. https：//www.white-house.gov/WP-content/uploads/2019/06/National-AIResearch-and-Development-Strategic-Plan-2019-UpdateJune-2019.pdf.

进展报告》①等。我国同样非常重视人工智能，2017年出台的《新一代人工智能发展规划》中，官方第一次提出建设智能社会。

总体来说，智能技术飞速发展，智能工具在各大行业广泛运用，越来越多基于数据、信息、知识以及价值的智能工具，在社会发展中发挥助推作用。人工智能已促使社会进入智能社会。智能时代的社会化智能程度变高，对各个行业提出了要求，而承担着为未来社会输入人才的学校，需要做出应对举措。

（二）智能技术驱动教育教学改革

国内外越来越注重技术对教育的影响，各国组织专家以及学者对技术变革教育进行深度研究，并从国家层面推出了行动规划，发布应用战略。我国陆续发布了《2006年中国国家教师教育技术标准》等一系列教师信息技术提升类文件，见表1-1。文件的出台表明国家对信息技术助推教育教学改革的思路和举措。2013年，教育部在全国范围内启动教师信息技术能力提升工程，建立应用能力标准体系，并开展培训。随着人工智能的兴起，2018年，教育部出台《教育信息化2.0行动计划》，进一步明确人工智能与教育融合发展。该计划指出，针对人工智能等技术为教育教学带来变化，教师要学会应对，并着力提升教学水平。换言之，国家及学校要强化教师队伍建设，实施人工智能助推行动，加快实现教师队伍建设与人工智能的融合。2021年，《教育部等五部门关于大力加强中小学线上教育教学资源建设与应用的意见》发布，提出要实施智能教育，将智能技术与教育教学融合，构建智能校园和以学习者为中心的教育环境，在教育教学中，运用技术推进人才培养模式改革，创新教学方法，开发智能助理，日常教育和终身教育实现定制化②。2023年，教育部发布了《教师数字素养》行业标准，用于对教师数字素养的培训与评价。

---

① National Science & Technology Council. 2016—2019 Progress Report：Advancing Artificial Intelligence R&D ［EB/OL］.（2019-11-20）［2020-05-16］. https：//max. book118. com/html/2020/0313/5034030030002231. shtm .

② 朱永海，刘慧，李云文，等. 智能教育时代下人机协同智能层级结构及教师职业形态新图景［J］. 电化教育研究，2019，40（01）：104-112，120.

表1-1 我国政府制定的教师信息技术提升类文件

年份	文件名称
2023年	《教师数字素养》
2021年	《教育部等五部门关于大力加强中小学线上教育教学资源建设与应用的意见》
2018年	《教育信息化2.0行动计划》
2017年	《新一代人工智能发展规划》
2016年	《教育信息化"十三五"规划》
2014年	《中小学教师信息技术应用能力培训课程标准（试行）》
2013年	《关于实施全国中小学教师信息技术应用能力提升工程的意见》
2012年	《教育信息化十年发展规划（2011—2020年）》
2006年	《2006—2020年国家信息化发展战略》
2006年	《2006年中国国家教师教育技术标准》

为应对智能时代的社会发展，美国提出教育系统应培养适应社会需求的劳动力[1]，同时指出人工智能时代培养适应社会需求的劳动力，教育需承担以下责任：其一，人工智能时代要培养劳动者专门的劳动技能，劳动者要具备智能时代必备的技术，如操作机器人、了解和掌握机器的操作和功能，以减少时间成本，增加便利性；其二，人工智能时代教师要协助学生树立新的就业观念，适应新时代对劳动者的需求，只有更新观念，学生才有发展的意识和行为，最后取得成效[2]。美国学者周以真教授提出智能时代要高度重视学习者的计算思维、数据素养。计算思维与计算机运用高度相关，是根据计算机概念和原理解决问题，开展系统设计。数据素养是指能够理解数据，对数据进行阐释，运用数据进行沟通，在数据科学教育下协助参与者分析数据、解释数据以及参与相关政策的讨论[3]。

---

[1] Executive Order 13845— Establishing the President's National Council for the American Worker[EB/OL].（2018-07-19）[2020-09-21]. https：//www.presidency.ucsb.edu/documents/executive-order-13845-establishing-the-presidents-national-council-for-the-american-worker.

[2] 田芬."美国人工智能计划"中的教育使命与策略——基于美国政府2019-2020年系列报告解析[J].比较教育研究，2021（03）：15-23.

[3] Wing J M. Computational thinking[J]. Communications of the ACM，2006，49（03）：33-35.

在教育领域，技术变革教育教学过程，带来了学校办学定位、人才培养目标、课程与教学体系等方面的变化。其一，智能社会要求学校培养适应智能化社会发展的人才，促使学校人才培养目标发生变化，相应地在课程设置、组织管理、资源配置、教师发展等方面做调整。其二，智能时代人们对技术以及技术与学科融合的关注度升高，课程内容更加注重技术与科学课程的融合。其三，智能技术引导下的教与学发生了变化，教学和学习方式更加多元和开放，出现了泛在学习、交互学习，以及合作学习等，教学组织方式强调线上和线下教学、混合式教学以及项目式教学等。

智能时代，大数据大量涌现、人工智能融合教育教学等，对教师素养提出了新的要求。教师教育是教育事业的关键，要大力振兴教师教育。国家相应出台的系列政策，是推动教育信息化内涵式发展的举措，是对新时代教师队伍建设的重大决策部署，旨在培养高素质教师，可解决教师信息技术应用能力不足的现实问题。

（三）教师在教学改革中的重要地位

教师作为教育教学的直接实施者，在教育教学中具有重要地位。教育教学中，教师的有效执行力可保障教育改革顺利开展。由此看来，教师教育是教学改革的关键，具有决定性作用。智能时代，智能技术为教育改革带来了更大挑战，教学和人才培养活动更加复杂，更加凸显了教师工作的重要性。

在教师重要性日益凸显的背景下，世界各国纷纷制定与教师相关的政策，以提高教师教学水平，保障教师地位。全美教育委员会在《追求高质量的教：决策者的五个重要战略》中明确指出教师专业发展的意义和途径，鼓励和支持教师参加高质量发展项目，以改进教学；同时提出教师专业发展是达成学校教育目标的有效工具，是提升教师教学水平的重要途径，管理部门要将教师专业发展与学校改革结合[①]。1972年，英国正式把教师在职教育纳入政府宏观控制体系。20世纪80年代中期至今，管理部门制定了诸多政策，旨在促进教师专业发展，特别是教师职后发展。文件涵盖《把学校办得更好》《教师工资待遇法》《教育改革法案》《教师：迎接变革的挑战》《专业发展：教与学的支

---

① Allen Michael, Palaich Robert. In pursuit of quality teaching: five key strategies for Policymakers [J]. Education Economics, 2000.

持》《英国教育法》《教师专业发展计划》和《教师专业标准》等。20世纪80年代开始，英国发布的每项教育政策，都关注教师在职教育，并从国家层面给予支持[①]。

20世纪以来，我国政府制定了20余个与教师专业发展相关的文件，本书摘录了部分，见表1-2。1999年，中共中央、国务院发布文件提出深化教育改革，推进素质教育。有关教师方面，指出要全面提升教师素质，建立建设专业化、高质量教师队伍。2010年，国务院发布《国家中长期教育改革和发展规划纲要（2010—2020年）》，针对教师专业水平提升，在纲要中做了具体指导，即完善培养培训体系，做好培养培训规划。2011年，《教育部关于大力加强中小学教师培训工作的意见》出台，强调要通过培训加强教师队伍建设。教师培训可推进素质教育和促进教育公平，保证教育质量。2012年，《国务院关于加强教师队伍建设的意见》出台，指出教育事业发展的基础和办好人民满意的教育的关键都是教师。2014年，教育部启动"卓越教师培养计划"，也称"国培计划"，以提升教师培养质量，推动教师教学综合改革。2018年，《中共中央、国务院关于全面深化新时代教师队伍建设改革的意见》出台。在意见中，针对教师队伍建设，提出要振兴教师教育。同年，教育部等五部门发布《教师教育振兴行动计划（2018—2022年）》，要分类改进教师培养模式，加强一流师范院校和师范专业建设。文件的出台，显示了国家注重教师队伍建设，同时也从国家层面制定了应对举措。学校是教师职后工作和发展的主要区域，承担着为国家输入优秀人才的职责，因此，学校的发展在教师和学生成长中起着重要作用。2019年，国家发布《中共中央、国务院关于深化教育教学改革全面提高义务教育质量的意见》。该意见更是将激发学校活力单列出来，将其作为重点工作予以部署。2020年，国家发布《深化新时代教育评价改革总体方案》，该方案提出要从国家层面对义务教育质量进行监测，完善质量监测制度，制定义务教育学校办学质量评价标准。国家发布的政策及标准显示，教师及教师工作的专业性得到国家层面的逐渐认可，提升教师水平被认为是强国的重要举措。而学校的办学活力以及组织发展，是促进教师成长的重要因素。

---

① 杜静. 英国教师在职教育的特点探析［J］. 教育研究，2010（12）：103-106.

表1-2 我国政府制定的与教师专业发展相关的文件

年 份	文件名称
2022年	《新时代基础教育强师计划》
2021年	《小学教育专业师范生教师职业能力标准（试行）》
2020年	《深化新时代教育评价改革总体方案》
2019年	《中共中央、国务院关于深化教育教学改革全面提高义务教育质量的意见》
2018年	《教师教育振兴行动计划（2018—2022年）》
2018年	《中共中央、国务院关于全面深化新时代教师队伍建设改革的意见》
2014年	《教育部关于实施卓越教师培养计划的意见》
2013年	《教育部关于深化中小学教师培训模式改革全面提升培训质量的指导意见》
2012年	《国务院关于加强教师队伍建设的意见》
2011年	《教育部关于大力加强中小学教师培训工作的意见》
2010年	《国家中长期教育改革和发展规划纲要（2010—2020年）》
1999年	《中共中央、国务院关于深化教育改革全面推进素质教育的决定》

（四）智能时代教师专业发展学校支持的困境

在我国，教师入职后由所在学校负责其专业发展。学校支持教师专业发展主要通过以下途径：其一，支持教师在职学历提升，部分基础教育的师资在入职后，为专业发展和个人兴趣需要，会依据程序提出在职学历提升申请，学校根据情况给予批复和支持；其二，安排教师参与校外各级、各类提升活动，涵盖"国培""省培""专题提升"等；其三，为教师发展制定校本研修的活动。研究和调查表明，目前，学校虽对教师专业发展提供了支持，但是质量和力度需要进一步提升。作为教师职后发展的主要场域，学校提供的教师职后发展举措，没有达到教师需求，而且部分教师陷入职业发展困境。2001年，学者Hargreaves等人认为教师在用他们从未经历过的教学方式授课，授课对象是出生在信息化时代，伴随着技术发展成长起来的新一代"数字原住民"，新时代的学生更擅长使用技术工具，更能理解技术带来的机会，因此为应对信息技术给教育教学带来的压力和挑战，教师需要学习教学内容与技术工具等①。为提升中小学教师专业发展水平，

---

① Andy Hargreaves, Lorna Earl, Shawn Moore, et al. Learning to change: Teaching beyond subjects and standards [M]. San Francisco: Jossey Bass, 2001: 197.

我国政府和学校都采取举措，如开展"国培计划"、建立教师专业发展学校、开展校本研修等，但中小学教师专业发展领域依然存在诸多问题，如主题庞杂、各种成果和方法纷繁凌乱、缺乏强有力的理论整合等[①]。学校没有建构完备的教师专业发展支持体系，开设的教师专业发展活动相对较散，项目和活动深度和持续性不够。大多数教师注重个体自身学习，没有将理论及时与教学实践结合，并在教学中运用。同时，教师信息化水平缺乏，尤其是乡村教师信息技术应用能力十分薄弱。由此可见，随着智能化的发展及数字原住民入学，教学环境智能化，数字资源多元化，学习方式泛在化，已有的教师成长方式和途径不能满足社会的变化及群体的需求。简言之，智能时代教师专业发展及学校支持出现了失衡现象。

二、研究意义

本书从理论和实践角度对智能时代中小学教师专业发展的学校支持进行研究，对教师专业发展、教师评价等方面具有重要意义。

（一）理论意义

本书可丰富教师专业发展理论和专业发展评价理论。智能时代中小学教师专业发展的学校支持是在智能时代这一背景下，讨论学校支持中小学教师专业发展的理论、内涵、问题及路径。以"赋权增能""社会互动""传播生态"等理论为指导，丰富教师专业发展理论。本书关注教师专业发展的评价功能，挖掘智能时代学校支持教师专业发展的评价体系，注重教育数据在教学改革、教师专业发展中的重要作用。

（二）实践意义

本书可帮助解决智能时代学校支持教师专业发展的理论不足、概念不清以及成效不够的现实问题，有助于学校、教师个体等明晰智能时代教师专业发展以及智能时代学校支持教师专业发展的内涵、理论基础、影响因素、现状及问题，构建科学的、系统的学校支持教师专业发展的路径，为相关职能部门提供思路。

本书的研究可形成制度文件、项目资源包等，可供教育管理部门在政策制

---

① 崔允漷，夏雪梅. FAPO：一种新的教师专业发展分析框架[J]. 教育发展研究，2011，33（10）：6-10.

定、工作实践、学术研究等方面参考运用，提升不同群体的效能，增强管理部门的指导能力；可为基础教育学校在学校发展规划、教师队伍建设、教师引进政策、在职教师培养、教师评价等方面提供依据；可为学校支持教师专业发展提供指引，激发教师个体积极性和主动性，促进学校和教师专业发展，提升办学质量。

第二节　概念界定

一、智能时代及相关界定

（一）智能

对智能时代进行界定，首先要明晰"智能"这一概念。智能指智谋、才能和智力，这个词最早出现于文献《管子·君臣上》第三十篇中的"不言智能聪明[1]"，智能在文中是才能的意思。而后智能在《汉书》《周书》以及宋人的墓志铭中均出现过。其中《汉书·高帝纪下》中出现智能一词是在"今天下贤者智能，岂特古之人乎？"[2]一句中。《周书·苏绰传》中，智能出现在"太祖方欲革易时政，务弘强国富民之道，故绰得尽其智能"[3]中。司马光撰写的《墓志铭》中，提及智能的句子是"智能足以齐其家"[4]，依据上下文分析，这里的智能主要指谋略和才能。

现代对智能的研究起源于法国学者阿尔弗雷德·比奈和西奥多·西蒙设计的智力量表，当时，他们把智能看作是单维的、通用的能力[5]。随后美国学者罗布特·斯腾伯格和霍华德·加德纳对智能进行进一步研究。罗布特·斯腾伯格

---

[1] （春秋）管仲. 管子[M]. 长春：时代文艺出版社，2008：188.
[2] 古文观止[M].（清）吴楚材，吴调侯，选注. 施适，校点. 上海：上海古籍出版社，2016：215.
[3] （西汉）司马迁，（东汉）班固，等. 万卷楼国学经典：二十四史精华[M]. 夏华等，编译. 沈阳：万卷出版公司，2013：307.
[4] （宋）司马光. 传家集（卷七十八）·程夫人墓志铭[M]//景印文渊阁四库全书，台北：台湾商务印书馆，1983：718-719，1094.
[5] Binet A, Simon T. New methods for the diagnosis of the intellectual level of subnormal[J]. L'annee Psychologique，2003，191-244.

提出了三元智能理论，即智能包括实用性、分析性和创造性①。霍华德·加德纳提出了多元智能理论，即智能涵盖语言、数理逻辑、人际沟通、自我内省等。1994年，国外52位专家签署文件，对智能做了新的界定，认为智能是普遍心理能力，包含推理、规划、抽象思考等②。国内学者也对智能的概念积极关注，如祝智庭等从教育的视角关注智能，认为智能涵盖认知、情感以及志趣③。可见，对智能概念的界定是一个变化的过程，随着人们认知的发展及社会的变迁，智能的概念相对于最初的"才能"，有了更广和更深层次的内涵。综合以上学者的观念，本书界定的智能是通用智能，涵盖认知智能、情感智能以及志趣智能等。

1956年的达特茅斯会议上，"人工智能"被美国的约翰·麦卡锡等学者提出。当时认为"人工智能"就是使机器像人一样思考和学习。随着海量数据的涌现，算法和深度学习向纵深发展，人工智能推动各个层级的交互和社会的进步。在此，智能的内涵和外延又有了新的变化。现如今，学界对于人工智能仍没有明确定义，普遍都认为人工智能是一门交叉学科，融合了计算机技术、算法以及机器学习等。在《2019技术趋势：人工智能》报告中，人工智能被界定为学习系统，即机器可以在有限或不需要人工干预的情况下更好地完成由人执行的任务④。

（二）智能时代

教育的发展受到社会生产力及科学技术发展水平的制约和影响。智能时代是随着智能技术在社会中的运用而产生⑤，然而目前学界对智能时代没有明确定义，研究者多从智能教育、人工智能运用等方面来阐释智能时代的内涵和特点。2016年，随着人工智能棋手打败韩国名将，人工智能迈上了一个新台阶，社会

---

① Sternberg R J. Successful intelligence: Finding a balance [J]. Trends in Cognitive Sciences, 2003（11）: 436-442.
② Gottfredson L S. Mainstream science on intelligence: An editorial with 52 Signatories, History, and Bibliography [J]. Intelligence1997（1）: 13-23.
③ 祝智庭，彭红超，雷云鹤. 智能教育：智慧教育的实践路径 [J]. 开放教育研究，2018，24（04）: 13-24，42.
④ WIPO. Technology Trends 2019: Artificial Intelligence [EB/OL]. (2019-12) [2020-12-21]. https://www.wipo.int/publications/en/details.jsp?id=4396.
⑤ 黄荣怀，杨俊锋，刘德建，等. 智能时代的国际教育比较研究：基于深度探究的迭代方法 [J]. 中国电化教育，2020（07）: 1-9.

进入了智能时代。在智能时代，5G 网络、人工智能等被广泛地运用在社会中，促使人们的生活、工作和学习更加智能化。智能时代的社会使人的发展需求呈现了新的变化，作为人才培养主力军的教师，其专业发展水平需要作出调整：第一，智能时代，为应对技术的不断更新和迭代，教师要掌握与教学和自身学习高度关联的智能技术；第二，教师专业发展的组织者，要充分运用智能技术，促进教师专业发展在理念、内容、组织方式以及评价等方面智能化；第三，要对智能时代的学生素养进行深度探究，在充分考查学生素养的情况下，讨论智能时代教师专业发展的目标及内容；第四，智能时代对教师和学生的自主意识和行为提出了新的要求，要注重培养教师的自主发展意识和行为，进而培养学生的自主学习意识。

（三）智能教育

随着人们对智能的认知不断加深，衍生出"智能教育"这一概念。智能教育是人工智能技术融合教育的新型教育[1]。目前，学界对智能教育没有明确的定义，但是对其开展了诸多讨论。2010 年，学者赵银生提出智能教育是教育手段的智能化[2]。2017 年，学者颖辉等认为智能教育至少包括三方面：其一是将智能看作教育手段，其二是将智能看作教育目的，其三是将智能看作教育的内容；从人工智能在教育领域的发展态势来看，智能教育是培养人的活动，该活动融合了价值引导与人的自主建构[3]。学者闫志明等认为教育人工智能是人工智能技术融合教育的初级阶段，这一阶段关注智能技术在提升教学效果方面的作用；教育人工智能是人工智能技术与教育融合的高级阶段，是指以协同理念为导向，超越技术限制，运用人工智能技术，对学习是如何发展的进行探究，创造高效的学习条件，回归教育本质[4]。2018 年，学者周建设界定了智能教育，提出智能教育的核心技术是人工智能技术，根据产生的教育大数据，对学生的知识、思维等进行

---

[1] 朱永海，刘慧，李云文，等. 智能教育时代下人机协同智能层级结构及教师职业形态新图景[J]. 电化教育研究，2019，40（01）：104-112，120.
[2] 赵银生. 智能教育（IE）：教育信息化发展的新方向[J]. 中国电化教育，2010（12）：32-34.
[3] 颖辉，杨兆山. 论"育人为本"及其内在意蕴[J]. 基础教育，2017，14（02）：14-24.
[4] 闫志明，唐夏夏，秦旋，等. 教育人工智能（EAI）的内涵、关键技术与应用趋势[J]. 远程教育杂志，2017，35（01）：26-35.

精准计算，配置教育教学内容，实施因材施教，促进学生个性化发展以及核心素养提升[1]。2018年，学者张进宝等对智能教育的定义及功能进行了界定：智能教育涵盖智能解决方案和开发系统，能够实现智能化信息处理；是促进学习者系统掌握和运用各种思维与技术的工具；是创新教育过程，需要个体智能发展与智能技术实践相整合[2]。学者祝智庭等认为智能教育是技术智能的教育，包括三个方面，即智能技术支持的教育、学习智能技术的教育，以及促进智能发展的教育[3]。郭绍青认为智能教育中的智能，主要指机器智能，机器智能与人类智慧相融合形成了智慧教育，旨在培养学习者高阶思维、创新能力，打造"智慧的"教育新生态，也促使教育形态产生前所未有的创新和变革[4]。刘斌把智能教育定义为新型教育形态，是由人工智能技术深度融合教育而形成，并提出智能教育素养的结构，指出智能教育素养主要是由知识、核心能力和伦理构成，是智能时代教师的关键素养[5]。蔡乐才等认为智能教育将教育者的价值引导与受教育者的自主建构融为一体，是专门培养人的活动，充分运用了人工智能的知识、技术和程序；它需要教师和人工智能协同，共教、共育，实现促进学生智能在内的全面发展的教育目的；人工智能技术在学校教育中的应用，致使以智慧校园、智慧课堂为重点的智能教育初露端倪[6]。祝智庭和魏非还认为智慧教育作为教育信息化发展的新目标，已经受到全世界的重视，因此智能时代的教师自身要具有先进理念，具备数字素养和终身学习能力，善于培养和发展学生的数字思维[7]。

---

[1] 周建设. 人工智能与教育的深度融合［C］. 北京：首届中国智能教育大会，2018.
[2] 张进宝，姬凌岩. 是"智能化教育"还是"促进智能发展的教育"——AI时代智能教育的内涵分析与目标定位［J］. 现代远程教育研究，2018（02）：14-23.
[3] 祝智庭，彭红超，雷云鹤. 智能教育：智慧教育的实践路径［J］. 开放教育研究，2018，24（04）：13-24，42.
[4] 郭绍青. "互联网+教育"对教育理论发展的诉求［J］. 华东师范大学学报（教育科学版），2019，37（04）：25-37.
[5] 刘斌. 人工智能时代教师的智能教育素养探究［J］. 现代教育技术，2020，30（11）：12-18.
[6] 蔡乐才，张学敏. 智能教育的挑战与教师的应对策略［J］. 课程．教材．教法，2020，40（12）：131-136.
[7] 祝智庭，魏非. 面向智慧教育的教师发展创新路径［J］. 中国教育学刊，2017（09）：21-28.

二、教师专业发展及相关界定

20世纪70年代，教师专业发展被提出。经过50年余年的发展，教师专业发展的理论与实践成为全世界研究者共同关注的课题[①]，对教师专业发展概念的认识，也随着研究和实践的不断深入而日趋丰富与完善。

（一）专业和发展

对教师专业发展的理解，不可避免要先对"专业"和"发展"进行界定[②]。"专业"一词在20世纪50年代被引入我国，是在高校院系调整和高等教育改革时仿效苏联而来，相当于《国际教育标准分类法》中高等学校的主修专业或者课程计划。根据我国实际情况，"专业"指高等教育培养学生的专门领域，是知识和课程的组织形式。关于"发展"，学者做了大量研究。杨启亮认为，"教师专业发展"中的"发展"涵盖两重意思：其一是表示一种动态，这种动态不是具体运动变化的过程，是渐进的、变化着的动势；其二指的是渐进中的不同境界、层次或者水平，不是规定性、僵化的指标，是指运动变化中的水平，它表示事物变化中的境界或者水平[③]。

（二）教师专业发展

在我国，教师专业发展在20世纪后期获得广泛关注。20世纪60年代，教师专业化被提出。伴随着教师专业化的讨论，教师专业发展的相关研究不断深入。在我国，"教师专业发展"有两种解释，即教师专业的发展和教师的专业发展。在教师专业的发展中，将教师职业本身视为专业，将教师专业作为独立的术语来看待，指的是"教师职业"。教师的专业发展，不仅指教师职业，也指教师的学科专业，其内涵更加宽泛。国内外学者有关教师专业发展的概念界定，见表1-3。

表1-3 国内外学者有关教师专业发展的概念界定

学者	概念界定	时间
Hoyle E[④]	在教学职业生涯的每一阶段，掌握良好的专业实践所必备的知识和技能的过程	1982年

---

① 宋广文，魏淑华. 论教师专业发展［J］. 教育研究，2005（07）：71-74.
② 陈霜叶，卢乃桂. 大学知识的组织化形式：大学本科专业及其设置的四个分析维度［J］. 北京大学教育评论，2006（04）：18-28，188-189.
③ 杨启亮. 教师专业发展的几个基础性问题［J］. 教育发展研究，2008（12）：1-4.
④ Hoyle E. The professionalization of teachers: A paradox［J］. British Journal of Educational Studies，1982，30（2）：161-171.

续表

学者	概念界定	时间
Micheal F, Andy H[①]	通过在职教育或者培训,获得特定的提升,主要指目标、教学技能以及与同事合作能力等方面的提升,从知识技能、自我理解及生态改变来理解教师专业发展	1993年
Darling-Hammond L, McLaughlin W M[②]	教师对教育教学实践进行批判性反思,适应关于教学内容、教育理论和学习者学习新知识需求的变化	1995年
唐玉光[③]	以教师专业自觉意识为动力,开展教师教育,促进教师专业智能素质和信念系统不断完善、提升的动态发展过程	1999年
Evans L[④]	是一种过程和活动,这种过程和活动可以增进专业知识、技能和态度	2002年
宋广文,魏淑华[⑤]	是教师符合专业人员标准的过程,旨在促进教师专业知识、技能、情感、自主能力、价值观等方面提升	2005年
Guskey T R[⑥]	增进教育者专业知识、技能和态度的过程和活动	2005年
赵明仁[⑦]	作为学习的历程、探究的过程,应该由外在控制型向内在生成型转变,教师专业发展的结果应该是作为人的发展,既包含教师本人的发展,也包含学生的发展和社会等多方面的发展	2006年
卢乃桂,钟亚妮[⑧]	是教师成长、接受新知识、提高专业水平的过程	2006年
郭元祥,伍远岳[⑨]	教师提炼教育思想,形成教育哲学;凝练课程哲学,生成课程意识;反思知识理解,建构教育学立场	2013年

---

① Micheal F, Andy H. Teacher Development and Educational Change [J]. British Journal of Educational Studio, 1993, 41 (1): 84-85.

② Darling-Hammond L, McLaughlin W M. Policies That Support Professional Development in an Era of Reform [J]. Phi Delta Kappan Magazine, 2011, 92 (6): 81-92.

③ 唐玉光. 教师专业发展的研究 [J]. 外国教育资料, 1999 (06): 39-43.

④ Evans L. What is Teacher Development [J]. Oxford Review of Education, 2005(1): 123-137.

⑤ 宋广文, 魏淑华. 论教师专业发展 [J]. 教育研究, 2005 (7): 71-74.

⑥ Guskey T R. Professional Development and Teacher Change [J]. Teachers and Teaching, 2005, 8 (3): 381-391.

⑦ 赵明仁. 论教师专业发展的再概念化 [J]. 教师教育研究, 2006 (4): 1-5.

⑧ 卢乃桂, 钟亚妮. 国际视野中的教师专业发展 [J]. 比较教育研究, 2006, 27 (2): 71-76.

⑨ 郭元祥, 伍远岳. 论教师专业的内涵发展 [J]. 教师教育论坛, 2013 (10): 17-22.

续表

学者	概念界定	时间
朱旭东[1]	为实现自我和他我发展而产生的行动。这一行动的开展可不断提升专业知识、技能、态度、情感及专业意念	2014年
Pain K[2]	内容集中、学习自主、培训连贯、时间充裕以及集体参与是高效的教师专业发展的核心	2015年

大致来说，对教师专业发展内涵的研究主要分为三阶段。第一阶段，2000年前，专家学者对教师专业发展内涵的探讨属于起步阶段，主要是从知识和能力方面来界定教师专业发展。第二阶段，本世纪初，特别是2005年至2006年，国内外专家学者再次掀起对教师专业发展内涵的热议，学者们除了关注教师专业发展的内容和能力方面的转变外，也关注在发展过程中态度和情感的变化，还有部分学者尝试从学生发展的角度来看待教师专业发展。第三阶段，2014年至2015年，这一阶段学者们更加关注教师专业发展的效果、教师专业发展活动的深度和系统性，以及促进学习者自主发展等。

综合以上学者的观点，笔者认为：第一，教师专业发展是一个过程；第二，教师专业发展是动态的，会随着社会的变迁和技术的进步呈现变化；第三，教师专业发展是外部和内部共同作用的结果。同时，笔者认同朱旭东教授对教师专业发展的界定，认为教师专业发展是一种行动，这一行动旨在实现自我和他我，不断提升专业知识、技能，端正态度，培养情感以及意念。

三、学校支持的含义

"支持"的释意是"支撑，供应，赞同，鼓励"。支持二字首次出现于西汉刘安所著《淮南子·本经训》中的"标林槾栌，以相支持"[3]，即"梁上短柱相互支撑，木头上雕有奇巧的装饰"，此处支持表示相互支撑。唐朝张九龄在《敕勃律国王书》也写到道："又闻被贼侵寇，颇亦艰虞，能自支持，且得退散，并有杀

---

[1] 朱旭东. 论教师专业发展的理论模型建构 [J]. 教育研究，2014（6）：81-90.

[2] Pain K. The Effect of Key Features of High Quality Professional Development on Student Achievement in Reading and Mathematics [D]. University Of St. Francis，2015.

[3] 何宁. 新编诸子集成·淮南子集释 [M]. 北京：中华书局，1998：589.

获，朕用嘉之"①。元朝刘祁《归潜志·卷十二》中有"大抵金国之政杂辽宋，非全用本国法，所以支持百年"②。这两处的支持是支撑的意思。同样，元朝萧德祥《杀狗劝夫》第二折有"他觉来我自支持他，包你无事"③，此处支持指的是帮助、协助等。

侯生的《哀江南》和郭沫若的《洪波曲》中所用的支持，强调为达成某一目标，某群体给予资助和帮扶，即供应所需。侯生在《哀江南》中写道："八股专家支持讲席"④。郭沫若在《洪波曲》第九章写道："……靠着团体和青年的响应与支持，才使三厅的几次宣传扩大"⑤。

在分析了"支持"的意思后，对什么是学校支持就不难理解了。学校支持顾名思义是为了达成目标，学校从不同角度给予帮助。本书所谈的学校支持指的是为培养和发展适应智能时代这一背景，学校从不同层面对中小学教师专业发展给予支持，提供达成目标所需的资源。这一资源涵盖与教师专业发展相关的目标、制度、管理、体系等。

第三节 研究综述

本节以智能时代学校支持中小学教师专业发展为研究对象，从学校支持研究、智能时代变革教师专业发展研究以及智能时代支持学校发展研究三方面，探讨智能时代教师专业发展的学校支持现状、问题、支持路径及趋势等。

一、学校支持研究

学校是教师职后发展的主要支持者。国内最早将教师专业发展与学校联系起来开展研究的是丁钢教授，2001年，丁钢教授指出教师专业发展是校本课程开发

---

① 张九龄. 曲江集［M］. 广州：广东人民出版社，1986：500.
② （金）刘祁，（元）姚桐寿，等. 历代笔记小说大观·归潜志乐郊私语［M］. 黄益元，李梦生，校点. 上海：上海古籍出版社，2012：87.
③ （元）萧德祥. 杨氏女杀狗劝夫杂剧［M］. 北京：中华书局，1958：1920-1934.
④ 张枬，王忍之. 辛亥革命前十年间时论选集［M］. 北京：生活. 读书. 新知三联书店，1960：537.
⑤ 郭沫若. 郭沫若全集文学编［M］. 北京：人民文学出版社，1992：131.

的核心①。教师专业发展的学校支持是学校针对教师成长进行的顶层设计。学校层面依据教育理论、发展目标而制定详细规划和策略,从制度、组织等各个层面为教师专业发展提供支持路径,并组织实施和评价,最终达到学校发展和教师专业发展的目标。学者们对影响教师专业发展的因素进行研究,涉及宏观、中观和微观层面。宏观层面,学者王洁等认为,影响教师专业成长的因素主要包括社会环境、政府支持等②。本书所聚焦的学校支持属于中观层面,包括学校制度、学校文化、职业吸引力等方面。同时,也对微观层面如教师个体专业发展的意愿和行为给予关注。

(一)理论和制度支持

实践的基础是理论,理论对实践起着引导作用。学校支持教师专业发展必须在理论指导下实现。现有研究表明,教师专业发展的学校支持理论包括制度变迁、文化生态取向、教师阶段发展理论以及赋权增能理论等。早期,教师专业发展的学校支持理论聚焦在制度变迁理论和唯技术理论上。

制度变迁理论最初运用在新制度经济学中,后在社会科学中逐步被运用。2013年,学者刘晓萍关注制度变迁理论下的教师专业发展,提出要在制度保障下,提升学校教师专业水平③。从这一角度研究教师专业发展制度,可建立和完善教师专业发展校本机制,是从更深层次分析制约教师专业发展的因素。

随着技术应用到教育教学,"唯技术取向"一度受到关注,更多学者从广阔视野中去研究技术、学校与周围环境的互动影响,并从文化和生态理论视角开展研究。学者江世勇关注外语教师专业发展的影响因素,提出外语教师专业发展受到技术、教师自我以及环境等因素影响,认为学校支持专业发展要以生态整体发展为取向,注重文化生态的影响,构建文化生态环境,实现文化对专业发展的支撑和引领作用,从根本上推动中小学外语教师专业发展④。学者王金利等从教育生态学视角研究乡村学校教师发展问题,指出乡村学校教师发展出现

---

① 丁钢. 以教师专业发展为核心的校本课程开发[J]. 教育研究,2001(02):50-53.
② 王洁,宁波. 什么因素在影响着教师的专业发展?——中小学教师专业发展测评的背景、发现与改进路径[J]. 人民教育,2019(11):31-34.
③ 刘晓萍. 制度变迁理论与中小学教师专业发展[J]. 中国教育学刊,2013(S3):98-99.
④ 江世勇. 技术与文化的平衡:文化生态取向下的中小学外语教师专业发展探析[J]. 中小学教师培训,2016(11):8-12.

了群体内部结构失衡、教师主体与学校发展失衡、内外部环境信息传递失衡、群体动力匮乏等问题,建议关注学校内部生态和外部生态,并提出生态改善策略①。王永固等从社会生态系统理论角度研究名师网络工作室在促进乡村教师专业发展上的机制和作用②。此外,还有学者从场域理论视角研究教师专业发展问题③。

从赋权增能角度研究教师专业发展的学校支持,主要是探讨其对学校改进、教师个体的权责意识激发等方面的影响。学校支持的教师发展是系统的过程,受到多种因素的综合影响,主要分为外因和内因,相比于外因,内因是决定成效的主动力。因此,学校和教育研究者在教师专业发展过程中,通过赋权教师,在制度、政策、参与权等方面给予教师外在的支持,从而激发教师内在动力,最后实现教师自觉成长,促进教师专业发展。自主权是基本的权利,只有教师具备自主权后,才可以谈专业自主。由此,越来越多的学者关注赋权增能和教师自主权,希望通过赋权增能,改变权力关系,最终推进教师专业化发展④。2014年,学者田莉探析教师赋权增能视野下的学校改进内涵及策略,对教师参与学校改进的内涵进行研究,对教师参与学校改进的角色赋权给予关注,并设计了参与学校改进的行动框架⑤。学者叶长红提出,要在赋权增能理论指导下,做好顶层设计,保障教师赋权增能机制,培养教师权能意识,提高教师专业素养,重点提升教师实践智慧⑥。

此外,学校对教师专业发展的支持应通过制度固化下来。学者们也对制度进

---

① 王金利,李莹,耿涓涓. 教育生态学视角下乡村学校教师发展问题研究—基于一所乡中心小学的个案[J]. 教育科学研究,2020(03):86-92.
② 王永固,聂瑕,王会军,莫世荣. "互联网+"名师工作室促进乡村教师专业发展:机制与策略[J]. 中国电化教育,2020(10):106-114.
③ 黄嘉莉,叶碧欣,桑国元. 场域理论视角下民族地区教师专业发展的影响因素研究——基于多层线性模型的分析[J]. 教育研究与实验,2021(01):75-80.
④ 操太圣,卢乃桂. 教师赋权增能:内涵、意义与策略[J]. 课程. 教材. 教法,2006(10):78-81.
⑤ 田莉. 教师赋权增能视野下的学校改进:内涵及策略[J]. 教育理论与实践,2014,34(11):3-5.
⑥ 叶长红. 赋权增能理论下中小学教师专业发展的新路径[J]. 教学与管理,2019(18):7-9.

行了研究，关注到校长在制定制度过程中的核心作用，并针对教师专业发展制度制定中出现的问题，提出解决举措。校长在制度制定中具有重要作用，作为学校支持教师专业发展的核心人物，校长被认为是"领跑者"[1]。学者宓莹提出校长的第一使命就是促进教师的专业发展，应进行行动研究，建立专业发展规划责任机制，与教师协作设计个性化的"专业发展规划表"，通过多种途径推动教师成长[2]。学者李娟以新老师为研究对象，关注新教师群体，如新入职3年以内教师和新调入3年以内的教师，对其发展机制进行研究，并尝试制度化，以促进教师专业成长[3]。

（二）支持内容

学校支持教师专业发展工作的内容包括变革组织管理、建立教师专业共同体、开展培训、发展教师内驱力以及培育教师文化等方面。早期，学校通过组织管理改革支持教师专业发展。2008年，学者李继秀对学校组织进行研究，提出教师发展和教师生命价值实现的主要场所是学校，学校要通过组织变革来实现教师专业发展水平的提升[4]。换言之，学校要将管理重心下移，把教育教学专业学术管理、具体事务管理的权力下放到基层组织，通过系列组织变革促进教师主动发展和自我更新。教研组是教师所在的基础组织，随着组织改革的深入，教研室建设备受关注。学者林岚等认为在教师专业发展中，更新教师教育观念具有重要作用，教师应尝试从同伴互助中找到改进教研组的突破口[5]。2013年，学者周成海关注学校管理，提出学校管理要赋权教师，使教师能够进行专业对话与知识分享，以打破传统科层体制，建立合作的学校文化[6]。随着教师合作和智能技术的发展，学校支持的教师专业发展中，构建教师专业共同体具有重要意义。目前，教师专业发展的校本研修中，学校应建立多种形式的教师专业共同体，以加强教师之间的协作，提高教师专业发展水平，如大家熟知的名师、名校长工作室，县

---

[1] 欧阳国亮. 校长要做教师专业发展的"领跑者"[J]. 中小学管理，2020（09）：48-49.
[2] 宓莹. 教师专业发展规划师：校长的使命[J]. 上海教育科研，2016（05）：66-68.
[3] 李娟. 强化机制建设助力新手教师专业发展[J]. 中国教育学刊，2020（01）：104.
[4] 李继秀. 教师发展与学校组织变革创新[J]. 教育研究，2008（03）：79-83.
[5] 林岚，汪明帅. 教师专业发展背景下学校教研组改进构想[J]. 教育科学研究，2009（08）：72-75.
[6] 周成海. 教师专业发展范式转移及其在学校管理层面的应对[J]. 教育理论与实践，2013，33（19）：36-39.

域或区域的学科中心建设，教师教育机构内部建立的协作体和联盟等。

信息技术变革教育教学，对教师教学水平和信息技术水平的要求逐步提高。学校通过开展培训，如教育教学专题培训、新教师入职培训、教育信息化培训等提升教师水平。2010年，学者张冬玉关注信息化培训，指出当今世界各国教育领域共同关注的问题之一，是教师信息化素养提升途径[1]。赵建华等对当前国内外信息化环境下教师专业发展的现状进行对比分析，系统归纳教师专业发展经验，梳理存在问题，阐述信息化环境下教师专业发展的趋势[2]。智能时代，学校提高了对教师信息化素养、数据智能水平的要求，相应地应通过组织活动予以支持。

一般说来，教师专业发展是外在力量和内在力量互相作用的结果。在教师专业发展过程中，学校注重对教师自主性、内驱力和动力的培养。2006年，学者王晓戎关注教师自身发展，特别是教师的自主意识，认为教师专业发展的主观动力和内在核心因素是自主意识，学校应尝试激发教师专业发展的自主意识，从而提升教师自主专业发展能力[3]。2015年，学者孟旭提出通过激发教师专业发展动力来提升教师教育实践[4]。2020年，学者叶丽敏提出要提升自我成长力[5]。教师文化是在学校教师群体内形成的独特的价值观、共同的思想和信念、职业精神、行为准则以及规范等。学校支持的教师专业发展应注重对教师文化的建设[6]。

总体来看，教师专业发展的学校支持内容相对较松散，涉及的层面既有宏观的教学文化，也有微观层面的具体的培训，缺乏系统性和延续性。

（三）支持途径

研究表明，教师专业发展的支持途径有建设教师专业发展学校、实施校本

---

[1] 张冬玉. 面向信息时代中小学教师专业发展的研究现状及趋势[J]. 中国电化教育，2010（08）：33-37.

[2] 赵建华，姚鹏阁. 信息化环境下教师专业发展的现状与前景[J]. 中国电化教育，2016（04）：95-105.

[3] 王晓戎. 中小学教师专业发展自主意识的应然选择与实然分析[J]. 陕西师范大学学报（哲学社会科学版），2006（S2）：316-317.

[4] 孟旭. 教师专业发展的动力机制[J]. 教育理论与实践论，2015，22（11）：34-37.

[5] 叶丽敏. 提升自我成长力：开启教师专业发展"加速度"[J]. 中小学管理，2020（09）：19-20.

[6] 周钧. 阻碍小学教师专业发展的因素研究[J]. 教师教育研究，2013，25（04）：51-55，12.

研修。

1. 建设教师专业发展学校

20世纪80年代中后期,美国提升教师专业发展水平的途径是建立专业发展学校。最初的专业发展学校是在大学与中小学之间建立合作,通过合作来发展教师。在大学,承担培训者角色的主体是教育学院或者有能力开展此项工作的部门或者机构。根据改革需要和教师专业发展目标,教师发展学校构建系统的教师发展体系。我国学者研究国外教师专业发展学校,并据此对我国专业发展学校建设和教师成长提出对策和建议。梳理相关研究发现,早期学者们对概念、价值取向以及标准等进行探索。宁虹是较早关注教师专业发展学校建设的国内学者。2001年,其在研究美国教师专业发展学校的情况下,结合我国教育专业发展实践,从重新理解教育的视角对我国教师专业发展学校建设提出建议和意见[①]。2003年,学者段发明从社会学视野中研究美国教师专业发展学校[②]。部分学者关注国外教师专业发展学校标准以及问题等。2010年,学者胡艳等研究国外教师专业发展学校标准,对美国发布的教师专业发展学校标准进行研究,关注其中的指导思想、背景以及内容等,为教师专业发展学校建设提供了方向,同时也为教师专业发展学校的建设提供了操作指南[③]。学者赵昌木研究美国教师专业发展学校的理念、实施与问题,对美国教师专业发展存在的问题重点关注,比如大学教师参与的积极性不高、大学与中小学的教师存在差异、教师专业发展人员角色转变存在困难等[④]。

总体来说,相关研究经历了以下几个阶段:第一阶段专注于国外教师专业发展学校的内涵和特点,主要聚焦在专业发展学校背景[⑤],专业发展学校的理念、

---

① 宁虹. 重新理解教育——建设教师发展学校的思考[J]. 教育研究, 2001(11): 49-52.
② 段发明. PDS学校:美国教师专业发展的新组织——一种组织社会学视野[J]. 比较教育学报, 2003(11): 42-46.
③ 胡艳, 邹学红. 美国教师专业发展学校标准评析[J]. 教师教育研究, 2010, 22(03): 76-80.
④ 赵昌木. 美国教师专业发展学校:理念、实施与问题[J]. 外国教育研究, 2003(10): 42-46.
⑤ 丁笑梅. 学校重构与教师教育改革必须同步——美国教师专业发展学校的经验及启示[J]. 外国教育研究, 2003, (05): 32-36.

实施与问题[1];第二阶段集中在国内专业发展学校的建设[2]、从学术文化与实践文化对话角度研究教师专业发展学校[3];第三阶段,关注教师发展学校标准等,包括教师培养质量举措[4]、专业发展学校标准评析[5]、专业发展学校与教育实习改革的经验与启示[6]、从合作层面谈专业发展学校的质量保证[7]以及专业发展学校的合作创新方略等[8];第四阶段,对教师专业发展学校的创新开展研究,内容涵盖混合式教师专业发展模式[9]、教师发展学校建设的经验[10]、信息化背景下教师专业发展学校的新趋向与实现路径[11]、基于U-G-S协同模式的教师发展学校设计[12],以及以专业学校撬动全域教师发展[13]。总而言之,教师专业发展学校的研究和实践呈现多元化和时代化等特点,发展内容、途径、功能更加丰富,为教师专业发展提供

---

[1] 赵昌木. 美国教师专业发展学校:理念、实施与问题[J]. 外国教育研究, 2003 (10): 42-46.

[2] 钟智. 教师专业发展学校的构建[J]. 教师教育研究, 2005 (04): 9-12.

[3] 朱晓宏. 教师发展学校建设:学术文化与实践文化的对话[J]. 中国教育学刊, 2007 (10): 70-74.

[4] 曹辉, 卜广庆. 基于"真实情景中合作"的教师发展——美国PDS的教师培养质量策略[J]. 教育理论与实践, 2009, 29 (23): 43-45.

[5] 胡艳, 邹学红. 美国教师专业发展学校标准评析[J]. 教师教育研究, 2010, 22 (03): 76-80.

[6] 胡惠闵, 汪明帅. 美国教师专业发展学校与教育实习改革的经验与启示[J]. 全球教育展望, 2011, 40 (07): 49-53.

[7] 尹小敏. 大学与中小学合作:教师专业发展学校的质量保证[J]. 教育科学, 2011, 27 (04): 26-29.

[8] 陈上仁. 我国教师专业发展学校伙伴合作创新方略[J]. 大学教育科学, 2014 (05): 64-68.

[9] 赵可云, 陈武成, 何克抗. 混合式教师专业发展学校(B-PDS)的思考与实践[J]. 电化教育研究, 2014, 35 (05): 97-102.

[10] 胡敏, 吴卫东, 王真. "ZISU"联盟:教师发展学校建设的浙江经验—基于鲁曼社会系统理论的分析[J]. 教育发展研究, 2020, 40 (08): 58-64.

[11] 赵可云, 黄雪娇, 杨鑫. 信息化背景下教师专业发展学校(PDS)的新趋向与实现路径[J]. 现代远距离教育, 2016 (06): 51-57.

[12] 李素芹, 胡惠玲. 基于U-G-S协同模式的教师发展学校设计[J]. 教育研究与实验, 2016 (04): 35-39.

[13] 李永智, 赵孟笛. 上海教师教育创新:以"专业学校"撬动全域教师发展[J]. 中小学管理, 2020 (11): 11-14.

了多样化的选择。

2. 实施校本研修

学校支持教师专业发展的重要途径是实施校本研修，学者们对校本研修内涵、校本研修范式、校本研修内容等进行探索。

（1）对校本研修本身进行研究

学者们注重校本活动，认为校本研修是学校支持的主要途径[①]。2004年，随着新课程改革不断推进，教师面临着越来越多的挑战，教育教学也日趋复杂。在此情况下，开始推行校本研修制度。校本研修的开展有助于教师树立开放心态、培养进取意识、提升教学技能。校本研修的开展，促使教师在实践中不断反思和研讨，实现知识、能力与经验的整合，创建学习型学校组织。2004年4月，《教育发展研究》杂志针对校本研修与教师专业发展主题，专门组织了研讨会[②]。

学者们同时也关注校本研修中的校本教研。崔允漷对校本教研进行研究[③]，梳理存在的问题，问题集中在诸如活动开展频率高、忽视个人自主研修等方面。李建辉关注教学研究与教师专业发展，并对二者关系开展调研，指出教学研究与教师专业发展相辅相成，影响教学研究的因素包括对教育理论与教学实践认识不够、学历层次与教师研究能力机械错位等，并针对问题，提出加强职前学习和研究技能训练、培养反思与科研主体精神、创设校本教研和行动平台等建议[④]。学者赵萍等认为教研可以促进教师专业发展[⑤]。

学者段恒耀也提出，传统型中小学教师专业发展——依靠外部力量的发展模式遭遇困境，提出要走向校本，学校要提供校本化的服务机制，为校本研修提供

---

① 姜正梅. 促进教师专业发展要有校本化行动［J］. 中国教育学刊，2021（02）：107.
② 校本研修与教师专业发展——来自上海普陀区中小学校长的见解［J］. 教育发展研究，2004（06）：60-65.
③ 崔允漷. 关于我国当前中小学教师专业发展活动的调查研究［J］. 全球教育展望，2011，40（09）：25-31.
④ 李建辉. 教育科研与中小学教师专业发展—基于福建省三市（区、县）的调查［J］. 教育研究，2015，36（07）：150-158.
⑤ 赵萍，杨泽宇. 以教师研究促进教师改变的路径研究—对X市某教师专业发展项目的个案研究［J］. 教师教育研究，2015，27（06）：79-86，51.

支撑①。校本教师专业发展要建立组织服务体系——学校管理层、教师发展共同体和教师个体实施联动，规定学校提供条件、组织、制度保障，实施文化引领。教师发展共同体主要发挥共享及协同提升机制，教师个体是通过自主实践、反思、叙事等，共同服务教师专业发展。

（2）项目是促进教师专业发展的重要途径

学者们关注项目在教师专业发展中的作用，将项目与教师专业发展结合起来，探讨项目在教师专业发展中的意义。比较有代表性的研究有：李阳杰基于教师教学国际调查（TALIS）数据，从参与度、价值、过程与效果4个方面分析世界范围内师徒带教的发展状况，提出推动教龄较长的教师参与师徒带教，实施灵活多样的带教制度②；谢治菊等设计了"大数据+教师专业发展支持系统"，该系统能引领教师专业发展③；金焕芝关注区域教育质量检测报告，基于测评数据研究教师发展的学校改进之路，聚焦教师发展这一关键，提出借助专家力量，提升办学理念，改变课堂形态，开发校本课程等策略④；宋海桐等还提出"草根"研修，即由组"队"、寻"根"、探"魂"、撒"果"四环节构成"草根"研修操作路径，凸显了革新教师教育思想、构筑研修共同体、形成教师多元文化框架体系、推进教师专业发展的愿景⑤。

基于项目促进教师专业发展是一种趋势。其一，学者们关注名师工作室，对名师工作室自身、名师工作室问题及建设开展研究。学者王磊等以北京市中小学名师发展工程为例，提出基础教育课程改革的持续深入推进迫切需要高质量教师队伍做支撑，国内外教师教育的发展共同呈现出培养卓越教师的价值取向⑥。学

---

① 段恒耀. 中小学教师专业发展的校本自组织服务机制初探［J］. 当代教育科学，2017，（01）：22-24，34.
② 李阳杰. 教师专业发展中的师徒带教：国际比较与政策建议——基于TALIS数据的分析［J］. 教育与经济，2020，36（03）：67-74.
③ 谢治菊，夏雍. 大数据精准帮扶贫困地区教师的实践逻辑——基于Y市"大数据+教师专业发展支持系统"的分析［J］. 现代远程教育研究，2019，31（05）：85-95.
④ 金焕芝. 基于测评数据聚焦教师发展的学校改进之路［J］. 中国教育学刊，2018（S1）：33-36.
⑤ 宋海桐，朱成科. "草根"研修：中小学教师专业发展新趋势［J］. 教育理论与实践，2016，36（11）：42-44.
⑥ 王磊，李海刚，綦春霞. 基于学习进阶的卓越教师专业发展项目研究——以北京市中小学名师发展工程为例［J］. 教师教育研究，2019，31（03）：93-98.

者董少丹研究名师工作室和教师专业发展之间的关系，针对名师工作室的外部保障机制、内部运行机制、考核评估机制存在的问题提出改革策略①。其二，教师专业发展项目作为促进教师专业成长的有效途径，在教师职后培训中受到广泛重视。学者任瑞庆关注小课题，认为小课题可解决教师在教学中的问题，联通职前与职后教师专业发展，保证教师专业发展的可持续性；解决小课题的过程可推进课堂教学改革，促进教师专业发展②。其三，探寻合作项目。叶立军等构建了高校参与背景下中小学教师专业发展模式，即"PET"合作发展模式，提炼得出高校教师在PET模式下，深度介入基础教育的实践活动，开展"请进来""走出去""同课异构"及"构建教师课堂教学行为视频案例库"等活动，可有效提高教师专业发展水平③。

（3）构建学习共同体

"共同体"一词源于社会学领域，德国社会学家滕尼斯是首次提出该词的学者。滕尼斯认为共同体是一种有机组织形式，是基于人与人之间的协作关系而构成的，是天然的统一体，注重内部成员之间的集体感、归属感及认同感④。在教育领域中，美国教育家杜威是最早将共同体的研究与学校结合起来的。他认为，学校是一个包含人与人交往的社会组织……学生在成员之间相互交流，共同学习，才能掌握相应的认知过程，理解知识结构⑤。日本学者佐藤学针对学生群体提出了"学习共同体"的构想与实践，其以共同体原理为基础，把学校构想为社会文化与教育的中心，作为儿童相互学习的共同体、教师们作为专家来共同培育的共同体、社区人士相互交流异质文化的共同体⑥。还有学者认为教师专业发展

---

① 董少丹. 教师专业发展视域下中小学名师工作室运行机制研究［J］. 教学与管理，2019（12）：48-50.
② 任瑞庆. 基于小课题研究视阈的中小学教师专业发展的思考与实践［J］. 教育理论与实践，2016，36（20）：32-34.
③ 叶立军，斯海霞. 基于中小学教师专业发展的"PET"合作模式研究与实践［J］. 中小学教师培训，2017（02）：9-12.
④ 斐迪南·滕尼斯. 共同体与社会［M］. 北京：商务印书馆，1999：58-61.
⑤ 彭婷. 共生理论视域下教师学习共同体分析［D］. 西南大学，2016. 3.
⑥ ［日］佐藤学. 学习的快乐——走向对话［M］. 钟启泉，译. 北京：教育科学出版社，2004：102.

的重要途径是建立和建设教师专业学习共同体[1]。

目前有关教师学习共同体的研究聚焦在以下方面：第一，教师专业学习共同体的理论研究。加拿大学者哈格里夫斯从生态取向来研究教师学习共同体[2]。学者陶佳从社交学习理论分析教师学习共同体的构建[3]。学者刘璇等关注教师专业发展中的教研能力培养，从活动理论角度来研究教师共同体[4]。针对教师学习共同体的理论研究，均关注到教师学习共同体的复杂性、交互性以及合作分享等特点。第二，教师专业学习共同体的实践研究。褚新红以两所学校为案例，通过系统构建并完善"四格六层"分类分层成长体系，力求建设教师发展共同体，培养一批品德良好、业务精湛、充满活力的教师[5]。刘鹏以乡村教师为研究对象，提出有效的乡村教师实践共同体应悦纳成员的"充分参与"或"边缘性参与"，允许自主选择参与方式和深度；应建立线下、线上共存的综合化运作方式；应由符合乡村教师发展实际需要的多样化人员构成[6]。郭炯等从实践场的区域教师专业发展进行研究，提出要以校本研修和区域整体推进为主要组织方式[7]。张丽文等提出学校应通过增设学术型组织，完善组织架构和运行机制，给教师领袖增权赋能，实现校本教研的顶层设计和集团化办学中优质教育资源的共享，促进教师的专业发展和教师团队整体素质的提升[8]。邵志豪等对学术型教师给予关注，提出学术型教师赋予了教师发展新的内涵，认为提高教育质量的关键是教师的成长，应以教育家办学理念为指导思想，以教学和教研发展为核

---

[1] 杜静，常海洋. 教师专业学习共同体之价值回归[J]. 教育研究，2020，41（05）：126-134.

[2] 彭婷. 共生理论视域下教师学习共同体分析[D]. 西南大学，2016：48.

[3] 陶佳. 基于社交学习的教师网络学习共同体之构建——兼论面向智能时代的教师网络学习共同体[J]. 远程教育杂志，2018，36（02）：87-95.

[4] 刘璇，郑燕林. 活动理论视角下的教师共同体教研模式研究与实践[J]. 中国电化教育，2023（04）：122-129.

[5] 褚新红. 纵横"融慧"：打造教师专业发展共同体[J]. 中小学管理，2020（07）：33-34.

[6] 刘鹏. 构建实践共同体：乡村教师专业发展路径探赜[J]. 内蒙古社会科学（汉文版），2019，40（06）：169-174，213.

[7] 郭炯，夏丽佳，张桐瑜，等. 基于实践场的区域教师专业发展路径研究[J]. 中国电化教育，2016，（04）：106-112.

[8] 张丽文，郭凤敏，曲琳. 指向教师专业发展的学校组织变革[J]. 现代教育管理，2020（03）：65-70.

心，构建完备的制度，在教育教学中实施评价，其将东北师范大学附属初中作为研究对象，对构建学术型教师培养路径进行研究①。第三，教师专业学习共同体的网络研究。2006年，武俊学等提出要构建网络环境下的教师学习共同体，分析了影响因素，并提出解决举措②。2022年，陶佳从学习渠道、资源环境、交往环境、社交活动来阐述教师网络学习共同体的内涵，并剖析网络学习共同体的构建过程和表现形式③。2023年，文秋芳等关注教师云共同体，关注云共同体学习的形成性评估，理清云共同体的内涵、维度，构建云共同体学习形成性评估框架④。

二、智能时代变革教师专业发展研究

围绕教育信息技术对教师的影响，我国学者陆续发布研究成果。2000年，学者李兴保等提出教师是教育传播的把关人，指出作为教师要合理选择教育信息进行传播，并介绍了影响教育信息选择的因素，包括信息本身、信息呈现方式、传递方式、教师个人及学生等⑤。如前所述，社会已进入智能时代，人工智能技术的兴起为信息化教学模式与方法的创新提供了新的机遇⑥，总体来说，智能时代变革教师专业发展的研究主要聚焦以下方面：

（一）智能时代变革教师专业发展的理论研究

智能时代教师专业发展的理论和实践都呈现新变化。理论方面，学者们从技术理论、哲学理论等方面进行研究。2005年，美国学者科勒和米什拉提出了全新的教师知识能力结构框架，该框架为整合技术的学科教学知识（TPACK），得到

---

① 邵志豪，解庆福. 学术型教师：新时代教师发展的思考、定位与实践——以东北师范大学附属中学为例［J］. 东北师大学报（哲学社会科学版），2019（04）：128-133.
② 武俊学，李向英. 构建网络环境下教师学习共同体——教师专业发展的创新途径［J］. 现代教育技术，2006（01）：69-72，52.
③ 陶佳. 基于社交学习的教师网络学习共同体之构建——兼论面向智能时代的教师网络学习共同体［J］. 远程教育杂志，2018，36（02）：87-95.
④ 文秋芳，毕争. 云共同体教师学习形成性评估框架与应用［J］. 外语界，2023（02）：8-15.
⑤ 李兴保，李修奎. 影响教师选择教育信息的因素［J］. 电化教育研究，2000（02）：19-22.
⑥ 杨绪辉，沈书生. 教师与人工智能技术关系的新释——基于技术现象学"人性结构"的视角［J］. 电化教育研究，2019，40（05）：12-17.

了全球学者的广泛关注和实践①。我国学者赵文平运用技术哲学中"人–技"关系的理论框架，从具身、解释、他者、背景等方面研究教师如何应对人工智能带来的变化：如从具身关系来看，教师不是被替代的，而是一种人与技术之间的协作关系；从解释关系来看，教师要运用智能技术解释教育世界，以增强教育能力，协助学生理解教学；从他者关系来看，教师要深度挖掘人工智能伦理性教育价值；从背景关系来看，教师要关注人工智能所驱使的时代背景②。桑国元等对技术与文化予以关注，提出人工智能教师对学校教育有变革性作用：在现实中，人工智能教师推动学校文化重塑，在人工智能教师参与下，学校文化将实现结构性重塑，师生关系从知识传递外围走向文化育人内核；课堂文化将呈现文化反哺，并突出个性化关怀；教师文化将丰富人–机合作内涵和人–人合作新目标；未来学校要构建技术文化生态，在生态中可以发挥人的能动性③。雷励华基于技术扩散背景，以人类发展生态学理论为基础，构建了教师专业发展生态理论模型，这一模型是在技术环境下，对教师专业发展生态系统内涵特征、主体结构、环境结构与关系结构进行分析，同时探讨了生态系统中部分生态因子对教师专业发展的机制、方式的影响，并探索构成路径④。

杨绪辉等借用技术现象学相关理论对教师与人工智能技术的关系进行了新释，并提出教师与人工智能技术事实上构成了"人–技术"的存在结构，在后者构建未来教育空间的态势下，教师要想生存，就需要正确认识人工智能技术的作用以及自身"变"的特点和趋势⑤。韦妙等对技术现象学视域下人工智能对教师角色的重塑给予关注，提出应从"人技分离的教学者"转变为"人技合一的导学者"，发挥教育智慧作用，提升教育价值；应从"教育数据的分析者"

---

① 徐鹏. 人工智能时代的教师专业发展——访美国俄勒冈州立大学玛格丽特·尼斯教授[J]. 开放教育研究，2019，25（04）：4-9.
② 赵文平. 教师如何应对人工智能技术？——基于技术哲学中"人–技"关系的分析[J]. 教师教育研究，2020，32（06）：33-39.
③ 桑国元，王新宇. 人工智能教师何以重塑学校文化[J]. 电化教育研究，2020，41（09）：21-26，47.
④ 雷励华. 技术扩散背景下教师专业发展生态研究[D]. 华中师范大学，2017.
⑤ 杨绪辉，沈书生. 教师与人工智能技术关系的新释——基于技术现象学"人性结构"的视角[J]. 电化教育研究，2019，40（05）：12-17.

进化为"学生心灵的对话者"，重视与学生心灵对话的情感教育；应从"机械工作的奴役者"成长为"高级智能的唤醒者"，勇敢承担机器无法胜任的工作；应从"教学效率的追求者"回归为"教育本质的探索者"[1]。刘磊等认为具有深度学习能力的人工智能彻底颠覆了以往的教育生态，对教师角色提出了新要求，并从海德格尔技术哲学视角，研究人工智能时代的教师角色转变，指出人工智能时代教师角色转变的有效路径是教师由识转智，以彰显人文关怀，回归育人之本，是关注学生身心智协同发展，在教育工具和价值理性之间保持平衡等[2]。

也有学者从场景理论视角、教学反思、交互理论等方面研究智能时代变革教育教学。罗莎莎等认为智能时代的教师正面临着角色的三重危机，即作为知识传播者角色的边缘化、作为教育专业者角色的模糊化和作为教学评价者角色的工具化；同时从场景理论视角出发，提出造成智能时代教师角色危机的原因是媒介技术更迭、教育场景变迁以及信息流动模式嬗变；为应对其角色危机，教师要培植用户思维、改变传播惯性，做精准推送的知识传播者，要增强自身学习力、发展高阶思维，做有道德情怀、有专业知识和能力的专业者，要推动工具理性与价值理性的融合发展，做"技""艺"融合的教学评价者[3]。程岭研究智能教育进程中的教师教学反思，认为教学反思是教学的常规武器，反思水平决定教学成效，他以"教学反思"理论为指导，设计了反思模型，模型涵盖智能感知、挖掘、预测、适配、呈现以及省察，以发挥教师领头羊的作用，以智慧引领智慧，以智能开发智能[4]。陶佳关注网络时代的交互学习，对教师学习共同体进行研究，以社交学习理论为指导，分析教师网络学习共同体的构建，从学习渠道、交往环境等维度阐述教师网络学习共同体的内涵，指出面向智能时代的教师网络学习共同体的构建特征与核心在于教师掌握并利用机器进行学习预测、学习迁移与学习

---

[1] 韦妙，何舟洋. 技术现象学视域下人工智能对教师角色的重塑[J]. 电化教育研究，2020，41（09）：108-114.

[2] 刘磊，刘瑞. 人工智能时代的教师角色转变：困境与突围——基于海德格尔技术哲学视角[J]. 开放教育研究，2020，26（03）：44-50.

[3] 罗莎莎，靳玉乐. 智能时代教师角色的危机、成因及其应对——基于场景理论的视角[J]. 教师教育研究，2020，32（03）：53-59.

[4] 程岭. 智慧教育进程中教师教学反思智能模型设计研究[J]. 现代远距离教育，2016（01）：44-51.

增强①。

(二) 智能时代变革教师专业发展的内容

智能时代变革教师专业发展的内容包括教师知识、实践智慧的重构等。学者邓国民等对"人工智能+教育"驱动下的教师知识进行研究，基于TPACK框架，在原有的框架知识中引入伦理知识，形成并构建"AI+学科教学"框架，框架中，教学知识、学科知识、AI知识和伦理知识构成教师的基本知识，同时生成新的融入伦理的复合型知识形态，包括教学伦理知识（PEK）、学科伦理知识（CEK）等②。随着人工智能与教师教育的深度融合，王素月等提出要整合人工智能的学科教学知识（AI-PACK），AI-PACK的主要成分从教师的教与学生的学，扩展至人工智能的教与学，构成维度从单一的认知维度走向认知、情感以及道德的多维关注，发展水平从学生的低阶认知发展走向高阶教书育人的统整性发展；为确保教师AI-PACK的有效建构，应构建系统化的理论课程来促进教师静态AI-PACK的习得，应以融合人工智能的一体化教学实践促成教师动态AI-PACK的获取③。为提升智能时代教师专业发展水平，学校开展了各类培训，培训的主题包括人工智能课程、信息技术培训等，因此学者柏宏权等调查了中小学人工智能教学经历，了解了中小学人工智能课程教师胜任力情况，得出相比于没有参与人工智能课程培训的教师，最近一年参加训练次数大于或者等于4次的中小学教师，更加胜任人工智能课程的结论④。

学者叶波等对教师实践智慧框架进行研究，得出：智能技术介入教育教学，教育实践发生了变化，由原来的人–人交互走向了人–机交互；面向人–机–人关系结构及其教育实践形态之变，智慧实践要走出教师个体德性界域；智慧实践包含在教师人性结构中纳入技术成己、在教育嵌入技术成物和教育超越技术成人三

---

① 陶佳. 基于社交学习的教师网络学习共同体之构建——兼论面向智能时代的教师网络学习共同体［J］. 远程教育杂志, 2018, 36（02）: 87-95.

② 邓国民, 李云春, 朱永海. "人工智能+教育"驱动下的教师知识结构重构——论融入伦理的AIPCEK框架及其发展模式［J］. 远程教育杂志, 2021, 39（01）: 63-73.

③ 王素月, 罗生全. 教师整合人工智能的学科教学知识（AI-PACK）建构［J］. 湖南师范大学教育科学学报, 2021, 20（04）: 1-8.

④ 柏宏权, 王姣阳. 中小学人工智能课程教师胜任力现状与对策研究［J］. 课程. 教材. 教法, 2020, 40（12）: 123-130.

重意蕴①。

(三) 智能时代教师专业发展的方式

智能时代教师专业发展的方式更加多元，除了传统讲授外，混合式教学、网络教学、个性化教学等受到广泛关注。

1. 线上研修和混合式研修

线上研修就是以线上授课的方式开展教师专业发展活动。智能时代，教师在线学习呈现出个性化、泛在化以及智能化等新特点，在线学习支持服务发生了变化，融新兴技术和教师在线学习支持服务各要素于一体。学者周海军等构建的在线学习支持服务模型比较契合时代发展，该模型分为4个阶段，即需求信息收集、服务信息匹配、方案形成和行为达成②。此外，混合式研修受到关注，各类资源如MOOC、SPOC等融入教育教学，以达成学习成效。

2. 同伴指导和个体化辅导

同伴指导是芬兰支持新教师成长的主要方式，芬兰逐步建立系统化的支持服务体系，以便为每个城市的每位新教师提供更多支持。智能时代，教师专业发展中的个性化需求增加，"大规模个性化教学回应了社会发展对民众个性潜能充分发展的需求，大数据支持的大规模个性化教学逐渐形成新的课堂形态"③。当课堂教学发生变化，作为为教师提供提升支撑的学校，在发展方式上要做出调整，"个性化定制"成了发展趋势之一。在线学习平台能够自动检测和识别学习者的强项与弱项，使学习者结合自身特点与需求进行个性化学习。不同学习内容通过融合促成网络学习空间中不同应用服务的集成，有利于构建一体化的网络学习空间，进而帮助不同学习者精准地把握学习难点，促进学习者在不同信息空间中进行个性化和适应性学习④。智能时代的教师专业发展中，智能机器人也发挥

---

① 叶波，吴定初. 智能时代的教师实践智慧：走向智慧的实践［J］. 教育研究，2020，41（12）：129-140.

② 周海军，杨晓宏. 智能时代教师在线学习支持服务的内涵分析与模型构建［J］. 现代远距离教育，2020（06）：17-23.

③ 吴南中，夏海鹰，黄娥. 课堂形态演进：迈向大数据支持的大规模个性化教学［J］. 电化教育研究，2020，41（09）：81-87，114.

④ 杨现民，李怡斐，王东丽，等. 智能时代学习空间的融合样态与融合路径［J］. 中国远程教育，2020（01）：46-53，72，77.

作用，比如智能机器人可承担智能推送，根据教师已有水平提供有针对性的辅导等。

三、智能时代支持学校发展研究

智能时代对学校发展的支持主要体现在信息技术变革学校，相关研究主要从以下几方面来开展：

（一）国外教育信息技术变革学校的研究

早期，学者对国外信息技术变革学校的理论和实践进行研究，包括马来西亚、英国、日本、印度等。2002年，学者庄兆声、黄德群等关注马来西亚智能学校的教学改革[1]、研究马来西亚智能学校的发展[2]。马来西亚政府为促进教育系统整体性变革，提出开展"智能学校"计划，对智能学校培养目标、课程设置、师资培训等方面做出详细说明。2006年，学者温从雷等研究马来西亚智能学校及其实施计划，包括智能学校产生的背景、智能学校的特征等[3]。

2003年，有学者研究英国学校改革和学校信息技术教育。英国实现整体教育改革和社会信息化的重大突破性综合举措就是普及信息技术教育。具体说来，英国学校的举措包括通过建设信息化学习资源，提高信息化标准，培养教师信息素养，推进ICT与课程整合等。英国通过学校改革推进信息技术教育的举措，使社会向信息化的转型逐步实现[4]。

日本是注重培训信息社会所需人才的国家，从小学至大学全方位设计了普及信息素养的教育举措[5]。印度重视中小学信息技术教育，通过教育改革和实践，为印度乃至世界培养了大批优秀信息技术人才。2013年，学者张晓卉等介绍了印度中小学信息技术课程的发展，对印度中小学信息技术课程发生的新变化进行了

---

[1] 庄兆声. 马来西亚智能学校的教与学——信息时代的教学改革设想[J]. 外国中小学教育，2002（06）：19-22.
[2] 黄德群，毛发生. 马来西亚智能学校发展研究[J]. 外国教育研究，2004（08）：11-16.
[3] 温从雷，王晓瑜. 马来西亚智能学校及其实施计划[J]. 现代远距离教育，2006（04）：75-78.
[4] 张舒予. 英国英格兰教育改革与学校信息技术教育[J]. 外国教育研究，2003（02）：33-37.
[5] 李易宁. 日本学校信息素养教育综述[J]. 新世纪图书馆，2010（04）：77-79，30.

描述，分析了印度理工学院孟买分校制定出台的"学校计算机科学课程模型"，介绍了课程目标、内容、方式等[①]。学者们也对美国、加拿大等国家的信息化进行了研究[②]。

（二）教育信息技术与学校课程融合的研究

教育信息技术与学校课程的融合是智能时代学校支持教师专业发展的方式之一。学者曹如军关注教育信息化2.0视域下的学校发展，提出学校是教育信息化2.0最主要的实践场，教育信息化2.0将重构教育生态系统，促使学校对技术与课程进行研究[③]。学者孙占林等对现代信息技术与学校课程整合进行研究，提出随着课程改革的不断深入，学校和教师要运用自身的信息技术知识对课程及其教材进行深度开发，实现教学方法和教学手段的转变，以适合现代教学需要[④]。学者钟志贤等，将这一思考进一步推进，提出信息技术与课程整合的研究与实践必须考虑四个维度，即教师信念、学校结构、课堂动力及学生行为；学校教育中的信息技术与课程整合要取得理想的预期效果，要转变教学属性；也就是说要充分考量教师信念、学校结构、课堂动力及学生行为四个维度，实现从传统讲授式教学属性向新型建构主义教学属性转变[⑤]。

还有越来越多的学者研究技术与课程的融合。2009年，谢忠新对学校信息技术与课程整合的影响因素与推进策略进行研究，从系统视角构建了EIPO评价框架，实现学校信息技术与课程整合[⑥]。同时构建学校信息技术与课程整合EIPO评价模型，包括整合的保障要素、输入过程与方法以及成效设计评价

---

① 张晓卉，解月光，董玉琦. 印度中小学信息技术课程新世纪发展——以IITB的"学校计算机科学课程模型"为例［J］. 中国电化教育，2013（10）：24-29.
② 程晋宽. 信息社会英国、美国、加拿大学校社会工作的比较［J］. 外国中小学教育，2011（10）：7-12.
③ 曹如军. 人工智能时代教师教育培养目标：坚守与变革［J］. 高教探索，2021（01）：51-56.
④ 孙占林，罗佩明，方振玉，等. 现代信息技术与学校课程整合——上海市徐汇区中小学校长座谈实录［J］. 教育发展研究，2004（04）：48-52.
⑤ 钟志贤，张琦. 社会–文化观：一种思考学校信息技术整合问题的视点［J］. 中国电化教育，2005（02）：23-26.
⑥ 谢忠新. 学校信息技术与课程整合的影响因素与推进策略［J］. 现代教育技术，2009，19（09）：14-18.

指标[①]。

（三）教育信息技术推动学校改革的研究

教育信息技术推动学校改革的研究大致分为三个阶段：第一阶段，集中在信息技术构建系统、促进学校改革方面；第二阶段，主要研究智能技术，集中在建设智慧校园、实施智能化管理方面；第三阶段，关注智能技术在校园文化建设等方面的作用。2004年，学者赵敏对学校信息和学校信息管理进行研究，认为学校教育和管理系统的信息动力具有多种存在形式，比如自身及校外有关系统运动变化所产生的各种有用信息、教职工掌握的知识和信息量、学校校风以及教职工爱好等；现代学校信息管理通常要借助于信息系统来完成，这个系统是由输入、处理、输出、反馈四个有机要素组成的一个整体，是收集、整理、加工、传输、贮存以及反馈等基本环节构成的信息处理过程[②]。

学者们对信息技术融入学校教育进行研究，探讨信息化背景下的学校变革情况、主要问题及应对举措。刘燕文以东风东路小学为试验地，从目标定位、策略调整、校园环境和文化建设、教学方式改革、教师专业化发展等几个方面阐述了东风东路小学科研兴校、信息化强校的跨越式发展战略[③]。王海英关注信息社会中学校组织的重构，认为在信息社会的大背景下，学校组织具有以下特点：结构会越来越趋于网络化、目标越来越趋于多元化、人际交往越来越趋于交互化以及管理技术越来越趋于思想化等，提出建构多元取向的变革策略、科层原则与网络原则并举的变革策略以及合和的变革策略等[④]。王佑镁等关注校长信息素养，认为中小学校长在学校信息化建设中起着领导作用[⑤]。

[①] 谢忠新. 基于系统视角的学校信息技术与课程整合EIPO评价模型[J]. 中国电化教育，2009（05）：42-47.

[②] 赵敏. 论学校信息和学校信息管理[J]. 教育理论与实践，2004（19）：28-31.

[③] 刘燕文. 信息化视野下的学校变革与发展——信息时代的东风东路小学跨越式发展之路[J]. 中国电化教育，2006（06）：45-48.

[④] 王海英. 从"封闭"到"开放"——信息社会中学校组织的重构[J]. 教育理论与实践，2006（15）：25-29.

[⑤] 王佑镁，杜友坚，伍海燕，等. 校长信息素养与学校信息化互动发展的认知与分析[J]. 开放教育研究，2007（03）：31-34.

学者们也关注信息技术变革学校教育在不同层面发生的变化。庞红卫认为目前信息技术没有对学校教育产生根本性影响，认为要对信息技术是否真的改变了学校教育、信息技术能否改变学校教育、信息技术如何改变学校教育这三个问题进行研究，以真正理解信息技术与教育变革的关系，拨开信息技术变革学校教育的迷雾①。杨浩等对技术扩散视角下信息技术与学校教育的融合进行思考，提出在理论与实践的层面上还面临着一些困惑与挑战，并对大型开放网络课程、翻转课堂、电子书包在内的教育技术创新进行了深度解析，以寻求解决举措②。

学者们对技术的关注聚焦于人工智能的"人本""生态"以及"智能"这些典型特征。智慧校园相关研究表明，已有智慧校园存在概念解释泛化等问题。解决这一问题可以运用人工智能变革校园生态系统，形成智能校园。曹晓明从技术-社会视角探讨"智能+校园"的内涵与特征，提出了"智能+校园"所具有的八种典型应用场景③。刘德建等研究智能时代学校教育的发展趋势，对人工智能发展脉络、信息技术在教育教学中的应用，以及教育改革的难点进行深入探讨，发现技术与政策的双轮驱动是人工智能的主要动力源，新一轮人工智能发展的显著特征是大规模数字化与行业深度应用；社会的发展和技术的进步促进人工智能进一步融入学校，并对技术与教育时空的关系进行分析，得出五大人工智能教育应用的潜能，即个性化学习、适切服务、学业测评、角色变化以及交叉学科④。傅蝶深入考察学校教育在社会大系统中的地位、作用和独特职能，对人工智能时代的学校教育进行研究，尝试从简单的独断论转向直面人工智能的适切性变革，旨在探寻出学校教育的未来之路。他指出，未来学校向人工智能开放的智慧将突出表现在三个方面：其一，建构智能环境，该环境由数据驱动；其二，

---

① 庞红卫. 从利用到整合：对信息技术变革学校教育的几点思考[J]. 教育发展研究，2015，35（12）：23-28.
② 杨浩，郑旭东，朱莎. 技术扩散视角下信息技术与学校教育融合的若干思考[J]. 中国电化教育，2015（04）：1-6，19.
③ 曹晓明. "智能+"校园：教育信息化2.0视域下的学校发展新样态[J]. 远程教育杂志，2018，36（04）：57-68.
④ 刘德建，杜静，姜男，等. 人工智能融入学校教育的发展趋势[J]. 开放教育研究，2018，24（04）：33-42.

培育智慧教师，实施以服务为导向；其三，尝试个体适应的深度学习[1]。李泽林等重构人工智能时代的学校教学生态，提出人工智能时代，教学生态结构中的技术具有重要作用，技术将成为重要组成要素融入其他各要素中，也就是说，技术以其独特的运行机制驱动传统教学生态结构的重构，引起人类对未来学校教学生态的慎思[2]。

  2020年开始，更多学者关注起智能在塑造学校文化中的功能。桑国元等对人工智能教师进行研究，聚焦在人工智能教师的功能上。他们假设人工智能教师对未来学校教育将产生重大影响，可协助或替代教师完成诸多教育教学任务，提出人工智能教师对学校教育的变革性作用是通过推动学校文化重塑实现。在人工智能教师的参与下，学校文化将会发生重要转变，实现结构性重塑：师生关系文化从知识传递的"外围"走向文化育人的"内核"；课堂文化将呈现文化反哺，并突出个性化关怀；教师文化将丰富"人—机"合作内涵与"人—人"合作新目标[3]。李洪修认为人工智能为学校教育带来重大变化，最终可培养适应现代化发展的学生。智慧学习空间的搭建，复杂情境的处理与感知都需要人工智能技术，也就是说，在教育教学中，人工智能技术打破了传统物理空间，丰富了多样化的学习环境，实现学校教育过程的深层互动，创造了师生互动的生态；在促进学生思维个性化发展、精准调适学生学习过程、优化评价方法等方面，人工智能发挥重要作用[4]。杨欣提出了未来学校的存在形式分为三种：智能学校，在技术上表现为学校智能化和智能化学校；智慧学校，在思想上表现为注重价值的阐释、超越技术的想象、积极主动的创新；智联学校，在管理上有可实现的共同目标、与环境密切互动以及自主创新和迭代[5]。杨小微对人工智能助推学校现代化的意

---

[1] 傅蝶. 人工智能时代学校教育何去何从[J]. 现代教育管理, 2019（05）: 52-57.
[2] 李泽林, 伊娟. 人工智能时代的学校教学生态重构[J]. 课程. 教材. 教法, 2019, 39（08）: 34-41.
[3] 桑国元, 王新宇. 人工智能教师何以重塑学校文化[J]. 电化教育研究, 2020, 41（09）: 21-26, 47.
[4] 李洪修. 人工智能背景下学校教育现代化的可能与实现[J]. 社会科学战线, 2020（01）: 234-241.
[5] 杨欣. AI时代的未来学校：机遇、形态与特征[J]. 中国电化教育, 2021（02）: 36-42, 67.

义与可能路径进行研究，认为人工智能技术在教育上的应用炙手可热，学校现代化也备受关注，二者之间存在着相互赋能的关系。技术赋能学校，须应对人工智能的教育应用所带来的机遇与挑战；技术赋能学校，在某种程度上人工智能赋能学习。人工智能技术赋能学校现代化的前提是理解未来学习；走向未来学校，可从环境和空间的智能化再造、成长图谱导引下的课程创新、智能渗透全程的教学流程再造、主客体交融的师生主体协同化、大数据驱动下的治理智能化等方面①。

（四）融合教师、技术与学校发展的研究

融合教师、技术和学校发展的研究大致分为三个阶段：第一阶段，对信息技术课程进行研究，探寻影响信息技术课程的因素，并提出解决举措；第二阶段，对信息技术背景下教师专业发展的现状、问题及对策进行研究；第三阶段，关注大数据、智能评价等对教师专业发展的影响。

1. 对信息技术课程进行研究

2006年，学者王佑镁以20余所普通中学为样本，进行问卷调查和访谈，从教师视角探究信息技术课程的现状，得出普通学校的信息技术课程设施有待提升、教师对课程教学效率自我评价偏低以及教师专业化程度和信息素养有待提高等结论，同时发现影响信息技术课堂教学的五大因素是学生、教师、资源、教学模式以及环境②。学者王彦从信息社会背景出发，分析了教师的知识背景以及在知识变革面前存在的诸多问题，进而提出了教师只有从对专家权威的"顶礼膜拜"走向确立主体性的"自我赋权"才可能真正有效获取知识、发展自我③。

2. 对信息技术背景下教师专业发展的现状、问题及对策进行研究

2015年开始，更多学者关注信息时代背景下的乡村教师。王瑜龙等研究基

---

① 杨小微. 人工智能助推学校现代化的意义与可能路径［J］. 华中师范大学学报（人文社会科学版），2021，60（02）：160-169.
② 王佑镁. 普通学校信息技术课程教学现状与问题：来自教师的视角［J］. 中国电化教育，2006（08）：61-63.
③ 王彦. 从"顶礼膜拜"走向"自我赋权"——信息社会背景下学校教师获取知识的必由之路［J］. 学术论坛，2008（11）：195-197.

于ICT的农村中小学教师专业发展，从教师专业发展的主观认知和客观支持要素进行研究，发现农村ICT专业发展的瓶颈是信息资源不够、教师信息技术课堂教学实践能力缺乏等，提出要加大投入、完善评价标准、改革培训方式等举措[①]。周玲等对广东省中小学教师在"互联网+"背景下的教师专业发展现状进行研究，得出乡村教师整体教学水平与岗位需求存在差距、教师职称比例不均衡、整体队伍存在教学与科研严重脱离以及信息技术能力不高等问题，并提出了对策建议，即分层培训与校本研修和教师轮岗相结合、拓展教师获得优质资源的途径、提高乡村教师的信息技术能力等[②]。

3. 关注大数据、智能评价等对教师专业发展的影响

随着网络和通信技术飞速发展，新媒体、新技术等逐渐走入中小学课堂。学者们也开始关注课堂，关注数据，研究视角和内容更趋多元。钟苇笛对教育信息化背景进行研究，提出我国教育信息化发展进入融合创新阶段：基础教育面临着解构与重构，课堂教学以信息技术与教学应用的深度融合为核心，教学管理、教与学方式、信息化教学模式等都将迎来一场重大变革，而中小学教师专业发展是这场变革的直接影响因素[③]。赵虹元对数据素养进行研究，认为数据素养作为"互联网+"时代教师的核心素养之一，可为教师教学决策提供科学依据，有力地提升教师教育研究能力，促使其专业发展范式转变；教师数据素养由数据管理意识、选择、分析和处理、应用，以及数据伦理能力构成，由此，学校要改进教师评价方式，倡导基于数据的教学改革，优化学校数据管理环境，建立校本数据资源库，建设教师数据素养发展共同体，搭建资源分享平台，开展专项培训学习活动，提升教师的数据处理和应用能力等[④]。

---

① 王瑜龙，马焕灵. 基于ICT的农村中小学教师专业发展瓶颈及其突破——以"技术启迪智慧"项目为例[J]. 当代教育科学，2015（22）：35-38.

② 周玲，黄德群."互联网+"背景下中小学教师专业发展研究——基于韶关市中小学教师的实证分析[J]. 教育探索，2016（10）：104-107.

③ 钟苇笛. 教育信息化背景下中小学教师专业发展提升策略[J]. 中国电化教育，2017（09）：125-129.

④ 赵虹元. 基于数据素养的中小学教师专业发展：内涵与路径[J]. 继续教育研究，2017（10）：77-80.

四、研究述评

整体来看，已有研究存在以下不足：

（一）智能时代背景下探讨学校支持教师专业发展的内涵和理论研究不足

已有研究对教师专业发展的学校支持以及智能技术变革学校发展等方面进行探索。在理论指导上，提出学校要在制度变迁等理论下开展教师专业发展工作。针对智能时代，研究者认为教师专业发展要关注"技术哲学""TPACK"等理论。随着社会进入智能时代，学校支持的专业发展的内涵与理论呈现新的变化，但已有研究没有深度剖析"智能时代"特点，同时，没有从智能时代背景讨论学校支持教师专业发展的内涵、标准、政策、理论指导等。

（二）缺乏从系统及整体层面研究学校支持教师专业发展的维度、内容等

已有研究范围不广，系统性不强，缺乏对问题的整体设计。大多数研究聚焦在智能时代变革教师专业发展、教师专业发展学校建设等上，项目涉及的既有宏观的教学文化，也有微观层面的，缺乏系统性和延续性。专业发展的维度与内容较多，但内容之间没有明显关联性和逻辑性。智能时代学校支持专业发展具有非线性特点，要从整体和系统层面考察其影响因素，确定学校支持的教师专业发展维度、内容以及途径等。

（三）研究过程规范性不够，方法上相对单一

第一，研究过程规范性不够，多是经验式介绍，从深层次探究智能时代中小学教师专业发展学校支持的研究较少。智能时代学校支持教师专业发展的内涵、维度以及维度之间的关联性等方面有待深入探讨。第二，研究方法比较单一，已有研究多以思辨为主，也运用观察、问卷调查等方法来进行研究，但学校支持的教师专业发展，最终落脚点是在人的培养上。人的培养具有特殊性，需要运用混合式研究方法进行讨论。

智能技术与教育教学、教师专业发展的深度融合，给学校支持专业发展的理论和实践带来更多挑战，需要新的研究来应对和突破。本书拟定以"赋权增能""传播生态"等理论为指导，探讨智能时代教师专业发展学校支持的内涵、特点及价值取向等，探寻学校支持路径。

第四节 研究目标、框架与方法

本研究以智能时代中小学教师专业发展的学校支持为研究对象，选取湖北等地的中小学进行实地调查，调查方式以问卷调查、访谈和课堂观察为主。问卷调查采用了纸质问卷和电子问卷。为挖掘有效信息，选取了校长、骨干教师等进行访谈。同时，深入学校课堂中，观察管理者、教师和学生的行为等。

一、研究目标

以"赋权增能""社会互动"以及"传播生态"理论为指导，厘清智能时代中小学教师专业发展的学校支持的内涵和特点，明晰智能时代学校支持教师专业发展的挑战及取向，并在理论和实践调查下，构建学校支持路径，以提升教师专业发展水平。围绕研究目标，主要研究如何从理论与实践中探索智能时代中小学教师专业发展的路径，并分解为以下四个方面：

（一）智能时代中小学教师专业发展学校支持的内涵及特点

智能时代教师专业发展的内涵和外延都发生了变化。本书梳理教师专业发展的定义，思考智能时代背景下教师专业发展的本质。同时对比非智能时代，厘清智能时代中小学教师专业发展学校支持的定义等。在明晰概念后，研究学校支持的内涵及特点。

（二）教师专业发展理论、标准及价值取向

本书选取国内外有代表性的教师专业发展理论进行研究，讨论理论本身及其对本书的意义。为了更好地了解学校支持的取向，选取在世界范围内有代表性的教师专业发展标准，进行聚类及差异分析，以此为据讨论智能时代中小学教师专业发展的学校支持的取向。

（三）智能时代中小学教师TPACK及学校支持教师专业发展的现状

智能时代对教师知识、能力等提出新要求。本研究以TPACK理论为指导，参考智能时代对教师的要求开展调查，了解教师TPACK水平现状。学校在教师职后发展中发挥积极作用，因此对学校支持的教师专业发展的现状进行调研，有助于厘清学校支持的现状，找出问题，从而构建体系。

（四）智能时代中小学教师专业发展的学校支持路径

探讨智能时代学校支持教师专业发展的影响因素，在考察智能时代中小学教师专业发展学校支持的内涵下，以"赋权增能""社会互动"等理论为指导，参照国内外教师专业标准和智能时代特点，构建智能时代教师专业发展的学校支持路径。

二、研究框架

研究将理论与实践结合起来，根据研究目的，对问题开展研究，具体分为以下四部分：

（一）智能时代中小学教师专业发展学校支持的理论研究

研究"赋权增能""社会互动"等理论本身及其对学校支持的教师专业发展的意义。以"赋权增能"等理论为指导，探析智能时代中小学教师专业发展学校支持的内涵和特点。对国内教师专业发展标准进行比较研究，讨论我国学校支持的教师专业发展的取向。

（二）智能时代中小学教师专业发展学校支持的调查研究

在理论研究和实践探索基础上，制定调研问卷和访谈提纲，在全国范围内开展调研和组织访谈，旨在了解我国中小学教师的TPACK水平及学校支持的教师专业发展现状。在此基础上，对调研所反映出的问题进行归纳与总结，探寻影响学校支持的因素等。

（三）智能时代学校支持教师专业发展的挑战及角色转变

在理论研究、实践探索和访谈基础上，讨论智能时代学校支持中小学教师专业发展面临的挑战，探析学校支持的角色转变，并在分析挑战及角色转变外，对学校支持的教师专业发展路径进行思考。

（四）智能时代中小学教师专业发展学校支持的路径

在理念探究和实践探索基础上，针对智能时代教师专业发展的学校支持，构建了以下路径：理念引领、体系保障、资源支持、活动支持，以及评价反馈等。研究者以某小学为案例，构建了智能时代支持中小学教师专业发展的学校组织体系。具体见框架图（图1-1）：

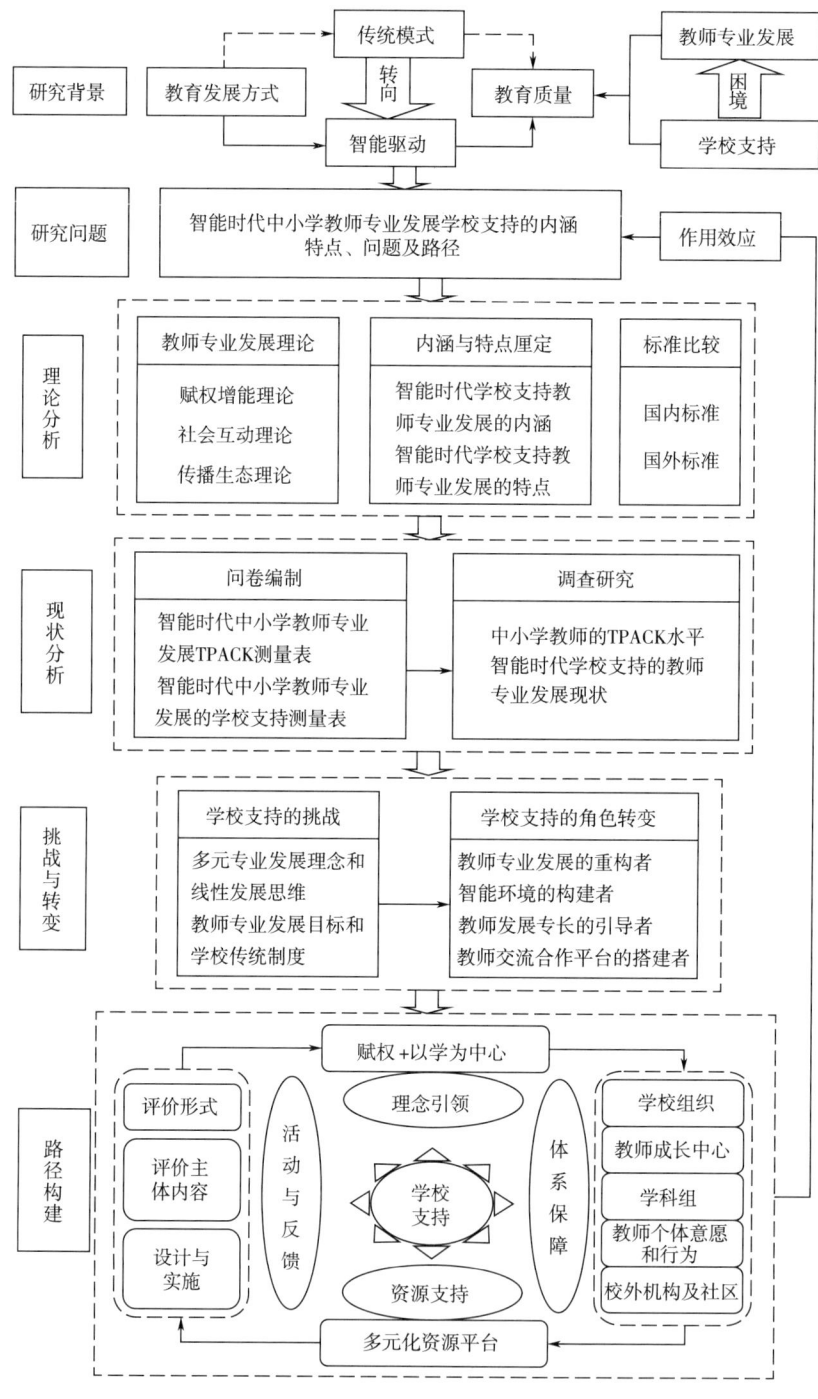

图1-1 研究框架图

三、研究方法

（一）文献法

文献法是根据研究主题，搜集、鉴别、整理相关文献的方法。应用文献法，有助于了解前人对该主题具体开展的研究及取得的成果。本书所聚焦的文献与文献获取途径主要有：

第一，对智能时代中小学教师专业发展和学校支持的国内外理论和实践进行研究。查阅国内外教师专业发展理论、技术变革教育等方面的书籍、学术刊物、报纸等；查阅EBSCO、WOS等上面的电子报告及论文；搜集和研究重要报纸上相关的资料等。

第二，有关教师、教师专业发展、人工智能等方面的政策和指标等文献。通过查找国内外政府、教育行政管理部门官方网站等来获取。

（二）比较法

比较法是针对选取的研究对象进行对比研究，考察几者之间的相似性与相异性，以探究事物本质与规律的方法。本书选取了6份教师专业发展标准来比较分析，包括标准研制背景、目的和能力框架等方面，探寻国内外教师专业发展的核心维度。在比较核心维度的基础上，结合我国实际厘清我国中小学教师专业发展学校支持的价值取向。

（三）调查法

调查法是根据研究问题，通过科学手段，制定研究计划，对资料进行收集和分析，并寻求解决举措的方法。在本书中，调查法集中运用在第四章，针对智能时代中小学教师TPACK水平和智能时代中小学教师的学校支持进行调查研究。调查法包括问卷法和访谈法。

第一，问卷法。本书设计"智能时代中小学教师TPACK量表"和"智能时代中小学教师专业发展的学校支持量表"问卷，以电子和纸质的形式发放。发放对象包括小学、初中与高中教师。问卷设计分两个阶段：第一阶段，理论研究，通过德尔菲法构建指标体系；第二阶段，对制定的问卷进行测试，检验问卷的信度和效度，并根据结果修改问卷。

第二，访谈法。访谈是对问卷调查的有效补充，因此本书运用了访谈法，通过面谈、电话访谈、视频访谈等多种形式进行。访谈对象是学校领导、一线教师等。依据一定的程序组织访谈：第一阶段，在理论研究的基础上，设计访谈提纲；第二阶段，按照访谈的程序，组织访谈，并记录；第三阶段，整理访谈数据，并分析。

（四）系统分析法

系统分析法是分析系统要素，从整体去研究问题，注重系统性，找出解决问题的可行方案的研究方法。本书对智能时代中小学教师专业发展的学校支持进行研究，对相关构成要素进行研究，从系统的角度分析每个部分之间的关联。

（五）德尔菲法

德尔菲法又称专家访谈法，具体步骤为：第一，在理论和实践基础上设计预测的问题；第二，选取多位专家进行问卷调查，向专家征询意见和建议；第三，收集专家问卷，进行分析；第四，在分析的基础上，修改预测的问题，发放第二轮问卷。这样反复几轮，直到专家达成一致意见。

【小结】

绪论部分介绍了研究背景和意义，指出信息技术助推社会进入智能时代、智能技术驱动教育教学改革，教师在教学改革中具有重要地位。而理论和实践表明，随着智能技术的发展和数字原住民涌入学校，教学环境智能化，数字资源多元化等，教师成长方式和途径不能满足社会变化及学生群体需求，智能时代教师专业发展及学校支持出现失衡现象。学校作为教师专业发展的发生之地，其在教师成长中发挥积极作用。本研究对智能、智能时代、教师专业发展以及学校支持等核心概念进行辨析。为了解国内外学校支持的教师专业发展现状，从"教师专业发展的学校支持"等三个方面进行文献综述，已有研究在方法上以思辨为主，没有从智能时代这一背景下，探究学校支持的教师专业发展的内涵、特点及途径。针对这一现状，拟定以"赋权增能""传播生态"等理论为指导，探究智能时代中小学教师专业发展的学校支持。为有效开展研究，选取了文献法、调查法、系统分析法、德菲尔法等研究方法，以质性分析工具和量化分析工具进行数据分析。

第二章　智能时代中小学教师专业发展学校支持的理论基础

教师专业发展是舶来品，发轫于西方20世纪60年代。教师专业发展受到赋权增能、社会互动等理论的指导，因此要深入剖析影响教师专业发展的理论本身及其对本书的意义。智能时代变革教育教学，学校支持的教师专业发展呈现了新的内涵和特点。本章研究教师专业发展理论，结合智能时代这一背景，讨论智能时代教师专业发展的学校支持内涵和特点。

第一节　教师专业发展理论

教师专业发展以赋权增能、社会互动、传播生态等理论为指导，本节对相关理论进行梳理，并介绍其对智能时代教师专业发展及学校支持教师专业发展所做的贡献，以期探讨智能时代中小学教师专业发展学校支持的价值取向。

一、赋权增能理论

（一）赋权增能理论原理

20世纪70年代，社会学家对都市中文化程度不高的居民的学习自觉性进行研究，希望通过社区教育提升这一群体的学习自觉性，增进他们的自我价值感，改善其生活，由此兴起和发展了赋权增能理论。80年代后，在组织行为、管理领域，学者们开始关注赋权增能理论。随着教育界校本管理理论兴起，学者们又提出教师赋权是校本管理的核心。由此，赋权增能理论在教育界受到重视并得到广泛的运用。

学者们从教师专业发展心理需要和权力重新配置两个角度，对教师赋权增能的内涵进行描述[①]。学者Lightfoot是西方国家较早将赋权增能理论运用到教育领域

---

① 康晓伟. 西方教师赋权增能研究的内涵及其发展探究［J］. 比较教育研究，2010，32（12）：86-90.

的学者。1986年,他在刊物上发表《论学校教育中的善:赋权增能的主题》,对学校中的赋权增能开展研究①。1993年,学者Short与Rinehart进一步研究教师的赋权增能,提出教师被赋权后会呈现一些变化,诸如更加自信,更加愿意承担责任,在教育教学中认为自己有权力和能力识别问题,愿意为变革从自身去努力等②。

2006年,国内学者操太圣和卢乃桂在总结国内外赋权增能研究的基础上,对教师赋权增能的内涵进行界定。他们认为教师赋权增能主要包括4个方面,即"决定和投入""教师自我发展""教师专业发展""教师角色调整":"决定和投入"指学校实施"赋权增能"计划,为教师在空间、管理以及参与度方面提供支持,包括为教师提供与管理者面对面交流的机会(教师可以针对学校教育教学提出建议和意见,教师见解会以制度的形式被采纳),为教师提供学习和交流的空间等;"教师自我发展"是指学校实施赋权增能计划后,教师自身产生的变化,比如教师对自身专业水平有清晰的认知,对自我发展有详细的规划,可以通过学习促进自身专业水平的提高;"教师专业发展"指学校通过赋权教师,促进教师有效处理情绪、提高技能以及扩展资源等,减少教师在专业工作中的无力感,使其能够胜任工作,获得满足感和自豪感;"教师角色调整"指学校在赋权教师的过程中,让教师有更多机会参与社会活动,有助于教师正视和融入社会角色,增进教师对身份的理解③。

有关赋权增能的维度,国内外学者都做了研究和阐释。国外学者Short和Rinehart的研究有代表性。他们认为教师赋权的内涵包括6个维度,即学校决策参与、自身专业发展、个人影响力、自我效能感、地位以及自主性。教师的学校决策参与、自身专业发展以及个人影响力这三个维度与领导和管理中的权力分享有关;自我效能感、地位以及自主性这三个维度与教师专业能力有关。本质上,前者为赋权或者被认为是外在赋权,后者为增能或者是内在赋权④。换言

---

① Lightfoot, Sara Lawrence. On Goodness in Schools: Themes of empowerment [J]. Peabody Journal of Education, 1986, 63 (3): 9.
② Short P M, Rinehart J S. Teacher empowerment and school climate [J]. Education, 1993 (113): 592-597.
③ 操太圣,卢乃桂. 教师赋权增能:内涵、意义与策略 [J]. 课程. 教材. 教法, 2006 (10): 78-81.
④ Short P M, Rinehart J S. Teacher empowerment and school climate [J]. Education, 1993 (113): 592-597.

之，教师赋权增能以两个方面存在：其一，赋权增能后教师身份发生转变，有权成为学校政策的执行者，参与学校决策和管理；其二，赋权增能后教师获得专业自主性，特别是在教师知识和技能方面。教师由于自身的专业性而获得支配能力，最终专业得到发展。在教师层面，人的因素包括心理赋权、动机、专业化和信任，操作因素主要是自主和信息分享；在管理者层面，人的因素包括精神状态、愿景式领导以及信任，操作因素包括信息分享、合作以及权力下放；在学校层面，学校文化属于人的因素，而结构和流程的变革以及组织学习均属于操作层面[①]。

如何赋权增能？学者Maeroff提出3项让教师赋权的策略：学校通过系列政策和文化提升教师地位；学校从政策和行动上推进教师参与学校管理以及学校决策；学校通过组织和行为，进一步提升教师专业水平[②]。这3项中，学者们认为"提升教师专业水平"更重要。我国学者曾文婕也对赋权增能的策略进行了研究，提出要基于"权"和"能"。就"权"方面，学校要改革组织结构，从制度层面让教师参与学校决策，也就是说，通过这一政策，赋予教师基本权威和责任；就"能"方面，学校通过设置高的教师标准，同时为教师达成标准提供支持，使教师在达标中动力被激发、积极性被调动，从而促进教师专业发展[③]。

（二）赋权增能理论的意义

由于教师赋权触及了阻碍教育改革的深层因素，所以具有冲击力和号召力。自上而下的运作方式是传统的教育改革方案，这一方案没有顾及学校改革中的教师群体。教师是教育改革中的主导者和行动者，教师的主体身份应该被学校充分关注，并充分发挥教师在教育变革中的作用。

1. 赋权增能理论能实现教师自主性

国内外学者认为，在教师专业发展中，教师自主性具有重要作用。学校赋权

---

① Wan E. Teacher Empowerment: Concepts, Strategies, and Implications for Schools in Hong Kong [J]. Teachers College Record, 2005, 107 (4): 842-861.
② Maeroff G. The Empowerment of Teachers. Overcoming the Crisis of Confidence [M]. New York: Teachers College Press. 1988.
③ 曾文婕，黄甫全. 美国教师"赋权增能"的动因、涵义、策略及启示 [J]. 课程. 教材. 教法，2006（12）：75-79.

教师有助于提高教师自主性，增强老师的效能感①。也就是说，教师在这一过程中，自我内驱力被激发出来，自信心增强了。教师愿意参与学校组织的活动，参加学校的各项改革，并在活动中提出自己的意见和建议。学者Hoyle和John重点研究教师的自主性和赋权增能，提出教师专业发展的基本内涵是教师自主性：教师对自身教育能力的自我判断是自主发展的重要内在动力，包括自身发展的信念与感受；在赋权增能过程中，教师自主性可以被激发出来，如学校从不同层面赋权教师，教师地位在赋予过程中被提升；在这一过程中教师得到尊重，相信自己能在学校发展和学生成长中发挥积极作用，自我效能感增强，从而自主性得到提高②。教师被赋权后，自我发展意识被激发出来了，有助于其自主建构教学实践知识；教师教学实践知识是教师专业发展的核心要素③。

在基础教育课程改革背景下，教师的专业自主意识得到解放。教师从以往的技术操作员转变为专业人员。在这一过程中，赋权增能促进教师专业自主性精神的恢复④。教师只有具有自主发展意识，其内在动力才会被激发出来，才能进行积极的学习、探索和研究；在行动上，教师才会去主动解决教学实践中的问题，投身教学改革⑤。

2. 赋权增能理论激发管理活力

赋权增能理论有利于激发管理活力。有关研究显示，教师参与决策的过程中，自身会变得更加积极⑥。在教学实践中，学校赋权教师后，校本研修下的教师专业发展有了以下变化：教师参与学校的决策与管理，在各项政策制定、修改中积极谏言，同时参与课程目标、课程架构及设计工作等。教师参与管理，呈现了管理多元化，有利于发挥不同群体的积极性，从而增进和激发管理活力。"赋

---

① 韩淑萍. 我国教师赋权研究的回顾与反思［J］. 内蒙古师范大学学报（教育科学版），2010（03）：13-17.

② Hoyler E, John P D. Professional knowledge and professional practice［M］. London：Cassell，1995.

③ 刘金华. 论教师赋权［J］. 辽宁师范大学学报（社会科学版），2009，32（4）：58-61.

④ 操太圣，卢乃桂. 教师赋权增能：内涵、意义与策略［J］. 课程. 教材. 教法，2006（10）：78-81.

⑤ 刘金华. 论教师赋权［J］. 辽宁师范大学学报（社会科学版），2009，32（04）：58-61.

⑥ Maeroff G. The Empowerment of Teachers. Overcoming the Crisis of Confidence［M］. New York：Teachers College Press. 1988.

权增能"在校本研修中的推进，促进学校加大"决定和投入"，随着教师个体的意见和建议被吸纳，教师自我认知和意识被激发，作为主体的教师愿意积极参与学校活动，从而激发了管理活力。学者们认为教师参与学校重大决策学生会受益，赋权教师将会使学校面貌改变[①]。

由此可见，当更多教师参与教学决策，学校具有高度的专业文化时，学校教学才会有实质性改进。学校赋权教师要从课程建设与开发、教学决策等方面入手。教师参与课程建设与开发的基本路径是教学实践，因此要提高教师课程开发的自主性，鼓励和支持教师参与课程设计和开发的全过程。教师教学决策权具体来说涵盖教师选择教学内容，运用多样化的教学组织形式以及在教学中要实施有效评价和自主反思。

3. 赋权增能理论呼吁教师合作与交流

赋权增能的推进，有助于合作与交流，特别是有助于教师与领导、教师与教师之间构成良性学习共同体，共同讨论和解决问题。赋权增能可以强化校长领导力、促进教师与领导之间的合作。校长在学校发展中具有核心作用。校长对赋权增能的认识以及校长在赋权增能意识下采取的行动，决定学校实施赋权增能的成效。学者蔡进雄指出校长在学校支持教师专业发展中担任重要角色，呼吁校长应调整角色和领导方式，授权给教师，比如多让教师参与学校决定、鼓励他们进行自我管理。同时，校长要带领全校员工共同创造愿景，营造相互信任的学校文化环境，建立工作团队，重视人力资源管理以及激发成员的组织承诺感[②]。教师与领导之间的合作，有助于学校政策的落地，有利营造团结的、信任的文化氛围。

赋权增能可以促进教师之间的合作。研究表明，教师之间的交流可以促进学习。赋权增能导向下，合作的前提是教师之间平等的交流，在平等交流中倾听对方的声音，感知对方的经验，这一过程有助于培养教师的自信心和专业意识。在业务层面，合作中每位教师可从其他教师身上学到好的经验和做法，将好的经验

[①] Marks H M, Louis K S. Does Teacher Empowerment Affect the Classroom? The Implications of Teacher Empowerment for Instructional Practice and Student Academic Performance [J]. Educational Evaluation and Policy Analysis, 1997, 19（3）: 245-275.

[②] 蔡进雄. 授权抑或授权赋能?——论校长如何运用授权赋能领导 [J]. 人文及社会科学教学通讯, 2003, 13（5）: 62-79.

和做法内化,从而增进知识,扩宽视野,实现个体的成长。同时,在合作中,教师之间共同奋斗,产生共鸣和归属感,形成学习的氛围,有利于全体教师提升专业水平[①]。

二、社会互动理论

(一)社会互动理论原理

社会互动理论是西方社会学习理论中一个重要分支,后者由美国斯坦福大学的心理学家阿尔伯特·班杜拉在1977年提出。社会互动理论认为,人的心理机能就是人、行为以及环境三因素之间连续的、交互作用的过程[②],强调在社会学习过程中,行为、认知和环境三者交互。环境决定论认为有机体的环境刺激决定行为;个人决定论认为环境取决于个体对环境发生的作用。班杜拉则指出,行为、个体和环境是三者之间作用是交互的,尽管在有些情境中,某一个因素可能起支配作用,但是总体来讲,不能认为某一个因素比其他因素更加重要。他把这种观点称为"交互决定论",即社会互动理论。

社会互动理论对以下几个方面进行了讨论:第一,环境与行为的关系。社会互动理论指出,环境是潜在的性能,其作用发生在特定的行动中。也就是说,环境不具有对个体发生必然作用的性能。环境存在很多潜能,会因为行为的不同而不同。学校要对环境与行为之间的关系进行研究,探寻行为本身以及行为对环境可能产生的影响。第二,厘清交互发生的机制,研究环境在交互中的作用。交互和个体行为的改变受到环境的影响,在交互中,参与者的行为决定着他们潜能的细节。随着移动互联网的快速发展,环境发生了变化,交互变得更加便捷和多元。智能时代,网络学习共同体常态化是多元化学习时代中促进个体高效学习的途径之一。网络学习共同体中如何有效交互,以促进行为的变化是交互所面临的新问题。第三,社会互动学习的积极作用。从成人教育学习规律和教师网络学习共同体来看,教师个体可保持持续学习的热情,相关研究也表明社会互动学习能有效提升学习者的参与性。

---

① 刘金华. 论教师赋权[J]. 辽宁师范大学学报(社会科学版), 2009, 32(4): 58-61.
② 阿尔伯特·班杜拉. 社会学习理论[M]. 北京:中国人民大学出版社, 2015: 168.

（二）社会互动理论的意义

1. 强调了师生、生生之间的交往和互动

交往是人类社会性的基本表现，是人类存在和发展的基本方式[①]。人类因为有了交往，才形成社会。同时人类在社会上不断发展，也是人与人之间不断交往和互动的结果。换言之，人与人之间的交往是人类发展的基本行为之一，社会的延续和人的全面发展均要在交往和互动中完成。教师的主要工作对象是学生，知识的授受具有特殊性，需要在特定情境中互动完成。教师职业的特殊性要求学校及教师个体要充分关注交往这一方式，对其内涵及形式予以深入研究。

在交往和互动中，个体能够通过他人获得"镜中自我"，并在行为上表现出他人期待的行为。这是个人感知他人对自己的角色期望而产生的行为。角色与互动之间的关系也是非常密切，比如双方互动要在遵循角色规范的基础上进行[②]。对于教师而言，交往是实践的核心，教师工作的基本范畴是教学，而教学本身是教师与学生之间或者学生与学生之间的交往活动。也可以说，教师工作的重要形态就是交往[③]。作为特殊的职业群体，专业个人主义和专业自主影响教师及教师工作。教师教学具有较强的自主性、独立性和个体性，与学生之间的交互有利于师生的成长，能促进学生的有效学习。在教师专业发展中，教师之间的有效合作也是非常重要的，不仅能在合作和互动中了解他人对自身的态度及评价等，还能对理念进行更新、使知识得到共享，从而达到智慧互惠以及能力提升，朝着相互期待的方向前进。

2. 教师专业发展需"内外部合力"

依据班杜拉的社会互动理论，教师个体因素，比如信念、动机、期望和自我效能等，会影响和制约教师专业发展。同时外围环境因素，比如社会、文化等宏观环境因素和社区、学校等中观环境因素均影响教师专业发展。因此，对于教师专业发展研究而言，无论是发展体系的构建，还是测量方法的研究，都要充分考

[①] 王嘉毅，程岭. 哈贝马斯交往理论对促进教师职业发展的启示[J]. 教育理论与实践，2014, 34 (13): 43-46.

[②] 郑杭生. 社会学概论新修[M]. 北京：中国人民大学出版社，2008: 160.

[③] 靳玉乐，尹弘飚. 教学本质特殊交往说论析[J]. 教育理论与实践，2001 (10): 35-40.

虑个体因素和外围环境因素的影响。只有充分考虑个体和环境因素，才能揭示教师专业发展的行为规律，进而通过调整环境因素变量，对教师个体的信念、动机和期望等变量进行调节。另外，依据班杜拉的社会互动理论，个体、行为与环境三个要素之间是双向互动关系，因此个体的行为等也会反过来影响教师的信念、动机和期望等。

3. 智能时代需要重点关注网络交互

智能时代，网络学习、网络学习共同体建设尤为重要，学者们做了大量的探索和实践。陶佳研究教师网络学习共同体，认为教师网络学习共同体包括4个维度，即学习渠道、资源环境、交往环境、社交活动，教师网络学习共同体的建构过程包括预测机制、迁移机制、增强机制，表现形式有个体学习、交互式学习以及项目式学习，而教师掌握并利用机器进行学习预测、学习迁移与学习增强是智能时代的教师网络学习共同体的构建特征与核心[①]。

三、传播生态理论

（一）传播生态理论原理

传播学是一门新兴的交叉学科，于20世纪20年代开始萌芽，30年代逐渐成形，70年代走向成熟。经验学派和批判学派是传播学学派中较为典型的两大学派。经验学派注重研究传播的方法，探讨传播效果；批判学派是将传播理论和社会学理论结合，分析传播的意义与价值。尽管经验学派和批判学派的侧重点不同，但本书将两者结合起来，既关注传播的意义和价值，也注重对方法的研究。2013年，美国学者哈罗德·拉斯韦尔在其著作《社会传播的结构与功能》中，提出了享誉世界的传播模式，对传播的内涵、过程进行深入探析，明确传播过程由谁、说什么、传播媒介、传播对象和传播效果五要素构成。针对这一模式，拉斯韦尔勾勒出传播学研究的内容，即控制、内容、媒介、受众和效果分析。拉斯韦尔还认为传播具有环境监控、社会协调、文化传承职能。环境监控，指大众通过各种媒介的信息传递，加强对外部世界的了解，从而去适应外部环境。社会协调是指人们通过各种媒介的信息传递作用，互相沟通与交流。文化传承指的是文化

---

① 陶佳. 基于社交学习的教师网络学习共同体之构建—兼论面向智能时代的教师网络学习共同体［J］. 远程教育杂志，2018，36（02）：87-95.

和知识借助媒介的流通得以扩散和延续①。

1995年，在《传播生态学：控制的文化范式》一书中，美国学者大卫·阿什德提出了"传播生态"的概念，并指出传播生态学是研究传播生态系统的结构与功能的科学。传播生态的提出，丰富了传播学，是对以往机械思维方法的突破。传播生态学认识到传播是有机整体，在这一整体中，各个相关因素是以复杂的形式和关系存在。传播生态学重构了基于机械理性思维的经典传播模式，是对以往传统传播学和传播思维的转变②。传播生态学描绘社会网络中与其他人交互的过程，是用来分析社会团体之间的交互以及传播媒介间关系，最终在于形成关系网络③。2007年，学者Marcus和Hearn将传播生态学分为技术、话语和社会三层，交互使用的传播媒介和技术属于技术层，传播的内容和主题属于话语层，人和联结他们的社会结构属于社会层④。根据传播生态学理论，传播网络是人际链接，是通过人际交互结构共享信息产生的⑤。网络中的社会关系使个人增值，也使社区价值增值，用户自动生成内容是社会关系的重要影响链⑥。信息流动是传播生态系统的基本功能，传播生态系统是信息流动形成的相互作用、相互依存的功能单位，通过空间与时间内传播要素之间的传播以及传播要素与传播环境之间的互动而产生。在传播生态学指导下，研究信息技术、论坛、媒体以及信息渠道的流动形式及关联，有助于理解教师专业发展的运转。

---

① ［美］哈罗德·拉斯韦尔. 社会传播的结构与功能［M］. 北京：中国传媒大学出版社，2013：48.
② ［美］大卫·阿什德. 传播生态学：文化的控制范式［M］. 邵志择，译. 北京：华夏出版社，2003：2.
③ Altheide D L. An ecology of communication: Toward a mapping of the effective environment［J］. Sociological Quarterly，1994，35（4）：665-683.
④ Foth Marcus，Greg Hearn. Networked individualism of urban residents: Discovering the communicative ecology in inner-city apartment buildings［J］. Information, communication and society，2007，10（5）：749-772.
⑤ Carol X J，Robert M D. Shaping Guanxi networks at work through instant messaging［J］. Journal Of The Association For Information Science And Technology，2016，67（5）：1153-1168.
⑥ Gold Thomas，Doug Guthrie，David Wank. Social Connections In China: Institutions, Culture And The Changing Nature Of Guanxi［M］. Cambridge：Cambridge University Press，2002.

（二）传播生态理论的意义

由传播生态理论得知，要用系统的观点考察学校支持的教师专业发展技术、话语以及社会因素。其中学校层次对应着社会层，涵盖教师与学生发生链接的组织，包括学校组织、教师所在学科组以及与教师专业发展相关联的校外教师专业发展机构及社区。教师专业发展内容对应的是话语层，如学校制定的制度以及提升教师专业发展实施的项目等。话语层包含的内容相对比较广泛，不仅包括学校支持的教师专业发展的内容，还包括教师交互过程中，产生的信任和尊重[①]。技术层是保证教师专业发展有效开展使用的媒介和技术。相关因素都是相互联系的复杂网络组成的有机整体。

四、教师职业生涯阶段理论

（一）教师职业生涯阶段理论原理

20世纪80年代以来，教师教育在世界范围内备受专家和实践者的关注。大量的理论和实践研究进一步推进全球教师教育的发展。美国杰出学者费斯勒的研究很有代表性。1985年，费斯勒对生命发展阶段以及成人发展等理论进行深入探求，在观察和访谈基础上，提出了教师职业生涯发展周期模型，将教师入职后的发展分为八个阶段，即费斯勒职业生涯发展周期理论，该理论对教师职后发展进行了总体描述，搭建了教师职业生涯发展的完整框架[②]，有助于学校针对不同的发展阶段对教师专业成长进行规划和指导。

美国学者司德菲提出的教师生涯发展阶段也具有一定的代表性，他将教师生涯分为五个阶段，并对每个阶段进行了具体的描述。如预备阶段的教师，充满活力、积极进取；专家阶段的教师，业务水平高，擅长班级管理，善于激发学生和自我的潜能；退缩阶段的教师，比较消极、拒绝变革；深度退缩阶段的教师则表现出无力感，甚至有时还会伤害到学生[③]。不论是费斯勒还是司德菲，他们对教师职业生涯阶段的划分都表明教师入职后其专业发展是非线性的过

---

① Carol X J, Robert M D. Shaping Guanxi networks at work through instant messaging [J]. Journal Of The Association For Information Science And Technology, 2016, 67（5）: 1153-1168.
② 杨秀玉. 教师发展阶段论综述 [J]. 外国教育研究, 1999（06）: 36-41.
③ 吴文胜. 基于专业发展的教师政策回顾与展望 [J]. 教育科学研究, 2018（01）: 38-42.

程，呈现出明显的动态性和阶段性的特点，且相邻阶段之间的发展还出现部分交叉。

(二）教师职业生涯阶段理论的意义

1. 划分我国中小学教师专业发展周期

由教师职业生涯阶段理论得知，入职后教师在不同的发展阶段呈现出较为明显的差异性。教师专业发展的承担者——学校以及相关机构，要在理论指导下，结合实践调查，研究教师在不同阶段的特点，厘清不同阶段教师专业成长的规律，并进行划分。本书在教师职业生涯阶段理论指导下，探究我国中小学教师的职业发展阶段特点，将我国中小学教师职业生涯发展划分为以下阶段：入职发展（5年）、能力建构前期（6~10年）、能力建构后期（11~15年）、职业稳定期（16~25年）以及职业消退期（26年后）。本书在制定调查问卷时，根据教师职业生涯阶段发展理论的五个阶段，进行考察，了解五个阶段的不同特点，以制定有针对性的提升举措。

2. 对中小学教师专业发展实施职业生涯规划指导

教师具有阶段发展的特点，为保证教师在各个阶段的有效发展，学校需要对教师实施职业生涯发展规划。也就是说，研究教师职业发展阶段理论，有助于顺利实施中小学教师职业生涯规划，促进教师专业发展。根据教师职业生涯阶段理论，教师专业发展是一个动态和非线性的过程，学校在不同的阶段给予支持和协助，有助于教师达到其每个职业生涯阶段的高峰，且稳定过渡到下一个阶段。因此，学校要结合教师发展特点和目标，参照学校和教师所在组织的规划，根据教师职业生涯阶段理论，协助教师制定职业生涯规划，确定途径及评价标准，并保证规划的有效实施。学者吴文胜提出，并非所有教师都能伴随职业变迁而最终成为专家，在教师成长过程中，教师专业发展专家和教师自身以及所在组织要充分介入，对教师实施充分的指导，专家的指导和教师自身的反思，可促进教师个体持续和专业的成长[①]。

对赋权增能、社会互动、传播生态、教师职业生涯阶段理论进行研究，发现为教师赋权能激发管理活力，提升教师自主性以及增强教师之间的互助合作；社会互动理论强调教师交往，教师专业发展是"内外部合力"的结果，要促进教师

---

① 吴文胜. 基于专业发展的教师政策回顾与展望[J]. 教育科学研究，2018（01）：38-42.

之间的深度交流；在传播生态学指导下，关注学校网络中和其他人交互的过程，可引导形成促进思维变更的协作学习；教师职业生涯阶段理论有利于学校制定符合教师成长阶段的政策，促进教师专业发展。

第二节　智能时代中小学教师专业发展学校支持的内涵和特点

智能时代，学校支持的教师专业发展呈现了新的变化，在此需要梳理相关概念。笔者认同国内学者朱旭东对教师专业发展的界定——教师专业发展指的是教师为实现自我和他我发展而采取的行动，该行动不断提升自身的专业知识、技能、态度、情感以及意念[1]。而有关智能时代教师专业发展学校支持的内涵，目前没有学者做出明确界定。本书拟定从智能时代这一特色出发，探讨中小学教师专业发展学校支持的内涵及特点。

一、智能时代中小学教师专业发展学校支持的内涵

"智能"是智能时代最重要的特征，国内首次提出这一概念的学者是宋云娴[2]。在前文概念界定部分，已经对智能时代及智能时代教师专业发展进行了详细的说明。相对于非智能时代而言，智能时代具有数字化、网络化、移动化等特点[3]。同时，智能时代人工智能、可穿戴技术等大量涌现，改变了社会经济各行业的基本形态，促使教育形态产生前所未有的创新变革[4]。学校是教师活动的主要场域，承担着培养、培训教师的职责，厘清学校支持教师专业发展的内涵，有助于教师专业水平的提升。

（一）学校支持教师专业发展要注重智能

智能时代，学校支持教师专业发展要关注智能，即技术智能、环境智能和管理智能。

---

[1] 朱旭东. 论教师专业发展的理论模型建构 [J]. 教育研究，2014（06）：81-90.
[2] 宋云娴. 智能CAI在现代教育中的应用 [J]. 高等工程教育研究，1993（03）：87-90.
[3] 赵炬明. 助力学习：学习环境与教育技术——美国"以学生为中心"的本科教学改革研究之四 [J]. 高等工程教育研究，2019（02）：7-25.
[4] 杨宗凯，吴砥，陈敏. 新兴技术助力教育生态重构 [J]. 中国电化教育，2019（02）：1-5.

1. 技术智能

技术是人类社会转型和变革的重要组成部分，每一个时代的革新都伴随着重要技术的出现。技术智能体现在技术本身、技术与其他载体的融合以及伴随技术产生的教与学的变化。技术本身的智能主要体现在人工智能技术的大量运用，如2016年人工智能程序AlphaGo成功挑战世界冠军、韩国职业棋手李世石，随后技术与其他载体的融合呈现增长趋势。学者曹晓明对技术重构教育生态系统进行研究①。刘德建等主张通过技术研发、环境部署与应用等举措，使技术融入学校教育②。美国学者爱德华·威尔逊研究了知识大融通，指出超学科的出现主要是源于技术与其他学科的融合，认为要关注认知神经科学、人类行为遗传学、进化生物学、环境科学这四座桥梁，这四座桥梁链接了科学与社会学；同时提出要借助AI技术，将四座桥梁链接起来，以问题的因果为导向，构建知识的关系网络，以实现超学科知识融合③。

人工智能技术可以改变教育教学理念、教学方式、学习方式以及师生关系等④。在学校教育中，要建构数据驱动的智能环境、培育服务导向的智慧教师、走向个体适应的深度学习等⑤。此外有学者提出，借助AI可以实现技术赋能、AI的思想智化以及AI的管理赋权，从而分别推动实践创新、理论创新和政策创新⑥。

2. 环境智能

为应对数字原住民的个性化需求，学校要在充分考虑智能的因素下布置环境。也就是说，教室的物理空间需要重新布置，以打破传统的教室布局。学者李

---

① 曹晓明."智能+"校园：教育信息化2.0视域下的学校发展新样态[J]. 远程教育杂志，2018，36（04）：57-68.
② 刘德建，杜静，姜男，等. 人工智能融入学校教育的发展趋势[J]. 开放教育研究，2018，24（04）：33-42.
③ [美]爱德华·威尔逊. 知识大融通：21世纪的科学与人文[M]. 梁锦鋆，译. 北京：中信出版社，2016.
④ 许亚锋，高红英. 面向人工智能时代的学习空间变革研究[J]. 远程教育杂志，2018，36（01）：48-60.
⑤ 傅蝶. 人工智能时代学校教育何去何从[J]. 现代教育管理，2019（05）：52-57.
⑥ 杨欣. AI时代的未来学校：机遇、形态与特征[J]. 中国电化教育，2021（02）：36-42，67.

洪修提出要构建丰富、多样的学习环境，推进学校教育过程的深层互动，精准调适学生学习过程，采用智能测评技术，以实现人工智能背景下学校教育的现代化[1]。学校应充分利用智能技术、传感技术等改善学习环境，可以从硬件和软件入手，充分利用现有硬件资源，常态化使用移动互联设备，如交互式电子白板、创客组件、电子书包等，让新的设备增强教育。同时，学生应常态化运用移动设备，最大程度地发挥其便捷性[2]。

智能时代学校要更加关注学生，特别是基于网络学习空间的学生。主要体现在以下方面：第一，学校要将学生学习过程、思维过程的理念进行展示；在学生展示的过程中，由于不同是创新的源泉，要强调展示差异、激发灵感。第二，学校提供展示活动及其机制，保证学生能够常态化的开展展示活动，在活动中，要进行基于网络学习空间的互评、自我反思等。最后，学校要提供环境保障，让学习者易于进行展示活动，可从物理空间和网络学习空间两方面进行建设。如突出以人为本和个性化设计，灵活安排教室布局，让学生对桌椅板凳、学习工具等的设计感到舒服，注意隔音降噪、使用绿色能源以及充分利用自然光源等。同时，学习环境要富有创意，有助于启发学生，促进学生社会性成长。

3. 管理智能

智能时代，学校管理与服务是学校建设的基础，主导着整个学校的运行过程[3]。在《中国教育现代化2035》文件中，提出要对教育治理方式进行变革，构建现代化教育管理与监测体系，促进学校现代化的形成。《教育信息化2.0行动计划》中，也对技术支持管理现代化做出了具体的要求。智能时代的智能技术给学校管理和教学带来了便利，在某种程度上，智能技术可以赋权管理，使传统学校中资源组织的基础被技术颠覆，权力架构的基础呈现变化[4]，封闭的办学体系被

---

[1] 李洪修. 人工智能背景下学校教育现代化的可能与实现[J]. 社会科学战线，2020（01）：234-241.

[2] 张生，曹榕，陈丹，等. "AI+"时代未来学校的建设框架与内容探究[J]. 中国电化教育，2018（05）：38-43，52.

[3] 张生，曹榕，陈丹，等. "AI+"时代未来学校的建设框架与内容探究[J]. 中国电化教育，2018（05）：38-43，52.

[4] 王鹄. 技术赋权视阈下的教育信息化反思[J]. 中国电化教育，2018（2）：96-99.

打破①,从而重构学校管理和资源组织。

由此可见,智能技术有必要积极推动学校的管理创新。第一,理念创新,在智能理念指引下,对学校管理过程与机制进行调整、优化及创新,形成共同体。第二,方式创新。智能技术推进管理一体化,不同于以往的管理,智能时代的学校治理中,会有多个主体介入办学过程,通过不同主体之间的对话和协商达成规则、形成机制,从而建立新的秩序,以实现多中心意义上的治理。也就是说,智能时代学校管理的因素多元,学校应在对教师、课程、学生、管理等因素进行深度分析的基础上,运用智能技术将其串联,实现数据链接,达成系统化,这样不仅方便教师查阅和了解信息,还可以通过对收集到的数据进行分析,制定有针对性的举措。

(二)学校支持教师专业发展要着眼于发展目标

学校支持教师专业发展要着眼于发展目标,关注智能时代对学生和教师发展所提的要求。

1. 智能时代对学生发展的要求

国家和社会一直关注培养什么样的学生,尤其注重培养学生的核心素养。因此,学校要通过研究学生"素养"或"核心素养"诞生的时代背景,准确理解其内涵。当今世界的"核心素养"研究框架,均是指向21世纪公民生活、21世纪职业世界以及公民个人自我实现的新特点和新需求。因此,有学者认为"核心素养"的别称就是"21世纪技能"或者"21世纪素养"②。2016年,我国也编制了"核心素养",由北京师范大学发布。

钟启泉教授指出"核心素养"规定学校教育的方向,指出了学校教育的内容和方法,旨在勾勒新时代新型人才形象。从概念界定来看,所谓"核心素养"涵盖了社会技能与动机,以及人格特征在内统整的能力,与职业上的实力与人生的成功直接相关③。2016年,北京师范大学在借鉴国际课程改革的先进经验基础上,对我国学生核心素养现状进行深度探索,领衔发布了《中国学生发展核心素

---

① 曹培杰.未来学校的变革路径——"互联网+教育"的定位与持续发展[J].教育研究,2016(10):46-51.
② 张华.论核心素养的内涵[J].全球教育展望,2016,45(04):10-24.
③ 钟启泉.基于核心素养的课程发展:挑战与课题[J].全球教育展望,2016,45(01):3-25.

养》总体框架，包括以下几个方面：①价值形成是核心层。价值观决定了知识和技能。而决定"价值观"的是个体的人格，包括信念、态度、行为等。一般来说，置于"核心素养"核心地位的应该是诸如责任、信仰、尊重、宽容、诚实以及协作等价值。②信息处理、反省思维、沟通协同以及革新创造能力这些处于内层，是关键能力。③学习领域。语言学科群、人文科学与艺术学科群、数理学科群以及跨学科领域均属于学习领域，处在中层。④支持系统是在外层，包括体制内外的政策以及技术支持系统等[①]。

经济合作与发展组织（简称经合组织，OECD）的"基于关键能力的界定与选择"、美国的"21世纪型能力"在素养方面比较有代表性。"基于关键能力的界定与选择"是一个典型研究和倡导"核心素养"或"关键能力"的概念。"关键能力的界定与选择"由三种能力构成：其一，运用工具实现沟通的能力；其二，在不同集体与不同文化的人进行交流的能力；其三，自律的行动能力。美国企业界与教育界共同提出的"21世纪型能力"的概念，由"批判性思维""沟通能力""协同与创造性"构成，是在学科内容知识之上，增加了在21世纪社会里所必须具备的高阶认知能力，在核心学科及21世纪能力的基础上强调"信息、媒体、技术的能力""生活与生存的能力"。作为学生必须形成以下能力：其一，学科能力及21世纪必须具备的能力；其二，自主学习与革新的能力；其三，运用信息、媒体与技术的能力；其四，在不同环境生存和职业发展所必需的能力。

学者张华对核心素养进行分析后，做进一步提炼，形成了"21世纪4Cs"，即协作、交往、创造性以及批判性思维这四大素养[②]。协作、交往是由社会的复杂性及对人培养的多元需求所决定的，属非认知性素养。创造性以及批判性思维是由社会发展、人的专业性需求所决定的，属认知性素养。结合我国实际，笔者认为智能时代的学生素养需要在这些基础上，再增加对学生品德、数据素养和学习能力的培养。

2. 智能时代对教师能力有了新的需求

第四次工业革命的到来，要求人们具有如情境判断、自我激发、情绪管理身

---

① 张华. 论核心素养的内涵[J]. 全球教育展望, 2016, 45（04）: 10-24.
② 张华. 论核心素养的内涵[J]. 全球教育展望, 2016, 45（04）: 10-24.

体素质等智慧,这是新时代对人的培养提出的新的要求①。中共中央、国务院下发的《关于全面深化新时代教师队伍建设改革的意见》中,明确提出要对全体中小学教师开展培训,促使教师终身学习,促进教师专业发展。综合二者,智能时代教师的专业发展要以培养教师和学生终身学习能力为目标,培养教师情境判断、情绪管理、自我激发等能力,提高身体素质;注重发展教师专长,提高教师与智能教师、与学生的沟通、协调等能力。师生之间的交互在智能时代变得更加频繁,需要教师具备较强的沟通和协调能力。数字媒体的发展让学习者超越时空和空间,突破社会和现实障碍,彼此建立起联系。同时,人工智能教师与实体教师共同发挥教书育人的功能。作为教师,要注重与智能教师的协作,在教学过程中,要与学生进行交流和沟通,注重学生的情绪体验及情感变化等,弥补智能教师在情感交流等方面的缺失。

智能时代,学校对教师专业能力的要求,要在充分理解学生素养的基础上,综合社会及专家对教师的要求而制定。1986年,学者舒尔曼对教师的学科教学知识进行了研究,并提出了7种知识,包括一般教学知识、关于学生的知识、学科知识、教学内容知识、其他内容知识、关于课程的知识以及教育目标的知识②。2006年,学者Mishra和Koehle在舒尔曼提出的学科教学知识的基础上提出TPACK知识③。这一知识被认为是智能时代学生必备的知识,本书在调研部分会针对学生具备的TPACK知识和能力进行调研,研究智能时代中小学教师专业发展的学校支持路径。综合学生核心素养、教师必备知识和能力,结合智能时代的特点后,本书提出智能时代教师要发展以下能力:

①道德素养和能力。

智能时代,智能工具代替了教师的部分职责。教师与智能工具的关系呈现两种状态:其一,教师与智能工具并存,各自履行职责;其二,教师自身运用智能工具来辅助教学。在这种情况下,作为教师,必须具有较好的道德修养,具有正确运用智能工具的意识和能力。根据人工智能的发展,有学者提出人工

---

① 克劳斯·施瓦布. 第四次工业革命转型的力量[M]北京:中信出版社,2016.
② Lee S Shulman. Those who understand: Knowledge in Teaching [J]. Educational Researcher, 1986, 15(1):4-14.
③ Mishra Punya, Koehler M G. Technological pedagogical content knowledge: a new framework for teacher knowledge [J]. Teachers college record, 2006, 108(6):1017-1054.

智能是对人类自身最大的挑战和威胁，即人工智能可能被某些人非法利用，从而使得人被人工智能奴役，最终被机器控制[①]。因此，智能时代，教师自身要具备较高的道德修养，在学科教学中，引导学生树立正确的人生观和价值观，培养学生的道德认知和道德判断，尤其要引导学生正确认识技术以及技术给学习和生活带来的变化。教师的道德素养和能力，是智能时代教师应当具备的关键素养。

②数据素养。

当代学生是生长在互联网时代的数字原住民，数据素养成为不可或缺的学生核心素养之一。随着教育信息化的进一步推进，国家对数据素养更加重视，教师数据素养更是推进教育信息化改革的重要基石。由此，教师专业发展中，培养教师数据素养是智能时代学校的重要职责。教师数据素养是指教师设计、收集、分析以及运用数据的能力，旨在提升其教育教学水平和人才培养质量。2019年，教育部在工作要点中指出，要培养教师的大数据素养，并在全国组织大数据研修班，以发展专业教师的数据素养，使其达到运用数据驱动教学的目标，最终实现人才培养质量的提升[②]。

③终身学习能力。

智能时代比任何时代都需要培养学习者的学习能力，特别是终身学习能力。美国在《国家人工智能研发战略规划》中指出要促进社会成员终身学习能力的提升。智能工具在人的高阶认知能力，如逻辑推理、交流分析、设计以及意义建构等方面比较欠缺，而对于低阶认知能力，如机械识记、简单复述和重复再现，则可以承担。由此，为适应社会发展，学校要注重师生高阶认知能力的培养。为保持学习的持续性，教师要树立终身学习意识，培养自身和学生的终身学习能力。

④沟通、合作能力。

智能时代，人际沟通以及在人际沟通中对学习者进行情感熏陶的能力十分关键。教师要关注自身语言表达和沟通能力，注重语言表达的艺术和魅力，

---

① 项贤明. 智能时代教师的七个关键能力［J］. 福建教育，2019，（05）：12-14.
② 李新，杨现民. 中小学教师数据素养培训课程设计与实践研究［J］. 中国电化教育，2020（05）：111-119，134.

通过语言表达和有效沟通与学生建立人际情感关系。在沟通中，教师用自身经历、经验及情感影响和熏陶学生，使学生达到共情，并促进学生的情感发展①。

为迎接人机协同推动教育发展的新时代，教师要树立合作意识，正确认识并积极应对人工智能对教师职业的冲击。同时，强化转型意识，发挥在学生成长过程中的独特引导作用。学校要具备变革意识，通过同步转型发展，推动教师角色再造。随着社会的进步，传统教师作为知识权威的优越感将逐渐淡化，虚拟教师将大量出现，人与虚拟教师协同是必然趋势。日本学者野村直之提出，随着生产效率的提升，新式工具被大量运用，同时劳动者会出现不安情绪，这是自工业革命时代以来不变的规律②。在新技术的支持下，教学过程中的学生、教师、管理者以及家长等通过技术而广泛连通。相关群体之间的角色互动是网状的，互动会更加便捷和充分。比如，在时间维度上，通过技术手段重构教学流程，在课前、课中、课后，运用相应的技术手段加以辅助。这样教师的工作压力可以减轻，烦琐的工作可以相应去除，教学质量会大幅提升。有了数据和技术的支持，就可以真正做到以学生学习为中心、以学习效果为中心、以学生发展为中心，课堂才能成为期望的理想课堂③。

⑤创造力和批判性思维。

深度学习是人工智能的重要技术，在机器学习中广泛应用。深度学习的关键技术之一是模仿人脑机制解释数据，以达到更高、更抽象的水平。具体说来，深度学习是进行分析学习的神经网络，由人工智能模拟建立人脑达成。深度学习逐渐消除人工智能和人类智能在学习能力上的差距，正在突破对简单学习的模仿。深度学习促使人工智能与人类更加接近，这一现状可以让人类的劳动在更多领域被智能机器人代替。对于教师来说，深度学习的推进给教师工作带来更大挑战，学生的培养目标和教师专业发展目标要进行调整。有学者要求师生在"深度学习"后，具备创新性学习能力和独立思考能力。对于人工智能来说，最难超

---

① 项贤明. 智能时代教师的七个关键能力［J］. 福建教育，2019（05）：12-14.
② 张优良，尚俊杰. 人工智能时代的教师角色再造［J］. 清华大学教育研究，2019，40（04）：39-45.
③ 吴砥，饶景阳，王美倩. 智能教育：人工智能时代的教育变革［J］. 人工智能，2019（03）：119-124.

越人类的能力就是创造力和批判性思维能力。因此，智能时代的教师要提高自身以及学生的创造力和批判性思维能力。创造力和批判性思维能力是智能时代教师的素养，可保证教师不被智能机器取代，保证人类智能不被智能机器全面超越。

二、智能时代中小学教师专业发展学校支持的特点

（一）学校支持教师专业发展具有"非线性"特点

从影响学校支持教师专业发展的因素及智能时代教与学的现状来看，学校支持教师专业发展呈现"非线性"特点。

1. 学校支持教师专业发展的影响因素

智能时代教师专业发展学校支持的研究和实践的推进，有助于激发不同层级组织和个体的活力，有助于培养"未来教师"。事物的发展是在内因和外因的共同作用下推进的，关键是内因，它对事物发展的趋向起着决定作用，外因的作用是加速或延缓，属于事物发展的外部条件。也就是说内因是事物的根本，外因作为变化的条件，要通过内因发生作用。智能时代，影响教师专业发展的因素同样有外因和内因。外因涵盖政策、学校管理等方面，内因则包括组织和个体的自主发展、自主能力等方面。根据内外因关系及其发挥作用的原理，在学校支持的教师专业发展中，学校支持属于外因，而内因是教师自主发展。学校对智能时代教师专业发展进行研究，制定政策制度，实施发展。根据内外因的辩证发展观念，教师专业发展的根本是教师的自主发展，自主发展可激活教师专业发展的活力，决定教师专业发展的基本趋势。教师自主发展可通过激发教师自身主动性、积极性，以及自我实现的需要，实现专业发展目标。

智能时代，随着技术的革新，影响教师专业发展的学校支持因素变得更加复杂。同时各种因素不再是相互独立，而是相互影响以及紧密关联，学校支持呈现显著的非线性特点。学者杨欣探究智能时代的学校，对人工智能变革学校教育的过程、学校教育的方式、学校教育的内容和结果进行研究，提出要设置智能时代的学校目标和价值，指出智能时代的学校创新要关注知识交叉、学科融合，以及人机互联等[①]。由此，学校支持的教师专业发展受到智能技术、知识交

---

① 杨欣. AI时代的未来学校：机遇、形态与特征[J]. 中国电化教育，2021（02）：36-42，67.

叉、学科融合、人机互联以及脑机接口的影响，要对这些因素予以考察。以往教师专业发展的学校支持的线性发展被打破，要考虑智能时代中小学教师专业发展的变化。如在教师专业发展理念和目标上融入智能，设计目标体系和组织体系；在教师专业发展环境上融入智能，搭建智能管理和教学环境，帮助教师掌握数据素养等；在教师专业发展内容上融入智能，帮助教师熟悉智能时代所必备的教育信息技术、专业以及教学知识等；在教师专业发展组织上融入智能，促使教师与人工智能教师、教师与学生、人工智能教师与学生进行有效沟通和交流等。

2. 学校支持教师专业发展的教与学

人工智能引发教育的变革，对基础教育及其教师提出了新要求。学校支持的教师专业发展，围绕着教与学，要考虑以下因素：其一，教师专业发展的目标、内容和教学方法。学者孙富春认为人工智能在知识传授和能力培养上发挥着重要的教育功能，主要体现在教育内容的创新、教学方法的改革以及创造性人才的培养上；智能时代的教育，影响教学方法、环境以及学习资源等[①]。其二，教师的学习方法。智能时代的教育更注重学习者的个性化体验、学习情境的感知性与灵活性，强调学习方式的多元化，在学习过程中对数据进行跟踪，深度分析学生行为数据[②]。智能时代的教师在线学习呈现出个性化、智能化以及泛在化等新特点，伴随特点的改变，在线学习支持服务也相应变化[③]。其三，教学文化、教学资源和环境。影响与介入教师教育的人工智能，其外在表现是技术升级与资源更新，文化转型与观念创生是其内在意蕴。人工智能下的教师专业发展，要基于未来教师教育培养目标，秉持传承与创新相统一的思路，坚守师德为先、能力为本、终身发展的基本取向，在理解人工智能影响教师教育的方式、范围和程度上，组织教师教育，培养中小学教师掌握人工智能技术和相应的教育智能技术，利用人工智能改造教学环境与优化课程资源，同时具有在人工智能时代背景下对

[①] 聂竹明，张犇. 从智能教育到未来学习：新时代教育技术创新与应用新常态——第十九届教育技术国际论坛综述［J］. 开放教育研究，2021，27（02）：18-25.

[②] 郑永和，王杨春晓，王一岩. 智能时代的教育科学研究：内涵、逻辑框架与实践进路［J］. 中国远程教育，2021（06）：1-10，17，76.

[③] 周海军，杨晓宏. 智能时代教师在线学习支持服务的内涵分析与模型构建［J］. 现代远距离教育，2020（06）：17-23.

学生进行道德规训和协作的意识[①]。

总而言之，智能时代学校支持教师专业发展的影响因素，宏观上涵盖学校文化、学校政策、学校管理、学校自主组织能力、教学环境和资源等，微观层面包括学校教与学的相关因素、教师个体自主发展意识等，各个层面之间的影响呈现非线性的发展态势，需要从整体进行系统考量。

（二）学校支持教师专业发展要依据数据实现引领

智能环境中产生了大量的数据，学校支持教师专业发展要研究数据，对数据进行收集、分析和运用。

1. 学校支持教师专业发展的智能环境

智能教育利用各种技术手段打破教育资源在地区、学校、课堂以及人与人之间的孤立；通过构建学习环境实现人机协同，促进学生学习动力、能力和效率的提升，实现无所不在的学习文化与环境。比如欧盟的"未来教室实验室"，对传统教室进行重构和创新，将教室空间打造成智能互动空间，打破时空限制，满足了不同类型的学习、交互的需要，为学习者提供了多方位互动的群体思维空间，支持小组协作、自主学习以及演讲汇报等[②]。人工智能技术与学校教育的融合，促使教室形态全面改变，比如课堂教学环境、校园环境等。同时，线上线下一体、课上课下衔接的高度数字化以及智能化的教学环境将全面普及。人工智能与人类智能的高度协同，为实现泛在学习提供良好支持，可增强教学环境的个性化服务水平[③]。信息技术产生的网络学习空间，促使传统教学环境不断向网上拓展，形成全新的双空间一体化教学环境。这种教学环境实现了物理空间和网络空间的高度融合，协调了人与人工智能，达到了人技结合。物理空间整合了智慧教室，智慧教室有终端设备、教具学具等，可将物与物、物与人进行泛在链接。网络空间整合了各种云端资源，比如学科工具，教、学、研等资源，以及根据学生所处情景而呈现的个性化学习资源；整合了平台，比如虚拟学习社区、协作学习与协同工作平台、管理评价与服务平台等，运用基于大数据的过程性分析，依据

[①] 曹如军. 人工智能时代教师教育培养目标：坚守与变革［J］. 高教探索，2021（01）：51-56.

[②] 吴砥，饶景阳，王美倩. 智能教育：人工智能时代的教育变革［J］. 人工智能，2019（03）：119-124.

[③] 杨宗凯，吴砥，陈敏. 新兴技术助力教育生态重构［J］. 中国电化教育，2019（02）：1-5.

智能技术实现智能化教学与交流。通过双空间的全面衔接，构建了混合式泛在教学环境，达到线上线下连通、实体课堂虚拟课堂一体化、人人随时随地可学。以此为依托，为学生提供新型教与学环境，以智能化、个性化以及泛在化特点，助力智能化教学[①]。

2. 学校支持教师专业发展的数据运用

数据是智能时代非常重要的标志，是基于事实之上，构成智能的最基本要素。大数据在教育领域中有广义和狭义之分，偏向于教育活动中的行为数据都属于广义的教育大数据。狭义的教育大数据指的是学校从学生管理系统、网络学习平台等渠道收集的学习者行为数据[②]。智能时代，课堂教学过程中产生了大量的教育数据，这些数据种类繁多。在课堂教学中，讲授、提问以及演示等都属于教师教的数据。而听讲、应答，以及小组讨论，都是学生学的数据。课堂中教师和学生的行为都在高频次地发生改变，这些行为伴随着教学过程的始终[③]。可以说信息时代由网络驱动，而智能时代由数据驱动[④]。《中国教育现代化2035》中，提出要搭建综合管理和服务的平台、建设智能化校园[⑤]，数据是建设一体化智能平台的核心推动力。《教育信息化2.0行动计划》中，讨论了大数据与教育治理的关系，认为数据具有重要作用，同时对教育教学中如何对数据进行采集、评价，以及共享交换等方面提了具体的要求[⑥]。由此可以看出，数据已被各个层面重视，成为教育领域的焦点之一。

学校层面要充分认识和运用工具，以促进有效教学和教师成长。教师运用教育数据驱动教学变革是大数据时代教育发展的必然诉求，也是充分发挥教育数据资源潜在价值的重要表现。学者但金凤等对美国教师运用数据的教学实践与支持机制进

[①] 杨宗凯，吴砥，陈敏. 新兴技术助力教育生态重构[J]. 中国电化教育，2019（02）：1-5.
[②] 徐鹏，王以宁，等. 大数据视角分析学习变革—美国《通过教育数据挖掘和学习分析促进教与学》报告解读及启示[J]. 远程教育杂志，2013（6）：11-17.
[③] 李淼浩，曾维义. 基于数据的校本教研助力教师专业发展研究[J]. 中国电化教育，2019（04）：123-129.
[④] 宋苏轩，杨现民，宋子强. 智能时代高校数据中心的新内涵及其体系架构[J]. 现代教育技术，2020，30（07）：81-88.
[⑤] 中国教育现代化2035[EB/OL]. http：//www. gov. cn/xinwen/2019-02/23/content_5367987. htm，2019-02-23.
[⑥] 教育信息化2.0行动计划[EB/OL]. http：//www. Moe. gov. cn/srcsite/A16/s3342/201804/t20180425_334188. html.

行研究，总结出美国在以下方面运用数据驱动教学变革，并取得了成效：①基于教育数据变革教学决策方式；②根据教育数据，实施精准教学干预；③运用教育数据持续改进教学；④挖掘和评估数据，以追踪学生学业进步。同时，美国通过政策指导、资源保障、学校和技术支持机制等举措来保证数据驱动教学变革。美国认为数据驱动教学变革是可靠、合法的，并且在实践中也认为是有效且科学的。我国对美国的数据驱动教学变革进行研究，借鉴经验，从构建治理机制、完善制度框架、扩大校方支持、开展专业培训等方面着手，推动我国教师实现数据驱动教学变革实践的落地[①]。

【小结】

智能时代中小学教师专业发展的学校支持要考虑"智能"对教师专业发展及学校支持的影响。智能时代中小学教师专业发展的学校支持是指在智能时代这一背景下，学校在发展教师专业知识、专业技能、专业态度、专业情感和专业意念方面采取的行动。这一行动包含支持教师专业发展的外部支持，如学校组织、学校环境、学校文化等，也包含促进教师个体成长的内部支持，如教师积极性、主动性等方面。根据内外因的规律，教师的个体发展，可在外部支持下得到促进和提高。

教师是教学的实施者，在教师重要性日益凸显的背景下，专家学者从理论和实践层面给予教师极大关注。学校作为教师职后的发展场域，承担着培养教师的职责。本章对赋权增能、社会互动、传播生态、教师职业生涯阶段理论进行了研究，发现为教师赋权能激发管理活力、提升教师自主性以及增强教师之间的互助合作；教师专业发展需内外部合力，社会互动理论强调了教师交往，促进了深度交流；在传播生态学指导下，关注学校网络中教师和其他人交互的过程，引导形成可促进思维改变的协作学习；对教师职业生涯理论进行研究，有利于制定符合教师成长阶段的项目，以促进教师专业发展。智能技术革新冲击教育教学，给学校如何支持教师专业发展提出了新的要求。智能时代，学校支持教师专业发展的内涵为：①智能时代教师专业发展的学校支持被赋予"智能"；②智能时代中小

[①] 但金凤，王正青. 数据驱动教学变革：美国教师运用教育数据的教学实践与支持机制[J]. 电化教育研究，2020，41（10）：122-128.

学教师专业发展的学校支持要着眼于"发展"目标。智能时代学校支持教师专业发展的特点有：①智能时代教师专业发展的学校支持呈现"非线性"；②数据引领智能时代教师专业发展的学校支持。

第三章 教师专业发展标准：学校支持教师专业发展的基本取向

"教师专业发展标准"指国家专门机构依据教育目标和教师发展目标，制定的有关教师培养和教师工作的指导性文件，是提升教师专业发展水平，有效开展教师教育的关键。随着技术的革新及认知心理学、脑科学的发展，教师专业发展的内涵和外延更加丰富。学者熊建辉提出，当代教师教育发展需要"发展轨迹描述式"专业标准，因为"标准必须说明教师在长期实践中应改进什么"[①]。20世纪80年代以来，世界各国先后制定了教师专业标准，这些专业标准的框架维度是社会对教师综合专业素质的要求，强调了教师的专业理念[②]。为此，本章将分析与比较国内外教师专业发展标准，研究我国学校支持教师专业发展的基本取向。

第一节 教师专业发展标准的中外经验

为提升教师教育教学水平，一些国家及国际组织，纷纷制定了教师专业发展的标准或框架。比如，澳大利亚制定的《澳大利亚教师专业标准》、美国发布的《教师应该知道和能做什么》等，在国际上具有较大影响力，在指导教师专业发展中发挥了引导作用。2012年，中国教育部也推出了相关教师专业标准，但没有出台教师专业发展的具体举措。

由于教师专业发展标准众多，不可能把所有标准都纳入研究样本中，因此存在样本的选择问题。在样本遴选过程中，笔者遵循以下原则：第一，选取有代表

---

① 熊建辉. 构建我国教师专业标准的思考：国际比较的视角（上）[J]. 世界教育信息，2008（09）：39-43.
② 吴文胜. 基于专业发展的教师政策回顾与展望[J]. 教育科学研究，2018（01）：38-42.

性的教师专业发展标准或者教师发展核心素养；第二，选取的标准由国家专业机构制定并发布，具有科学性和权威性；第三，标准适用对象为高水平教师群体；第四，在时间维度上，选取最近颁布或者修订的版本。

一、国外教师专业发展标准

（一）澳大利亚联邦教育部制定的《澳大利亚教师专业标准》[①]

1. 《澳大利亚教师专业标准》框架介绍

澳大利亚注重教师教育，19世纪30年代到20世纪50年代，其教师教育的发展呈现曲折和缓慢发展的状态，至20世纪后半叶才得以全面振兴，继而形成了完整的教师教育体制。澳大利亚的改革与实践，在国际上树立了"起先保守，发展积极"的典型[②]。对于教师专业发展标准的制定，澳大利亚也是较早着手，并于2003年出台了《国家教师专业标准框架》。2011年，对其进行了修改，改名为《全国教师专业标准》。2012年，最终将该标准命名为《澳大利亚教师专业标准》。本书主要是对2012年的最终版本进行研究。

2. 《澳大利亚教师专业标准》的特点

第一，指标具有可操作性。2012版《澳大利亚教师专业标准》的文本框架划分为专业知识、专业实践和专业参与三模块，设置了7个方面，包括了解学生及其学习方式、了解课程内容及教学方法、计划和实施有效的教与学、创造和维护支持性和安全性的学习环境、对学生的学习情况进行评估和提供反馈和报告、从事专业学习以及协助同事、父母或照顾者和社区进行专业交流。这些都与教学联系紧密，可操作性强。

第二，对教师专业发展实施分层规定。澳大利亚从教师职业生涯阶段理论出发对不同层次教师进行划分，并对刚毕业教师、熟练教师、高水平教师和领导型教师等不同阶段的教师的专业发展水平进行了描述，提出了具体的要求，指出领导型教师是教师发展中的最高阶段，在教师群体中作为示范者和引领者而

[①] Australian Professional Standards for Teachers [EB/OL].（2011-07-16）[2019-05-16]. https://www.aitsl.edu.au/standards

[②] 袁丽. 澳大利亚职前教师教育发展与其课程实践变革进的政策研究［D］. 北京师范大学，2012.

存在。

第三，教师专业发展活动延伸到社区。《澳大利亚教师专业标准》将"协助同事、父母或照顾者和社区进行专业交流"作为指标体系的维度，并以指标体系的形式告知具体的行为规范。如"保持较高的道德标准，并在学校和社区内协助同事诠释道德守则，作出正确判断""参与专业教学网络和更广泛的社区，为专业的网络贡献力量，与更广泛的社区建立生产性的联系，改善教学和学习"等。

（二）英国教育部发布的《英国教师专业发展标准准纲》[①]

1.《英国教师专业发展标准准纲》框架介绍

英国一向重视在行业内制定标准，以引导行业发展。尤其是在二战后，英国更加重视教育，认为国家发展的重要途径之一就是重塑教育，而教师在重塑教育中具有重要作用。1989年，英国颁布了首个《合格教师资格标准》。1998年，英国教育科学与就业部出台《教师：变革中迎接挑战》。同年，师资培训署颁布《国家学科组长标准》。进入21世纪，随着新教师专业主义的兴起，出台了教育改革"绿皮书"：《每个孩子都重要》。2005年，师资培训署更名为学校培训和发展署，并于2007年制定《教师专业标准框架》。2011年，发布了《教师标准》，这一版本的标准概述了教师的专业价值，对教师教学提出要求，规定了个人和专业行为准则[②]。2016年，出台了《英国教师专业发展标准准纲》。本书选取的正是这一版本。

如附录三所示，《英国教师专业发展标准准纲》更加注重教师专业发展过程的"整体效能"和"和谐共生"，是和谐共生理念下的教师专业发展标准。

2.《英国教师专业发展标准准纲》的特点

其一，教师专业发展工作制度化、系统化。由《英国教师专业发展标准准纲》可知，英国教育部从社会化大情境中，对影响教师专业发展的因素进行研究，提出教师专业发展需要教育行政部门、教育研究机构、培训机构、学校领导

---

① Department for Education．Standard for Teachers' Professional Development［EB/OL］.（2016-07-12）［2019-5-15］．https：//www．gov．uk/government/uploads/system/．

② Department for Education．Teachers' Standards：Guidance for school leaders，school staff and governing bodies［EB/OL］.（2011-07-01）［2019-09-10］https：//www．gov．uk/government/organisations/department-for-education．

和教师等共同发挥作用。教育行政部门和教育研究机构从宏观上提供支持，从理论和标准上进行指导。为此，英国在2016年出台《教师专业发展标准》和《应用指南》，将教师专业发展制度化，为学校领导、专业发展提供者和教师提供意见[①]。

其二，学校和校长的重要性备受关注。《英国教师专业发展标准准纲》注重学校及校长的作用。有学者研究标准并指出，学校可保障教师专业发展的可持续性，是培养优秀教师成长的场所，负责教师的发展[②]。教师专业发展水平提升是一个复杂的过程，要规定教师发展目标，对预期成果进行预设，同时还要制定相应的评价标准。英国还将"学校领导必须优先考虑教师专业发展"单独作为一个维度，并设置专门的指标。由指标设计可知，英国教育部认为在教师专业发展中，影响教师专业发展的教师个体、负责教师专业发展的校长和各级领导要按各自职责进行专业发展工作，但是三个群体之间要合作。其中校长具有重要职责，校长有责任和义务营造积极的文化氛围，致力于培养积极、受尊重和有效的教育工作者。

其三，注重证据和专家的指导。有效专业发展的重要条件，是具备坚实的论证和知识。高水平的学术研究、多样的评估方法，以及丰富的教育资源可形成坚实的论证和知识。准纲尤其强调专家引领的作用，认为在专家指导下，教师可以更好的发展，因此要求政策提供者发挥引领作用，发展教师专业发展的理论基础，为参与者提供建设性的意见[③]。

（三）美国NBPTS制定的《教师应该知道和能做什么》[④]

1.《教师应该知道和能做什么》框架介绍

教师专业发展起源于19世纪末的美国，20世纪70年代逐渐成熟。1987年，美国第一个优秀教师认证机构成立，即美国国家专业教学标准委员会（National

---

[①] 宁莹莹. 英国教师专业发展标准的形成、特点及启示[J]. 教学与管理，2018（21）：119-121.

[②] 宁莹莹. 英国教师专业发展标准的形成、特点及启示[J]. 教学与管理，2018（21）：119-121.

[③] 宁莹莹. 英国教师专业发展标准的形成、特点及启示[J]. 教学与管理，2018（21）：119-121.

[④] http：//accomplished teacher. org/wp-content/uploads/2016/12/NBPTS What Teachers Should Know and Be Able to Do. pdf uploads/attachment data/file/537030/160712-PD standard. pdf.

Board for Professional Teaching Standards，NBPTS）。其组成人员涵盖大学教授、骨干教师，以及学科领域的专家等。标准委员会为各个学科的优秀教师制定专业标准，并为达到优秀标准的教师颁发证书。自1987年以来，标准委员会制定了几十个优秀教师专业标准[①]。2016年，在前面几版基础上，《教师应该知道和能做什么》得以出台，如附录三所示。

2.《教师应该知道和能做什么》的特点

第一，突出时代对教师专业发展的要求。标准在全面考察教师专业发展所需素质的基础上，突出了时代特点。如规定教师应具备课程开发与整合能力，能够开展教学和实施评价，与同事、社区以及学生家长积极合作等。

第二，更加紧密地关注教师的教学行为和学生的学习。通过二者之间的联系来真正推动教师的专业发展。从标准本身来看，在陈述教师专业发展每一项内容时，都会对学生学习表现和学习需求进行具体说明。由此可见，将教师的教学行为和学生的学习联系起来可以让标准显得更加情境化，更加具有指导意义，同时具有实践性和可操作性。

第三，拓展了教师专业发展的领域。通过标准设置，让教师的评价理念、内容及目标更加清晰，对教师专业成长过程进行反思和评价，以促进教学质量的提升和教师专业发展水平的提高。同时，从内容来看，将专业发展成效与学习共同体影响联系起来，拓展了教师专业发展的内容和领域[②]。

（四）美国NCATE出台的《美国教师核心素养》[③]

1.《美国教师核心素养》框架介绍

1951年成立的美国全国教师教育认证委员会（National Council for Accreditation of Teacher Education，NCATE），是美国成立最早的教育认证机构，负责教师认证工作，以及确保出台各类政策标准的科学性，成员涵盖专家学者、教育政策制定者、一线教师等。1957年，NCATE发布了第一个《教师教育专业标准》，而后

---

① 冯雅静，朱楠，王雁. 美国国家性教师专业标准中融合教育相关要求探析［J］. 教师教育研究，2016，28（04）：121-128.
② 闫龙. 美国新修订的小学教师专业标准的特点及启示［J］. 教育导刊，2011（10）：42-44.
③ CAEP 2018 K-6 Elementary Teacher Preparation Standard［EB/OL］.（2018-08-10）[2019-6-9]. http：//caepnet. org/~/media/Files/caep/standards/2018-caep-k-6-elementary-teacher-prepara. pdf？la=en.

分别在1970年、1990年、1995年、2000年、2008年组织了5次修订[①]。如附录四所示，NCATE出台的核心素养聚焦在知识、能力和态度方面。

2.《美国教师核心素养》的特点

第一，注重学生的发展。美国为了解学生的发展，进行有差别的教学，并为学生的发展创造条件。与此同时，美国重视学生社会交往能力的培养，提出教师要在理解个体和群体动机与行为的基础上为学生创设一种能够鼓励积极的社会交往、学习参与和自我激励的学习环境。

第二，尊重学生的多元发展。移民国家的特征决定了美国学生来源于许多不同的国家和地区，因此，其核心素养中强调教师要了解学生文化背景的多样性，并从不同的文化背景出发为学生创设环境；社区教师要在更大范围内形成与学校同事、家长和机构的良好关系，以支持学生的学习和发展；教师要参与学校活动，积极与团队合作，乐于给予并接受帮助，支持同事的发展。

（五）欧盟制定的教师核心素养的框架[②]

1. 欧盟教师核心素养的框架介绍

为提高整个欧盟地区的教育质量和效率，欧盟在2005年制定《教师核心素养和资格标准的欧洲共同准则》。准则的出台，有助于欧盟各国制定政策。该准则指出：教师应当受过高等教育，确保具有广泛的学科知识、良好的教学知识；对教育应当具有符合其角色的理解；中小学教师专业发展标准，不论是指标体系建构，还是教师专业发展历程，都应具有较强的专业性和科学性[③]。2006年，欧盟以《里斯本议程》为基础，从终身学习的视角出发，正式出台《以核心素养来促进终身学习的建议书》，强调：为应对不断变化的世界，合格的未来公民应当具备八个关键领域的素养[④]，2018年，欧盟对2006版进行修订，如附录三所示。欧盟

---

① 朱文富，贾国锋. 美国教师教育专业标准的演进与教师专业化［J］. 天津师范大学学报（社会科学版），2014（4）：72-75.

② European Commission. Common European Principles for Teacher Competences and Qualifications. ［EB/OL］.（2018-08-05）.［2020-05-22］. http：//www.pef.uni-lj.si/bologna/dokumenti/eu-common-principles.pdf.

③ European Commission. Common European Principles for Teacher Competences and Qualifications. ［EB/OL］.（2018-08-05）.［2020-05-22］. http：//www.pef.uni-lj.si/bologna/dokumenti/eu-common-principles.pdf.

④ Council E. Recommendation of the European Parliament and the Council of 18 December 2006 on key competencies for lifelong learning［J］. Official Journal of the European Union，2006（12）.

认为教师应当具备广泛的学科基础，并对教师应当具备的知识素养、技能素养等进行了研究，形成了完备的教师核心素养框架。

2. 欧盟教师核心素养的特点

首先，重视教师整合和跨学科能力发展①。欧盟对教师核心素养的要求反映了教师发展过程中相互整合、互补的六大范式：第一，教师在学科基础方面、在其他学科方面、在个人和组织中应当具备渊博的知识；第二，教师在教学中应当进行有效的思考与行动；第三，在课堂教学中，教师作为实践者要具备包容的态度与处理多元文化的素养；第四，教师应当积极与各种社会背景的团体交流与合作；第五，教师应当对教育政策、专业发展等问题进行思考与探讨；第六，教师作为终身学习者，应当能够在特定背景下不断发展自身②。

其次，重视情感态度。欧盟的教师核心素养特别重视教师情感态度方面的要求，如强调教师作为欧洲公民应积极促进学生的民主态度和行为（包括对多样性与多元文化的欣赏）。同时，强调教师自尊，关注学习共同体，提出在共同体中要具有包容与协作精神。此外，注重敬业精神，强化教师对职业的认知、职业自主性等。

二、中国教师专业发展标准

（一）中国教师专业发展标准介绍

教师专业发展政策制定与基础教育的发展与改革直接关联③。1994年，我国颁布了《教师法》。在《教师法》中承认教师的专业性，提出教师是履行教育教学职责的专业人员。2012年，为促进教师专业发展，我国教育部首次发布了《幼儿园教师专业标准（试行）》《小学教师专业标准（试行）》《中学教师专业标准（试行）》（以下合称《教师专业标准》），分别对从幼儿园教师到高中教师所要具备的专业发展标准进行了界定，为教师专业发展提供了准则，让教师从入职到培

---

① 孙兴华，薛玥，武丽莎. 未来教师专业发展图像：欧盟与美国教师核心素养的启示 [J]. 教育科学研究，2019（11）：87-92.
② 孙兴华，薛玥，武丽莎. 未来教师专业发展图像：欧盟与美国教师核心素养的启示 [J]. 教育科学研究，2019（11）：87-92.
③ 吴文胜. 基于专业发展的教师政策回顾与展望 [J]. 教育科学研究，2018（01）：38-42.

养的全过程有了依据[①]。

《教师专业标准》的出台，是对我国幼儿园至高中教师达到合格水平所提出的标准要求，是教师的共性要求。从前言和实施建议来看，该标准具有评价性质，是评价教师和教师教育质量的依据，是教师管理的抓手。同时，标准也是引领教师专业发展的基本准则，具有导向作用，是引领教师教育专业化的基础[②]。本书根据需要对我国的小学版和中学版教师专业发展标准进行了合并，形成通用的中小学教师专业发展标准，见附录六。

（二）中国教师专业发展标准的特点

第一，覆盖范围广，但不够深入。相比其他国家，我国在制定教师专业发展标准时，在指标确立方面十分全面，评价的维度包括教学理念、知识结构、教学技能、教学评价、教学反思等，但没有厘清影响教师专业发展的核心因素，因此不能很好地衡量教师的专业能力和水平。

第二，注重培养学生的自主能力。从指标设置来看，我国研究学生发展核心素养，在标准制定中非常重视教师在学生自主发展方面的引导和促进作用。从标准本身来看，我国明确提出要为学生积极创造条件，促进自主发展；要引导学生自主学习，培养思维习惯和社会适应力。针对社会发展，在人文及科学素养培养方面提倡教师应具有自然科学、人文科学和社会科学知识，具有艺术欣赏与表现能力等。在教育教学实践中，鼓励教师通过教学实践活动，激发学生求知欲、引发学生独立思考和主动探究，以及发展学生创新能力，以营造自由探索、勇于创新的氛围。

第二节　教师专业发展标准比较分析

前文分别对澳大利亚期、美国、中国等国的教师专业发展标准的框架及特点进行了分析，本节将进一步对这些"标准"进行比较，以期对我国智能时代教师专业发展的路径提供有价值的启示和借鉴。

---

① 中华人民共和国教育部.《小学教师专业发展标准（试行）》《中学教师专业发展标准（试行）》http：//www.moe.gov.cn/was5/web/search？channelid=244081&searchword.
② 史宁中.《中学教师专业标准》说明［N］.中国教育报，2011-12-14（003）.

一、教师专业发展标准之间的差异

（一）背景的差异

标准的研制背景体现了国家对制定标准的需求，也可以在一定程度上反映标准的研制目的，以及决定标准的维度设计。通过对前文6份标准研制的背景进行分析，可以发现其存在差异性：

澳大利亚很早便开始重视标准的制订和实施，早在2003年，澳大利亚教育部便颁布了教师专业标准的相关文件。此外，澳大利亚联邦教育部要求教师提供材料以证明自己是否达标，认为只有教师达标了，学生才会喜欢并投入学习，教学质量才会得到保证。

英国注重法制，教育法规细致入微，且面面俱到。1972年，英国把教师在职教育纳入政府宏观控制体系，并对在职教育进行了规定。如在1972年发布的《詹姆斯报告》中，英国提出要从中小学开始进行在职教育。学校的重要任务之一就是入职后教师的继续教育，每位教师都对自我发展负责[1]。为更好地对教师专业发展实施指导，英国教育部研制教师专业发展的标准和应用指南，研究专家组的建议和报告，出台了2016年版本的标准和实施指南。2016版《教师专业发展标准》颁布后，英国进入了通过标准对教师专业发展指导和引领的阶段[2]。

1989年，美国国家专业教学标准委员会发表了题为"什么是教师应该知道并且能够做的"的报告。从1998年开始，美国国家专业教学标准委员会针对不同年级和不同学科的优秀教师，开始分别订制符合其发展的标准。到1999年，委员会已制定了30多个不同教学领域（如英语、数学等）和4种资格类型（学前、中小学教育、高等教育与成人教育）的标准。

2013年，美国全国教师教育认证委员会发布杰出教育者入职准备的标准，旨在给教师素养的发展指明方向，明确指出新教师入职前必需的准备条件是学科内容与教学知识以及一线合作伙伴与教学实践[3]。美国重视教师，除了重视教师的

---

[1] 瞿葆奎，金含芬. 英国教育改革 [M]. 北京：人民教育出版社，1993：387-388.

[2] 宁莹莹. 英国教师专业发展标准的形成、特点及启示 [J]. 教学与管理，2018（21）：119-121.

[3] CAEP accreditation standards. [EB/OL]. （2015-02-13）. [2020-05-22] https://caepnet.org/~/media/Files/caep/standards/caep-2013-accreditation-standards.pdf.

基本素养，还要了解学生及其差异，为学生创造条件，并鼓励学生交往和交流。针对技术的发展，美国强化教师的媒介素养，并在这一背景下，对教师的核心素养进行了界定[①]。

欧盟的教师核心素养格外强调教师在公民教育中应做出的贡献，指出教师应当具备将学生培养成欧洲公民的素养。由于欧盟组织的特殊性，还规定了各个地区教师的共同素养，以增强教师流动，保障欧盟成员国之间的文化交流。

2012年我国教育部发布《教师专业标准》，是贯彻《国家中长期教育改革和发展规划纲要（2010—2020年）》的重要举措，是从国家层面对教师专业发展提出要求和规定，也是为教师培训、准入、培养以及考核提供依据。

（二）目标的差异

国家发布标准，其目的是对教师专业发展进行规定，但是国情不一样，研制背景存在差异，最终研制的具体目标不同。

如表3-1所示，各国标准的研制目标主要集中三方面：第一，认证优秀教师，比如美国NBPTS2016版的《教师应该知道和能做什么》；第二，应对挑战，更好地指导教师专业发展，如英国教育部2016年出台的《英国教师专业发展标准准纲》、美国NCATE2018年出台的《美国教师核心素养》；第三，作为教师准入、培养及考核的重要依据，如我国教育部制定的标准。

表3-1　不同国家教师专业发展标准研判目标

研制机构	年份	标准名称	研制目标
澳大利亚联邦教育部	2012年	《澳大利亚教师专业标准》	确定每个职业阶段优质教学构成要素
英国教育部	2016年	《英国教师专业发展标准准纲》	更好地指导教师专业发展，从教师、学校领导和教师专业发展提供者的角度分别给出了意见
美国NBPTS	2016年	《教师应该知道和能做什么》	认证优秀的教师，并对通过考核的教师颁发证书

---

① 孙兴华，薛玥，武丽莎. 未来教师专业发展图像：欧盟与美国教师核心素养的启示［J］. 教育科学研究，2019（11）：87-92.

续表

研制机构	年份	标准名称	研制目标
美国NCATE	2018年	《美国教师核心素养》	应对挑战
欧盟	2018年	《以核心素养来促进终身学习的建议书》	提高欧盟教育质量和效率，为各国相关政策制定与发展提供动力
中国教育部	2012年	《教师专业标准》	作为教师培养、准入、培训、考核等工作的重要依据

（三）标准内容的差异

以上6份教师专业发展标准由于在目标上存在差异，进而在内容结构上也存在不同。

在澳大利亚，教师专业发展标准主要从教师专业知识、教师专业实践以及教师专业参与来设计。澳大利亚教育部针对毕业教师、熟练教师、高水平教师和领导型教师这四个专业职业阶段进行了详细的划分，对每个职业阶段的优质教学构成要素进行了描述，旨在进行评价和作为指导。比如，针对教师专业知识，澳大利亚教育部设计了两个方面：其一，对学生和学生如何学习进行了解；其二，对教学内容和如何教学进行了解。教师专业实践涵盖三个方面：其一，完成教学设计并实施教学；其二，对学习环境进行创设，让学习环境具有支持性和安全性；其三，对学生学习情况进行评价、反馈和报告。教师专业参与包括两个方面：其一，参与专业学习；其二，教师协助同事、父母或社区等进行专业交流。

《英国教师专业发展标准准纲》从五个方面对教师提出了要求：第一，关注提高和评价学生学业；第二，坚实的理论和专业知识是专业发展基础；第三，专家学者发挥重要作用，要加强合作和指导；第四，注重规划，关注项目的长远性和延续性；第五，学校领导要优先考虑教师专业发展。

美国国家专业教学标准委员会制定的《教师应该知道和能做什么》包括五个维度：第一，关注学生成长与学习情况；第二，掌握学科知识技能和教学方法；第三，引导学生自主学习；第四，加强评价、监督和反馈活动，对自身进行完善；第五，优秀教师是整个教学活动中必不可少的部分。

美国全国教师教育认证委员会从教师应当具备的知识、能力以及态度三大维度出发，对教师核心素养提出要求，内容包括教师自身、教师与学生以及教师与社区。21世纪文化的多样性与学生的广泛需求对小学教师提出了新的要求，教师要具有有效的知识、能力等。针对学生发展，家庭以及社会要以全新的方式进行思考，深刻把握学习所需的知识，参与评估教学实践，积极、持续地进行专业发展。

欧盟的教师核心素养促进了教师之间的流动，保障了欧盟成员国之间的文化交流。从指标设置来看，在核心素养中，教师情感态度方面的要求备受重视，具体在前文的特点中已讲到，在此不再赘述。

我国的教师专业发展标准包含教会学生学习、育人以及服务三个维度，旨在加强教师专业发展的规范性，并在三个维度基础上，细化发展标准，最终引导教师教学技能与综合素质的提升[①]。

二、教师专业发展标准的共同关注

6份教师专业发展标准在研制背景、研制目标和内容上都存在较大差异，但也存在相同的关注点。本书提取并分析这些标准共同关注的维度。

（一）研究方法和工具选择

本书运用质性研究方法对所选样本进行分析，采用扎根理论研究的方法对标准进行自下而上的逐级编码，用计算机辅助性软件Nvivo12.0作为编码和分析工具。该软件能对多种资料形式，如影音、文本、图像进行处理，本书主要是对文本进行分析。具体来说，首先使用Nvivo12.0对文本进行选择。如澳大利亚针对毕业教师、熟练教师、高水平教师以及领导型教师四种群体制定了发展标准[②]，本书选取的是针对高水平教师所设置的指标。

（二）数据处理过程

第一，导入文本，将初步处理过的6份教师专业发展标准导入到Nvivo12.0软件，仔细阅读以形成初步概念；第二，用Nvivo12.0软件对标准进行词频分析；第三，以开放编码、主轴编码与选择编码三种方式，分别对样本进行编码：开放编码是自由编码阶段，用以分解标准；主轴编码是概念编码阶段，寻找各节点和参考点的上位概念，形成更具抽象性、概括性和解释性的核心概念；对主轴编码形

---

① 李雅琳，朱德全. 教师专业发展标准的问题研究［J］. 中小学教师培训，2017（12）：1-5.
② 梁泉宝，胡继飞. 澳大利亚教师专业发展标准：框架、实施与启示［J］. 课程教学研究，2018（04）：43-48.

成的概念群进行分析、比较与整合，形成选择编码；第四，对词汇和编码进行分析；第五，在分析基础上，结合教师专业发展理论和实践，对中小学教师专业发展指标制定提出建议。

（三）结果呈现

1. 词频初步统计

统计文本词汇出现频次，可以反映出文本制定者最关注的指标点。在软件中，将导入的标准进行词频分析，以"留存的词根"分组，形成教师专业发展标准词汇。选取出现频次最高的前20个词汇，形成教师专业发展标准高频词统计表，见表3-2。分析得出：前20个高频词中，"学生"是出现频次最高的词汇，高达135次，加权比重为4.65%；其次是"教师"，出现频次为84次，加权比重为2.89%；其他出现的高频词依次为"教学、学习、发展、知识、学校、活动、实践、专业、同事、教育"等。20个高频词表明，教师专业发展标准制定者充分考虑了"学生""学习"和"发展"这三个维度。高频词中，"教学"和"实践"也备受关注，二者合计出现的频次为115，加权比重达3.97%。

表3-2　6份教师专业发展标准高频词统计表

名次	单词	计数	加权百分比	名次	单词	计数	加权百分比
1	学生	135	4.65	11	同事	31	1.07
2	教师	84	2.89	12	教育	29	1.00
3	教学	82	2.83	13	支持	24	0.83
4	学习	70	2.41	14	策略	22	0.76
5	发展	65	2.24	15	项目	21	0.72
6	知识	43	1.48	16	评估	20	0.69
7	学校	36	1.24	17	学科	19	0.65
8	活动	35	1.21	18	参与	18	0.62
9	实践	33	1.14	19	有效	17	0.59
10	专业	31	1.07	20	计划	16	0.55

本次词频统计也存在一些问题：第一，单个词汇统计不能反映出具体所指代的对象。比如"学习"这个词，有可能是"教师学习"或"学生学习"。同时，"学习"既可以是一个名词，表明一种状态，也可以是一个动词，表明学习这一过程。第二，词汇与词汇之间的联系在高频词分布中不能很好体现。简单的词频

分布,无法精准呈现词汇与词汇之间的关联。比如"学习""发展""实践""教育""评估""使用"等这些动词之间,是否存在关联?有哪些关联?这些词汇与"学生""教师"又有怎样的联系?要厘清词汇背后的关联,需要通过编码等方式进行进一步挖掘。

2.聚类编码结果

在制定教师专业发展标准时,由于国情差异,指标制定呈现出不同的侧重点。但是教师专业发展标准,是针对人的成长所制定的指标,会考量"人的发展"具有的共性维度。对不同国家教师专业发展标准核心维度进行挖掘,有助于进一步厘清教师专业发展的内涵和特点。

在对6份教师专业发展指标进行聚类分析后,形成了306个开放编码和教师职业道德、教师热爱职业、教师掌握政策、学生发展和学生学习、教学知识、技术知识、学科知识、通识知识、沟通和协调能力专业学习能力、教学评价能力、技术应用、教学目标、学校领导支持、教师发展项目、教学发展组织者以及教师参与社区活动等19个主轴编码(子节点),具体见表3-3。

表3-3　6份教师专业发展标准主轴编码一览表

节点编码	编码次数	指标举例
教师职业道德	4	欧盟:保持高的道德标准,协助诠释道德守则 中国:具有良好职业道德修养,为人师表
教师热爱职业	10	美国(NCATE):对自己所从事职业的责任感有明确认识 中国:热爱教育事业、敬业、有职业理想 欧盟:教师本身态度积极
教师掌握政策	3	澳大利亚:教师掌握相关政策 中国:贯彻党和国家教育方针政策,遵守教育法律法规
学生发展和学生学习	34	美国(NBPTS):教师知晓学生如何发展和学习 澳大利亚:适应身体、社交和智力的发展与特点 美国(NCATE):教师尊重学习者的多样性 中国:了解学生的学习特点 欧盟:做到因材施教
教学知识	16	美国(NBPTS):围绕某一主题,向学生传递专门知识 欧盟:掌握教学方法和课程知识 美国(NCATE):教师理解并运用多种教学策略 英国:掌握教育教学基本理论

续表

节点编码	编码次数	指标举例
技术知识	11	澳大利亚：掌握现有的ICT技术 美国（NBPTS）：掌握数字工具 英国：掌握信息技术知识
学科知识	13	美国（NBPTS）：通晓学科知识的起源、组织及和其他学科的联系 欧盟：深入理解学科内容与结构 英国：掌握学科知识或专业知识 中国：掌握所教学科的知识体系、基本思想与方法
通识知识	19	欧盟：具有社会学、历史学、哲学知识 中国：具有相应的自然科学和人文社会科学知识
沟通和协调能力	43	欧盟：与同事合作，制定、实施教学计划，创设学习环境，使用ICT改进教学实践；与同事、家长和社会服务人员合作 美国（NBPTS）：与其他专业人士和同事合作，分享知识和技能 欧盟：具有与他人合作的意识，能够与其他教师协作 美国（NCATE）：积极与团队合作，支持同事的发展 英国：积极参与同行、领导关于教学实践的研讨 中国：建立良好的师生关系，帮助学生建立良好的同伴关系
专业学习能力	25	澳大利亚：参与高质量和有针对性的学习改进实践；清楚地了解活动项目的预期结果，积极参与高质量和有针对性的学习改进实践 欧盟：意识到获得新知识的重要性；具备研究与自主学习能力 美国（NCATE）：将批判性思维和自主学习作为一种习惯 美国（NBPTS）：教师可以通过多种途径获得知识 英国：学校确保教师专业发展有总目标；短期活动有具体目标，或者短期活动是相关系列活动的一部分 中国：制定专业发展规划，积极参加专业培训，不断提高专业素质
教学评价能力	25	澳大利亚：使用学生评估数据评估学习和教学项目；利用学生反馈、学生评估数据、课程知识和工作场所实践，审查当前教学和学习计划；制订及应用一系列全面的评估策略，以诊断学习需要、符合课程要求 美国（NBPTS）：定期评估学生的进步情况；运用反馈和研究改进实践 欧盟：收集、分析、解释材料，数据用于专业决策和教学改进；能够不断反思和实践 英国：鼓励参与者分析课堂实施情况的相关论证信息

续表

节点编码	编码次数	指标举例
教学组织和方法运用能力	25	澳大利亚：灵活而有效地整合教学策略、课堂管理和行为管理策略 美国（NBPTS）：采用多种方法实现学习目标 欧盟：根据学生需要和情境变化调整计划和实践 美国核心：课堂上积极探究、协作互动 中国：运用启发式、探究式、讨论式、参与式等教学方式
技术应用	17	澳大利亚：使用ICT改进教学实践；选择和使用广泛的资源，包括信息和通信技术；运用数据来评估学习和教学 美国（NBPTS）：运用数字工具理解课程学习，发展学生思维 欧盟：收集、分析、解释材料；数据用于专业决策和改进 美国（NCATE）：使用有效的媒介交流技巧支持课堂活动 中国：将现代教育技术手段整合应用到教学中
教学设计能力	10	澳大利亚：制定参与式学习和教学计划 中国：合理利用教学资源，科学编写教学方案
教学目标	9	澳大利亚：发展知识、技能、问题解决能力，以及批判性、创造性思维 美国（NBPTS）：关注学生自我意识、动力、学习效果及同伴关系；注重对学生个性和公民责任感的培养
学校领导支持	13	英国：学校领导对教师发展有明确目标，明确活动和预期结果之间的联系；有据可循的教师发展成为领导的头等大事
教师发展项目	14	澳大利亚：为教师制定个人计划的标准职业发展目标
教学发展组织者	11	英国：教师发展组织者帮助学校领导和参与者了解他们的需求，并提供辅助工具和资源
教师参与社区活动	4	澳大利亚：为专业网络和协会做出贡献，并与更广泛的社区建立富有成效的联系，以改善教与学

对19个子节点进行聚类分析后，最终形成教师职业认知与师德、专业发展知识、专业发展能力、学校管理与支持，以及教师与社区发展5个选择编码，即中小学教师专业发展标准的核心维度，见表3-4。

表3-4 6份教师专业发展标准选择编码一览表

	总编码次数	节点编码	编码次数
职业认知与师德	17	教师职业道德	4
		教师热爱职业	10
		教师掌握政策	3
专业发展知识	93	学生发展和学生学习	34
		教学知识	16
		技术知识	11
		学科知识	13
		通识知识	19
专业发展能力	154	沟通和协调能力	43
		专业学习能力	25
		教学评价能力	25
		教学组织和方法运用能力	25
		技术应用	17
		教学设计能力	10
		教学目标	9
学校管理与支持	38	学校领导支持	13
		教师发展项目	14
		教学发展组织者	11
教师与社区发展	4	教师参与社区活动	4

5个中小学教师专业发展标准维度中，教师"专业发展能力"和"专业发展知识"被编码频次最高，分别达到154次和93次。19个子节点中，被编码次数最多的是"沟通和协调能力"，被编码了43次；其次是"学生发展与学生学习"，被编码了34次；另外，教师的"专业学习能力""教学评价能力"以及"教学组织和方法运用能力"，在标准制定中同等重要，三者均被编码了25次。

（四）共同关注

1. 指标关注学生发展和教师学习

学生成长是展示教师专业发展成效的重要指标之一。分析前20个高频词汇，可能与学生相关的高频词包括"学生""学习""发展"，三者合计被编码了270

次，加权比重为9.3%。6份中小学教师专业发展标准编码表，显示各国在标准制定中，都设置了教师了解学生及学生发展的指标，提出教师要"了解学生发展""关注学生学习""尊重学生的个性发展和需求"等。"学生发展与学生学习"被编码了34次，占总节点的编码次数的11.11%。这与教师专业标准价值取向是"促进学生学习而发展"的理念一脉相承[①]。除了对"学生""学习""发展"积极关注外，"专业发展能力"也备受关注，"专业学习能力"被编码25次。编码显示，教师专业学习涵盖"教师对职业发展的认知""教师专业发展内容""教师专业发展途径"以及"教师专业发展评价"。欧盟发布的标准中，明确教师要"意识到获得新知识的重要性；具备研究与自主学习能力"。澳大利亚要求教师要"清楚地了解活动项目的预期结果，积极参与高质量和有针对性的学习改进实践"。我国要求教师要"制定专业发展规划，积极参加专业培训，不断提高专业素质"[②]。

2. 标准聚焦教师知识获取和能力提升

信息社会，知识更迭和文化革新的加剧是其重要特点，新知识、技术和环境挑战了教师的知识、能力和理念[③]。这一观点与词频及编码分析结果一致：各国均认为教师专业发展知识的获取，是提升教师专业发展的重要因素。教师专业发展的必要基础是教师专业发展能力[④]。由表3-4看出，各国均重视教师"专业发展知识"和"专业发展能力"。从覆盖率来看，6份指标均对教师"专业发展知识"和"专业发展能力"作了明确的要求。"专业发展知识"由"学生发展和学生学习""教学知识""技术知识""学科知识"以及"通识知识"构成，被编码93次。"专业发展能力"涵盖"沟通和协调能力""专业学习能力""教学评价能力""教学组织和方法能力"以及"技术应用能力""教学目标"等，被编码154次，占50.33%。

3. 标准内涵和外延不断丰富

随着人工智能与教育的深度融合，教师专业发展标准日趋多元。智能时代，

[①] 朱旭东. 对教师专业标准的若干问题思考［J］. 中国教师，2012（13）：20-22.
[②] 朱旭东. 对教师专业标准的若干问题思考［J］. 中国教师，2012（13）：20-22.
[③] 黄友初. 教师专业素养：内涵、构成要素与提升路径［J］. 教育科学，2019，35（03）：27-34.
[④] 朱旭东. 对教师专业标准的若干问题思考［J］. 中国教师，2012（13）：20-22.

教师专业发展知识的内涵和外延也发生了变化[1]，因知识的变化所带来的教与学的理念、教学和学习空间、师生专业发展等方面的要求，在标准中都有明确规定。很多国家在教师专业发展标准中，设置了技术变革带来的教师专业发展知识方面的要求。如澳大利亚、美国、英国、欧盟以及我国都提出学习数字工具、ICT知识是教师专业成长的必备要素。另外，社会的变化也赋予通识知识新的内涵。从19个子节点来看，除了传统的社会学、历史学、哲学等知识外，批判思维、创新能力等也逐渐被纳入通识知识的范畴，对其发展做出了指标要求。还有一些专家和学者认为技术知识、技术运用伦理知识也属于通识知识的范畴。澳大利亚、美国等国家把数字知识和技能知识作为通识知识，要求所有教师掌握。

4. 不同国家发展特色不同

教师专业发展标准的制定，承载了国家政治、经济、文化和教育的变化。英国、澳大利亚在标准制定中，凸显出"学校管理及教师专业发展"在教师专业发展中的作用。比如，《英国教师专业发展标准准纲》中提出，教师是保障学校人才质量的重要因素，学校领导对教师发展要有明确目标，有据可循的教师发展应成为领导的头等大事。教师专业发展组织者要加强与学校的合作，为教师提供多种多样的实践机会。培训设计者要清楚所提供的活动项目对教师和学生的预期影响。在实施中，培训设计者实施指导，对项目进行评价，并根据结果进行调整。教师专业发展组织者鼓励教师与学校协作，并以项目的形式开展教学实践，教学实践应是短期活动与长期项目的结合。

对比分析国内外中小学教师专业发展标准，笔者总结了我国教师专业发展标准存在的问题：第一，我国教师专业发展标准缺少对教师专业发展的系统考量，没有明确的针对学校管理及支持的指标。教师专业发展是一项系统工程，需要政府、学校、教师个体、社区以及相关人员的共同努力。有学者提出，为提升教师专业发展，在标准的制定上，教师专业发展中的相关人员要各司其职，责任明晰[2]。第二，缺乏具体化和专门的衡量标准[3]。比如，针对我国中小学教师专业发展改进方面，学者们做了大量的理论和实践研究，但是在标准的制定中，没有纳

---

[1] 王竹立. 面向智能时代的知识观与学习观新论[J]. 远程教育杂志，2017，35（03）：3-10.
[2] 李雅琳，朱德全. 教师专业发展标准的问题研究[J]. 中小学教师培训，2017（12）：1-5.
[3] 李雅琳，朱德全. 教师专业发展标准的问题研究[J]. 中小学教师培训，2017（12）：1-5.

入一些改进措施。从文本来看，我国中小学教师专业发展标准指标还存在重复。

第三节　学校支持的中小学教师专业发展的取向

本节通过对上述6份教师专业发展标准进行质性分析，结合我国教师专业发展理论和实践，提出我国学校支持的教师专业发展要从促进教师自主发展、注重校本研修、以评价为导向以及强调沟通和交往几个方面着手。

一、促进教师自主发展

智能时代，学校支持的教师专业发展要激发教师的自主发展。"发展"是一个被广泛运用于多个领域的概念。人的发展的对象和内容，指的是人的身体和心理素质，关注的是正向和积极的变化[①]。学校支持的教师专业发展属于人的发展范畴，可遵循相关规律。智能时代，随着智能融入教育教学，教师专业发展更加需要关注教师的自主发展，培养教师的想象力、创造力、自主学习能力等。学校在支持教师专业发展中，要以促进教师自主发展为导向，相关的支持政策和活动要以这一导向为主。

教师专业发展的本质是要促进学习的发生。教师专业发展标准是检验教师专业发展的依据。教师专业发展标准对教师发展工作实施指导[②]。在智能时代，作为实现人才培养关键因素的教师，其个体发展尤为重要[③]。因此，教师专业发展标准的修订要着眼于教师与学生双方的发展，在"师生发展"理念指导下设置指标，学校支持的教师专业发展要强调师生发展。从6份教师专业发展标准高频词分布来看，各个国家对"教师""学生"以及"发展"的关注度很高。高频词前四位分别为"学生""教师""教学""学习"总出现频次为371次，加权比重达12.78%。表3-3显示，"学生发展和学生学习"以及"专业学习能力"被编码次数很高。2016年，美国发布的《教师应该知道和能做什么》，明确提出教师要"知

---

① 陈佑清，毛齐明，罗祖兵. 有效教学［M］. 高等教育出版社，2016：12.
② 朱旭东. 对教师专业标准的若干问题思考［J］. 中国教师，2012（13）：20-22.
③ 伍海云，范涌峰. 变与不变：人工智能时代教师专业能力重构［J］. 教育评论，2020（02）：108-114.

晓学生如何发展和学习"。学生群体的变化、人工智能和大数据的大量运用，改变了各行业对劳动者知识、能力、素质的要求，因而推动了人才培养目标的转换[1]，对教师专业发展提出了新的要求。因此，在学校支持的教师专业发展中，必须充分考虑学生发展和教师发展。

二、注重校本研修

学校对教师的支持作用日益凸显。智能时代，教师专业发展要以校本研修为主，在进行充分调研的情况下，以"赋权增能"等理论为指导，对影响学校支持教师专业发展的因素进行研究，构建教师专业发展体系，并组织实施。在校本研修中，要注重校长的支持。在教师专业发展研究中，学者认为教师发展要协调内在自主发展因素和外在发展因素，外在发展因素是教师专业发展的平台与保证条件[2]，学校领导支持是外在发展的重要因素。英国、澳大利亚等国家在指标修订上，对领导支持和项目设计均提出要求。相对于其他国家，英国在领导支持和开发优质发展项目中走在世界前列，主要从以下几方面提及：第一，从制度层面规范领导支持，确保学校、学科、学段和个人发展计划具有连贯性，并相辅相成。也就是说，每次短期活动具有具体目标，或者该短期活动是系列培训项目的一部分。第二，教师专业发展组织者的职责是负责协调专业发展工作。即在教师专业发展过程中协调学校及专业发展相关部门，构建学校支持的教师专业发展体系。第三，学校提供优质的、持续性的培训项目，且在项目设计中鼓励参与者合作。通过开展项目，参与者可以将理论与实践结合起来，以提升自身的教学实践能力。澳大利亚注重对项目的设计，学校在设计项目时会对教师现状及预期发展的目标、项目实施及成效进行充分的考量。

由此可见，提高教师发展成效的保障是优质的专业发展项目。教师专业发展组织者也是教师专业发展的研究者、践行者，是协调学校领导与教师之间的桥梁，是设计开发优质项目的责任人。教师专业发展组织者，要在熟悉学校目标、了解教师专业发展现状和需求情况下，针对不同的发展群体，构建高质量的、具

---

[1] 杨宗凯，吴砥. 人工智能促进教育创新[J]. 西部大开发，2019（04）：32-33.
[2] 张忠华，朱梅玲. 关于教师专业发展几个问题的思考[J]. 教育科学研究，2015（05）：70-74.

有连续性和发展性的、优质的教师专业发展项目，并对项目制定、实施进行有效评价，以促进教师专业发展。以上教师专业发展的相关因素，诸如学校支持、优质项目的设计、项目实施与测评、项目的后期跟踪以及教师专业发展组织者素质等，在校本研修中需要重点关注。

三、以评价为导向

教师专业发展项目、教师教学实践、反思和评价都是检验效果的重要手段。在澳大利亚教师发展标准中，可以看出反思与评价持续整个教学过程，根据不同能力的学生的具体学习需求，使用学生评估数据，评估学习和教学项目；利用学生反馈、学生评估数据、课程知识和工作场所实践，审查当前教学和学习计划。其他国家同样注重评价，在标准中设置了以下指标：定期评估学生进步情况，教师运用反馈和研究改进实践；收集、分析、解释材料，将数据用于专业决策和教学改进；鼓励参与者分析课堂实施情况的相关论证信息。因此，我国在修订教师专业发展标准时，要设置更多体现教师反思以及开展持续评价和改进的标准，让反思和评价贯穿在师生学习发展、项目实施、教师专业学习以及教师能力提升等全过程中。比如，针对教师专业学习，要对各个环节设置反思和评价标准，提出相关评价主体的评价范畴，以及评价结果的不同运用。项目活动方面，根据目标及需求，培训设计者要统筹设计发展项目及项目不同阶段的标准，明确测量工具，协助参与者进行反思和评价。优质的反思和评估，可促进教师专业发展，保证培训项目的效果。

教师文化是教师专业成长中具有深层次心理情感支持作用的关键因素。对教师文化的研究是促进教育发展、教师发展的核心基础[1]。也有学者提出建立基于合作的教师文化来促进教师专业发展，教师专业发展的终极目标，就是形成良好的教师文化[2]。在中小学教师专业发展标准的构建中，要对教师文化的内涵和形成路径进行研究，设置教师文化分层发展标准，使其在教师专业发展过程中，逐

---

[1] 李娟. 基于哈格里夫斯教师文化观的远程研修教师文化的探析[J]. 当代教育科学，2017（05）：72-74.
[2] 张云洁，唐玉光. 以合作为基础的教师专业发展[J]. 济南教育学院学报，2004（04）：25-30.

步渗透形成。

四、强调沟通和交往

人类社会性的基本表现是交往。换言之,交往是人类得以存在和发展的基本方式[①]。智能时代,交互变得尤其重要,因此要妥善处理好学校与教师、教师与学生以及教师之间的关系。在教师职业发展中,交往具有重要作用。实践表明,教学实践模式必须以交往为核心[②]。在教学实践过程中,教师需要与学生、同事、家长、学校管理层、教师发展专家以及与教学相关的其他群体进行互动和交流。从前文6份教师专业发展标准中可以看出,各国强调教师与其他人员的合作,提出教师要具有与他人合作的意识,能够与其他教师协作。对于在哪些范畴开展合作,也做了明确的要求:与同事合作,制定、实施教学计划,创设学习环境,使用ICT改进教学实践;与其他专业人士和同事合作,分享知识和技能;积极参与同行、领导关于教学实践的研讨;积极与团队合作,支持同事的发展。此外,还提出教师专业发展要与家长和社会服务人员合作。因此,我国在标准修订的过程中,不仅要提出教师要具有沟通协调能力,更需要明确沟通协调的范畴。欧盟针对师范生,也提出要"通过共同体建设和专项课程模块开发,提升沟通协作能力"[③]。

【小结】

教师专业发展是学校发展和教育改革的关键[④],教师专业发展标准是引导教师成长、评价教师水平的重要手段。随着全球化、智能化社会的不断推进,各个国家都有必要对教师专业发展标准进行调整,并赋予标准新的意义。本章对澳大利亚、英国、欧盟以及我国等6份教师专业发展标准进行词频分析和聚类编码,形成了国内外教师专业标准的职业认知与师德、专业发展知识、专业发展能力、

---

① 王嘉毅,程岭. 哈贝马斯交往理论对促进教师职业发展的启示[J]. 教育理论与实践,2014,34(13):43-46.
② 靳玉乐,尹弘飚. 教学本质特殊交往说论析[J]. 教育理论与实践,2001(10):35-40.
③ 苗学杰,秦妍. 欧盟教师核心素养框架及其培育路径探析[J]. 外国教育研究,2020,47(07):18-30.
④ 卢乃桂,钟亚妮. 国际视野中的教师专业发展[J]. 比较教育研究,2006(02):71-76.

学校管理与支持以及教师与社区发展5个维度和19个子节点。同时对比分析我国教师专业发展理论和实践，提出学校支持的中小学教师专业发展的取向是促进教师自主发展、注重校本研修等。

第四章 智能时代中小学教师专业发展及学校支持的基本现状

本章对智能时代中小学教师TPACK（整合技术的学科教学知识）及学校支持教师专业发展进行现状调查。通过实地调查，了解智能时代中小学教师的TPACK现状、教师运用技术的意愿和行为以及智能时代中小学教师专业发展的学校支持状况，探寻智能时代中小学教师专业发展的学校支持路径。

第一节 中小学教师专业发展及学校支持调研设计

根据研究目的，笔者编制了"智能时代中小学教师TPACK量表"和"智能时代中小学教师专业发展的学校支持量表"。本次调研分为三个部分，第一部分是智能时代中小学教师TPACK的调查，第二部分是智能时代中小学教师专业发展的学校支持调查，第三部分是人口学变量设计。

一、问卷编制与发放

（一）智能时代中小学教师的TPACK调查

1. 问卷编制

本研究以TPACK理论为指导，参照Mirjam Schmid在2020年发表在 *Computers & Education* 杂志上的文章[①]。在该文章中学者对2006年米什拉和凯勒的TPACK量表进行了修订，本书在该文章基础上，参考国内外教师专业发展的标准和我国《中小学教师教育技术能力标准》，结合我国实际，最终形成智能时代中小学教师

---

① Mirjam Schmid. Developing a short assessment instrument for Technological Pedagogical Content Knowledge and comparing the factor structure of an integrative and a trans-formative model [J]. Computers & Education, 2020: 157.

TPACK量表，量表分为7个维度，即技术知识（TK）、学科内容知识（CK）、教学法知识（PK）、整合技术的教学法知识（TPK）、整合技术的学科内容知识（TCK）、学科教学法知识（PCK）以及整合技术的学科教学知识（TPACK）。

围绕着教师的TPACK水平，每个维度下又设计若干题目，共计26个题目。①技术知识（TK）有2个题目："知道很多优化课堂教学的教育信息技术（概念图软件、交流工具、交互白板以及演示软件等）""具备使用教育信息技术所需要的能力，如操作智能设备"等；②学科内容知识（CK）有4个题目："对于讲授的学科，掌握了充分的学科专业知识""针对所授课程能够使用特定的学科思维方式""知道所授课程的基本理论和概念""了解所授课程的重要理论的发展渊源"；③教学法知识（PK）有4个题目："能根据学生现有水平选择合适的教学方法""能根据学生群体的差异调整教学风格""能在课堂教学中使用多种教学方法""能用多种方法评估学生学习效果"；④整合技术的教学法知识（TPK）有4个题目："能选择合适的技术提升教学手段""能选择合适技术的提升学生学习效果""能根据不同教学活动使用不同技术""经常针对教育信息技术如何有效促进教与学的理论与实践，进行积极反思"；⑤整合技术的学科内容知识（TCK）有4个题目："清楚信息技术的发展对所授课程的改变""能明确说明在所授学科领域中使用了哪些技术""了解哪些新技术能在所授学科领域发挥作用""了解在学科领域研究中能使用哪些合适的技术"；⑥学科教学法知识（PCK）有4个题目："能在教学中选择有效教学方法，引导学生思考和学习""能在教学中设计合适的任务，提升学生思维""能在教学中设计合适的练习，巩固学生知识""知道如何用合适的方法，评价学生学习"；⑦整合技术的学科教学知识（TPACK）有4个题目："能在课堂上使用结合内容""技术和教学方法的策略""能运用教育信息技术丰富课本之外的课程内容""能挑选合适的教育信息技术，以提升教学内容、教学方法和学生学习"以及"能在课堂上实现主题、技术和教学方法的融合"。

问卷采用李克特五点量表法[①]计分。为保证问卷的科学性，采用德尔菲法，

[①] 1932年美国社会心理学家李克特设计了李克特量表。该量表是在总加量表基础上改进而成。量表由一组陈述组成，设"非常同意"至"非常不同意"五个等级，逐级递减1分，其中"非常同意"为5分、"同意"为4分、"不一定"为3分、"不同意"为2分、"非常不同意"为1分。

以专家征询的方式予以修正。为降低误差，选取了14名专家。专家涵盖中小学校长、分管教师专业发展的中小学校级领导、从事基础教育的专家以及学科教师等。经过两轮意见征询与修订，最后形成智能时代中小学教师TPACK量表。

2. 信效度分析

对智能时代中小学教师TPACK量表进行信效度分析，见表4-1。由表可见，该问卷的克隆巴赫系数（也称信度系数，用α表示，）为0.927，说明量表具有较高的信度；对问卷进行KMO检验和Bartlett球形检验，KMO值为0.934，说明量表具有较高效度。

表4-1 智能时代中小学教师的TPACK信度和效度量表

维度	题项数	解释总变异的比例（%）	KMO	Barlett球形检验显著性	克隆巴赫系数
TK	2	88.189	0.50	.000	0.866
CK	4	83.072	0.841	.000	0.932
PK	4	83.555	0.826	.000	0.934
TPK	4	83.108	0.838	.000	0.932
TCK	4	87.470	0.85	.000	0.952
PCK	4	88.312	0.858	.000	0.956
TPACK	4	87.438	0.867	.000	0.952

（二）智能时代中小学教师专业发展的学校支持调查

1. 问卷编制

智能时代中小学教师专业发展的学校支持问卷，是在综合考察赋权增能、传播生态学、社会互动等理论下设计。智能时代中小学教师专业发展的学校支持涵盖5个维度，即"学校组织支持""教师成长中心支持""学科组支持""教师个体意愿及行为"以及"校外机构及社区支持"。具体言之，①学校组织负责教师专业发展的顶层设计。在前期文献及访谈基础上，确定了7个观测点："校长重视教育信息技术带来的教与学的变革，并给予支持""学校重视教学发展工作，制定制度""学校建有录播教室等智慧教室来进行教学和学习""学校设置教师专业发展机构，人员配备专业、齐全""学校定期邀请名师支持教师专业发展""教师专业发展结果作为职称评审、教师评优等的重要依据"以及"学校对教师专业发展成效实施评价，发布年度报告"。②教师成长中心是落实学校教师专业发展顶层设计的主要机构，它协调学校组织与学科组、校外机构及社区，以及教师个体，主要职责是负责教师专业发展。本次主要考察以下几个点："教师成长中心搭建线上线下教学和学习平台，定期开展活动""教师成长中心开发教师专业发展项目，定期组织培训""教师成长中心开展的教师专业发展项目，具有持续性和系统性""教师成长中心开发教师专业发展课程，定期开放课程""教师成长中心收集教师专业发展项目成效的数据""教师成长中心协助教师制定教师专业发展规划"。③学科组是教师所在的基层组织，在学校组织和教师成长中心指导下开展工作。教师入职后，"角色调整"这个维度主要是由教师所在组织协助教师完成相关的变化，由此这个部分主要考察："学科组领导定期与学校及教师专业发展机构沟通，商议教师发展事宜""学科组搭建线上线下教师专业发展平台，定期组织活动""教师参与学科组重要决策的讨论和制定""教师参与学科组课程建设""学科组为教师教学和研究等提供足够的时间"。④教师自主发展主要是指教师运用技术的意愿和行为。"教师个体意愿及行为"主要从以下9个方面来考察："有知识和能力更新的需求和动力""愿意将研修成果在教学中运用""愿意与智能机器人分担部分教学工作，如批改作业和对学生进行测评""在教学中能够运用教育信息技术开展教学""能运用信息工具收集学生学习效果数据""能将收集的教学数据进行整理和分析""能运用一些教育信息工具辅助自身学习""与同事积极交流，开展教学探讨"以及"与同事交流，寻找合作研究"。⑤为保证教师成长，学校安排教师参加校外机构的研修，以及组织教师参与社区活动。考察点包括"参加校外教师专业发展活动时，机构能够提供优质发展项目""参加校外教师专业发展活动时，机构能聘请名师辅导""教师参加校外专业发展活动，并在活动中做交流和示范""教师参加社区组织的活动，改善教与学"。问卷同样采用李克特五点量表法计分。同样采用德尔菲法，以专家征询的方式予以修正，最终形成智能时代中小学教师专业发展的学校支持量表。

2. 信效度分析

对智能时代中小学教师专业发展的学校支持问卷的5个维度，分别进行主成分分析和因子抽取，见表4-2。结果显示智能时代中小学教师专业发展学校支持的5个维度的KMO值均大于0.7，Bartlett球形检验呈现显著性。说明5个维度结构良好，适合进行回归分析。5个维度的解释总变异的比例较高，符合调查需求，解释总变异依次为"教师成长中心支持（92.469%）""校外机构及社区支持（90.84%）""学科组支持（82.271%）""学校组织支持（77.897%）""教师个体意愿及行为（77.192%）"。对5个维度分别进行信度检验，克隆巴赫系数都在0.896以上，说明问卷具有良好的信度。信度最高的是"教师成长中心支持"，克隆巴赫系数为0.984。

表4-2 智能时代中小学教师专业发展的学校支持因子分析结果

维度	题项数	解释总变异的比例（%）	KMO	Barlett球形检验显著性	克隆巴赫系数
学校组织支持	1	77.879	0.760	.000	0.898
教师成长中心支持	1	92.469	0.930	.000	0.984
学科组支持	1	82.271	0.841	.000	0.950
教师个体意愿及行为	1	77.192	0.938	.000	0.962
校外机构及社区支持	1	90.84	0.773	.000	0.949

（三）人口学变量

教师的人口学变量，主要指教师的基本信息，涵盖教师性别、教龄、职称、学历、学校层次、学校所在区域、职务等，见表4-3。

如前所述，教师承担育人等职责，职业本身特殊，不同发展阶段也存在差异。学者费斯勒和克里斯坦森的"教师职业生涯发展周期模型"比较有代表性，在该模型中，教师职业周期分为职前期、职初期、能力建构期、热情成长期、职业挫折期、职业稳定期、职业消退期和离岗期8个阶段[1]。在此模型基础上，本书针对我国教师专业发展现状，构建智能时代中小学教师职业生涯发展的5个阶段，即入职发展期（5年）、能力建构前期（6~10年）、能力建构后期（11~15年）、职业稳定期（16~25年）以及职业消退期（26年后），并对5个阶段进行深入调查。

---

[1] Fessler R, Rice E. Teachers career stages and professional development [M]//Peterson P, Baker E, Gaw BM. International encyclopedia of education. Amsterdam: Elsevier, 2010: 582-586.

表4-3 人口学变量一览表

样本特征	选项	数量及占比	样本特征	选项	数量及占比
性别	男	333（30.7%）	职务	班主任	384（31.3%）
	女	752（69.3%）		年级主任	29（2.36%）
教龄	5年以下	359（33.1%）		备课组长	143（11.66%）
	5~10年	113（10.4%）		学校中层	128（10.43%）
	11~15年	51（4.7%）		校级干部	82（6.68%）
	16~25年	147（13.5%）		无职务	461（34.57%）
	25年以上	415（38.2%）	科目	语文	343（26.37%）
职称	未定级	249（22.9%）		数学	280（21.53%）
	初级	240（22.1%）		英语	140（10.77%）
	中级	463（42.7%）		物理	47（3.61%）
	高级	132（12.2%）		化学	32（2.46%）
	特级	1（0.1%）		地理	20（1.53%）
学历	专科	350（32.3%）		历史	31（2.38%）
	本科	672（61.9%）		政治	123（9.46%）
	硕士	62（5.7%）		生物	32（2.45%）
	博士	1（0.1%）		体育	66（5.07%）
学校层次	小学	602（55.48%）		心理健康	31（2.38%）
	初中	428（39.45%）		音美艺术	93（7.15%）
	高中	55（5.07%）		信息技术	63（4.84%）
学校所在区域	城市	290（26.7%）			
	县城	68（6.3%）			
	镇	419（38.6%）			
	乡	135（12.4%）			
	村	173（15.9%）			

二、访谈设计与实施

智能时代教师专业发展的研究，属于对人进行研究的范畴，是持久且复杂的过程。为更好地了解智能时代中小学教师专业发展的学校支持及教师、管理人员对学校支持的期待，本次研究组织了中小学教师、管理干部进行访谈。访谈的开展，是为了弥补问卷调查在有些问题上无法深入和多角度了解的缺点。

为了尽可能全面地了解教师的TPACK水平和学校支持教师专业发展的现状，本次访谈选取了数位正校长、主管教学的副校长、骨干教师等作为访谈对象，涉及的教学科目有语文、数学、生物、信息技术等。具体访谈人员及其背景信息见表4-4。

表4-4 访谈人员信息一览表

访谈对象编码①	职务	学校层次	科目	备注
01-T-01-Z	教师	小学	语文	
02-T-01-L	教师	小学	英语	
03-T-01-L	教师	小学	数学	
04-T-03-D	教师	高中	信息技术	
05-O-03-L	教师	高中	化学	教研组长
06-T-03-F	教师	高中	思想品德与修养	
07-T-03-L	教师	高中	数学	
08-O-02-Z	校长	初中	语文	九年一贯制
09-T-03-L	教师	高中	生物	
10-O-01-C	科研主任	小学	语文	
11-O-01-D	校长	小学	语文	
12-T-01-G	教师	小学	信息技术	
13-T-03-B	教师	高中	语文	
14-T-02-L	教师	初中	信息技术	
15-T-02-L	教师	初中	信息技术	
16-O-02-G	副校长	初中	语文	
17-T-02-W	教师	初中	数学	
18-T-02-L	教师	初中	思想品德与修养	
19-T-02-Y	教师	初中	政治	
20-T-01-Z	教师	小学	美术	
21-T-01-L	教师	小学	信息技术	
22-T-02-C	教师	初中	生物	
23-T-01-Z	教师	小学	数学	
24-T-01-Z	教师	初中	英语	

① 访谈对象编码，前两位阿拉伯数字代表序号；后面的大写字母代表受访者身份，T为教师，O为领导；第三部分为学校层次的缩写，小学是01，初中是02，高中是03；第四部分大写字母为受访教师姓氏的首字母。

本次访谈设计了访谈提纲,对5个方面进行考察:①教师线上教学体验、线上线下教学的优缺点;②教师专业发展途径;③智能时代教师专业成长的影响因素;④智能工具进入课堂后,教师角色变化以及未来教师最需要具备的核心能力;⑤希望学校对教师专业发展给予的支持。

与访谈学校和教师个体商议后,将访谈选在教师们完成集中学习后的1~2个小时。访谈地点在学校的大会议室。对几位校长的访谈,则在校长办公室进行。访谈的时间总体控制在30分钟左右。

第二节 智能时代中小学教师专业发展现状分析

一、智能时代中小学教师TPACK水平整体分析

问卷依据方便取样、联系学校,教师自愿参加的原则,对湖北、河北、重庆、广州等不同地区的中小学教师发放纸质和电子问卷,共发放问卷1100份,回收问卷1085份。将收集到的1085份数据进行描述性统计,26个项目的均值及标准差见表4-5。

表4-5 26个项目均值、标准差一览表

维度	分维度	均值	标准差	维度	分维度	均值	标准差
TK	TK1	3.884	0.866	TPK	TPK1	4.056	0.732
	TK2	3.881	0.828		TPK2	4.012	0.748
PK	PK1	4.029	0.767		TPK3	3.916	0.768
	PK2	4.019	0.752		TPK4	3.938	0.762
	PK3	4.137	0.725	TCK	TCK1	3.963	0.754
	PK4	4.064	0.736		TCK2	3.887	0.787
CK	CK1	4.042	0.75		TCK3	3.82	0.786
	CK2	4.035	0.736		TCK4	3.841	0.777
	CK3	4.118	0.718	TPACK	TPACK1	3.943	0.738
	CK4	3.961	0.747		TPACK2	3.963	0.761
PCK	PCK1	4.122	0.712		TPACK3	3.981	0.747
	PCK2	4.067	0.732		TPACK4	3.912	0.771
	PCK3	4.174	0.693				
	PCK4	4.127	0.713				

对问卷设计的26个单项指标进行比较，得出教师最擅长的前三项为："能在教学中设计合适的练习，巩固学生知识""能在课堂教学中使用多种教学方法""能在教学中选择有效教学方法，引导学生思考和学习"，均值分别为4.174、4.137、4.127。其中"能在教学中设计合适的练习，巩固学生知识"和"能在教学中选择有效教学方法，引导学生思考和学习"属于学科教学法知识，也就是PCK维度，另外一个属于教学法知识，PK维度。结合访谈得知，总体来说，教师比较擅长教学方法的运用。

均值在3.8左右的有5项，从低到高依次为"了解哪些新技术能在所授学科领域发挥作用""了解在学科领域研究中能使用哪些合适的技术""具备使用教育信息技术所需要的能力，如操作智能设备等""知道很多优化课堂教学的教育信息技术""能明确说明在所授学科领域中使用了哪些技术"，均值分别为：3.82、3.841、3.881、3.884、3.887，其中有3项属于整合技术的学科内容知识（TCK），有2项属于教师的技术知识（TK），说明教师对整合技术的学科内容知识以及技术知识掌握得不够，需要提升。这与访谈的结果相对一致。访谈22-T-02-C老师（初中，生物）时，该老师表示根据活动运用不同技术方面，没有太多涉及，主要的原因是老师自身对技术不擅长或者存在畏难情绪，使自身没有过多运用。

二、智能时代中小学教师专业发展分维度考察

对问卷进行单项对比分析后，将收集到的1085份数据进行描述性统计、差异性分析，结果见表4-6。总体来说，7个维度的均值在3.88以上，从大到小依次为PCK、PK、CK、TPK、TPACK、TK、TCK，均值分别为4.121、4.062、4.039、3.981、3.95、3.882、3.878。

总体来说，教师很好地掌握了学科教学法知识（PCK），均值最高，达4.121，说明教师在"选择有效教学方法，引导学生思考和学习""设计合适的任务，提升学生思维""设计合适的练习，巩固学生知识""知道如何用合适的方法，评价学生学习"四个方面做的很好。教师对于专业方面的知识掌握的比较好，"教学法知识"（PK）和"学科内容知识"（CK）的均值都比较高，位列前三。与技术相关的知识，如教师"技术知识""整合技术的学科教学知识""整合技术的教学法知识""整合技术的学科内容知识"的均值都偏低，且老师们普遍觉得7个维度中，教师的"技术知识""整合技术的学科内容知识"这两个维度困难更

大。这一问卷结果，与访谈结果基本一致。

表4-6　7个核心维度的均值、标准差和相关系数

维度	结果均值	标准差	TK	PK	CK	PCK	TPK	TPACK	TCK
TK	3.882	0.796	1						
PK	4.062	0.681	0.712**	1					
CK	4.039	0.672	0.685**	0.847**	1				
PCK	4.121	0.669	0.645**	0.868**	0.875**	1			
TPK	3.981	0.686	0.736**	0.789**	0.817**	0.836**	1		
TPACK	3.95	0.705	0.725**	0.771**	0.785**	0.793**	0.886**	1	
TCK	3.878	0.726	0.714**	0.716**	0.767**	0.736**	0.879**	0.900**	1

三、智能时代中小学教师专业发展的个体差异

问卷对教师的性别、教龄、学历、学校层次、任教科目进行调查。在将这些教师个体因素与答题情况进行综合比对与分析后，得出如下结果：

（一）中小学教师TPACK的学校层次差异分析

由于调查对象包括小学、初中和高中三个学段的老师，因此本书首先考察不同学校层次教师的TPACK掌握情况，具体的差异性见表4-7。利用方差分析研究学校层次对于7个维度的差异性，得出学校类别对于CK和PCK两个维度不会表现出显著性（$p>0.05$），也就是说学校层次对于CK、PCK均表现出一致性，没有差异性。

表4-7　学校层次与7个维度的方差分析结果

维度	学校层次（平均值±标准差）			F	p
	小学（$n=602$）	初中（$n=428$）	高中（$n=55$）		
TK	3.96 ± 0.80	3.78 ± 0.78	3.82 ± 0.74	6.702	0.001**
PK	4.11 ± 0.71	4.02 ± 0.63	3.87 ± 0.68	4.673	0.010**
CK	4.06 ± 0.70	4.02 ± 0.63	4.00 ± 0.69	0.4	0.67
PCK	4.15 ± 0.69	4.09 ± 0.63	4.02 ± 0.74	1.533	0.216
TPK	4.04 ± 0.70	3.90 ± 0.65	3.92 ± 0.73	5.531	0.004**
TCK	3.95 ± 0.72	3.77 ± 0.73	3.88 ± 0.74	7.917	0.000**
TPACK	4.03 ± 0.70	3.84 ± 0.69	3.92 ± 0.77	8.616	0.000**

具体分析：学校层次对于TK呈现出0.01水平显著性（$F=6.702$，$p=0.001$），对比差异可知"小学>初中"。学校层次对于PK呈现出0.01水平显著性（$F=4.673$，$p=0.010$），对比差异可知，有着较为明显差异的组别平均值得分对比结果为"小学>初中，小学>高中"。学校层次对于TPK呈现出0.01水平显著性（$F=5.531$，$p=0.004$），对比差异可知"小学>初中"。学校层次对于TCK呈现出0.01水平显著性（$F=7.917$，$p=0.000$），对比差异可知"小学>初中"。学校层次对于TPACK呈现出0.01水平显著性（$F=8.616$，$p=0.000$），对比差异可知"小学>初中"。总结可知，学校层次对于TK、PK、TPK、TCK、TPACK 5个维度呈现出显著性差异，且小学教师在7个维度上的均值都高于初中和高中教师。尤其是在本书所关注的技术相关知识方面，初中教师的技术知识、整合技术的学科内容知识以及整合技术的学科教学知识都与小学教师存在显著差异。

（二）中小学教师TPACK的性别差异分析

针对中小学教师人口学变量中的性别与TK、PK、CK、PCK、TPK、TCK、TPACK维度的差异性，本书运用独立样本T检验，对1085份数据进行分析，见表4-8。结果显示不同性别对7个维度均不会表现出显著性，整体p值大于0.05，且PK和PCK的p值分别为0.926和0.944，意味着不同性别对于TK、PK、CK、PCK、TPK、TCK、TPACK均表现出一致性，并没有差异性。

表4-8 性别与7个维度的差异分析

维度	性别（平均值±标准差）		T	p
	男（$n=333$）	女（$n=752$）		
TK	3.86 ± 0.83	3.89 ± 0.78	−0.609	0.542
PK	4.07 ± 0.68	4.06 ± 0.68	0.092	0.926
CK	4.08 ± 0.70	4.02 ± 0.66	1.441	0.15
PCK	4.12 ± 0.68	4.12 ± 0.67	0.071	0.944
TPK	3.95 ± 0.71	3.99 ± 0.67	−0.845	0.398
TCK	3.91 ± 0.76	3.86 ± 0.71	1.058	0.29
TPACK	3.92 ± 0.75	3.96 ± 0.69	−0.883	0.378

（三）中小学教师TPACK的教龄差异分析

有研究表明教龄对于教师TPACK有一定的影响。将1085份数据进行单因素方差分析，结果见表4-9。由表得出教龄对于PK、CK、PCK不会表现出显著性（$p>0.05$），而对于TK、TPK、TCK、TPACK则表现出显著性（$p<0.05$），意味着不同教龄样本对于TK、TPK、TCK、TPACK有着差异性。具体分析：教龄对于TK呈现出0.01水平显著性（$F=6.674$，$p=0.000$），教龄"5年以下>16~25年、5年以下>26年以上、6~10年>16~25年；6~10年>26年以上"。教龄对于TPK呈现出0.05水平显著性（$F=3.214$，$p=0.012$），教龄"6~10年>5年以下、6~10年>11~15年、6~10年>16~25年、6~10年>26年以上"。教龄对于TCK呈现出0.01水平显著性（$F=4.034$，$p=0.003$），教龄"5年以下>16~25年、5年以下>26年以上、6~10年>11~15年、6~10年>16~25年、6~10年>26年以上"。教龄对于TPACK呈现出0.01水平显著性（$F=3.617$，$p=0.006$），教龄"5年以下>26年以上、6~10年>11~15年、6~10年>16~25年、6~10年>26年以上"。总结可知：入职5~10年的教师，教学法知识均值达到4.19，随着年龄的增长，均值递减。入职5年以下的教师，技术知识掌握得比较好。

表4-9 教龄与7个维度的方差分析结果

维度	教龄（平均值±标准差）					F	p
	5年以下	5~10年	11~15年	16~25年	25年以上		
TK	4.00 ± 0.74	4.08 ± 0.82	3.89 ± 0.86	3.77 ± 0.82	3.77 ± 0.80	6.674	0.000**
PK	3.99 ± 0.67	4.19 ± 0.72	4.09 ± 0.65	4.08 ± 0.69	4.08 ± 0.67	2.11	0.077
CK	4.00 ± 0.67	4.17 ± 0.65	4.09 ± 0.62	4.04 ± 0.68	4.04 ± 0.68	1.417	0.226
PCK	4.06 ± 0.67	4.20 ± 0.71	4.21 ± 0.58	4.16 ± 0.67	4.13 ± 0.67	1.686	0.151
TPK	4.00 ± 0.67	4.18 ± 0.69	3.93 ± 0.73	3.95 ± 0.72	3.93 ± 0.67	3.214	0.012*
TCK	3.93 ± 0.70	4.07 ± 0.76	3.76 ± 0.79	3.77 ± 0.77	3.83 ± 0.70	4.034	0.003**
TPACK	3.99 ± 0.67	4.14 ± 0.73	3.88 ± 0.74	3.91 ± 0.75	3.88 ± 0.70	3.617	0.006**

（四）中小学教师TPACK的学历差异分析

学历也属于教师人口学统计的范畴，研究TPACK与学历的差异性，可以判断教师接受教育程度与TPACK之间的关联性。学历与TK、PK、CK、PCK、TPK、TCK、TPACK维度的差异性分析，见表4-10。由表得出，不同学历对7个维度均不会表现出显著性。p值大于0.05，且PCK和TPK的p值分别为0.971和0.766，意味着不同学历对于TK、PK、CK、PCK、TPK、TCK、TPACK均表现出一致性，并没有差异性。

表4-10 学历与7个维度的方差分析结果

维度	最高学历或学位（平均值±标准差）				F	P
	专科（n=350）	本科（n=672）	硕士（n=62）	博士（n=1）		
TK	3.84 ± 0.81	3.89 ± 0.79	4.08 ± 0.82	4.00 ± null	1.708	0.164
PK	4.07 ± 0.72	4.07 ± 0.65	3.96 ± 0.75	4.00 ± null	0.464	0.708
CK	3.99 ± 0.72	4.05 ± 0.64	4.14 ± 0.66	4.00 ± null	1.085	0.354
PCK	4.12 ± 0.72	4.13 ± 0.63	4.09 ± 0.80	4.00 ± null	0.079	0.971
TPK	3.96 ± 0.73	3.98 ± 0.66	4.06 ± 0.72	4.00 ± null	0.381	0.766
TCK	3.87 ± 0.75	3.87 ± 0.71	3.98 ± 0.76	4.00 ± null	0.418	0.74
TPACK	3.93 ± 0.74	3.94 ± 0.69	4.12 ± 0.70	4.00 ± null	1.245	0.292

（五）中小学教师TPACK的科目差异分析

智能时代强调技术与课程之间的融合，因此有必要了解不同科目背景的教师在TPACK构成上的特征和差异性，以及不同科目的教师掌握TPACK的情况，有助于探寻不同科目的教师掌握TPACK的现状及问题，有助于学校有针对性地制定提升细则，开展发展活动。本书以小学和初中各个科目的教师作为研究对象进行研究，具体结果见表4-11。

表4-11 科目与7个维度的均值分析

科目	TK	PK	CK	PCK	TPK	TCK	TPACK
语文	3.84 ± 0.84	4.03 ± 0.76	3.96 ± 0.75	4.07 ± 0.75	3.95 ± 0.74	3.83 ± 0.76	3.92 ± 0.74
数学	3.92 ± 0.78	4.13 ± 0.62	4.07 ± 0.62	4.16 ± 0.63	3.98 ± 0.66	3.85 ± 0.71	3.94 ± 0.69
英语	3.89 ± 0.72	4.10 ± 0.67	4.06 ± 0.61	4.15 ± 0.64	4.01 ± 0.67	3.89 ± 0.69	3.95 ± 0.67
物理	3.90 ± 0.78	4.03 ± 0.71	4.19 ± 0.80	4.19 ± 0.74	3.99 ± 0.72	3.86 ± 0.71	3.89 ± 0.71
化学	3.88 ± 0.70	3.97 ± 0.49	4.02 ± 0.52	4.13 ± 0.50	3.92 ± 0.57	3.85 ± 0.64	3.91 ± 0.53
历史	3.85 ± 0.81	3.93 ± 0.69	4.07 ± 0.72	4.04 ± 0.72	3.96 ± 0.70	3.85 ± 0.75	3.90 ± 0.71
政治	3.88 ± 0.85	4.05 ± 0.61	3.97 ± 0.63	4.09 ± 0.59	3.97 ± 0.68	3.88 ± 0.70	3.96 ± 0.63
生物	3.58 ± 0.70	3.82 ± 0.67	3.91 ± 0.71	3.98 ± 0.61	3.79 ± 0.63	3.64 ± 0.66	3.69 ± 0.63

续表

科目	TK	PK	CK	PCK	TPK	TCK	TPACK
体育	3.84 ± 0.86	4.12 ± 0.64	4.14 ± 0.60	4.15 ± 0.64	3.98 ± 0.71	3.99 ± 0.78	4.03 ± 0.76
心理	3.87 ± 0.66	4.02 ± 0.67	4.09 ± 0.58	4.15 ± 0.64	4.02 ± 0.63	3.97 ± 0.62	3.94 ± 0.64
艺术	4.06 ± 0.68	4.19 ± 0.60	4.15 ± 0.59	4.22 ± 0.61	4.09 ± 0.59	4.05 ± 0.64	4.09 ± 0.65
信技	4.16 ± 0.93	4.01 ± 0.77	4.06 ± 0.76	4.07 ± 0.68	4.10 ± 0.71	4.08 ± 0.71	4.13 ± 0.76

对7个维度下的26个单项进行比较，发现不同的科目存在差异。语文学科对于"掌握了充分的学科专业知识""针对所授课程能够使用特定的学科思维方式""知道所授课程的基本理论和概念""了解所授课程的重要理论的发展渊源"呈现出显著性差异。数学学科对于"能根据学生群体的差异调整教学风格"呈现出显著性差异。信息技术学科对于"能明确说明在所授学科领域中使用了哪些技术""了解哪些新技术能在所授学科领域发挥作用""能在课堂上使用结合内容、技术和教学方法的策略""能在课堂上实现主题、技术和教学方法的融合"呈现出显著性差异。这与信息技术学科本身具有融合技术、课程以及教学优势有关。生物学科对于"能根据学生现有水平选择合适的教学方法""能在课堂教学中使用多种教学方法""能在教学中设计合适的练习，巩固学生知识""能运用教育信息技术丰富课本之外的课程内容""能挑选合适的教育信息技术，以提升教学内容、教学方法和学生学习"有着差异性。这与访谈结果一致。访谈02-T-01-L教师（小学，英语）和05-O-03-L教师（高中，化学）时，两位教师谈到，他们所授课程与信息技术结合得比较紧，在授课中，会运用信息技术来呈现实验过程，提高学习成效。

在考察音美艺术学科与教育信息技术相关的7个维度的差异性分析中，得出其存在显著性差异，p值小于0.05。具体分析可知，音美艺术对于能使用技术呈现出0.01水平显著性，明显低于选择的平均值。其他11项均低于平均值。

四、教师运用技术的意愿和行为情况

除了对中小学教师TPACK进行调研分析，本书还针对教师运用技术的意愿和行为进行考察。

（一）总体分析

教师运用技术的意愿和行为的考察，如图4-1所示，均值最高的是"愿意将研修成果运用在教学中"，达到4.18，其他从高到低依次是"有知识和能力更新的需求和动力""愿意与智能机器人分担部分教学工作，如批改作业、对学生进行测评""能运用一些教育信息工具辅助自身学习"。"能运用信息工具收集学生学习效果数据"这个指标的均值最低。

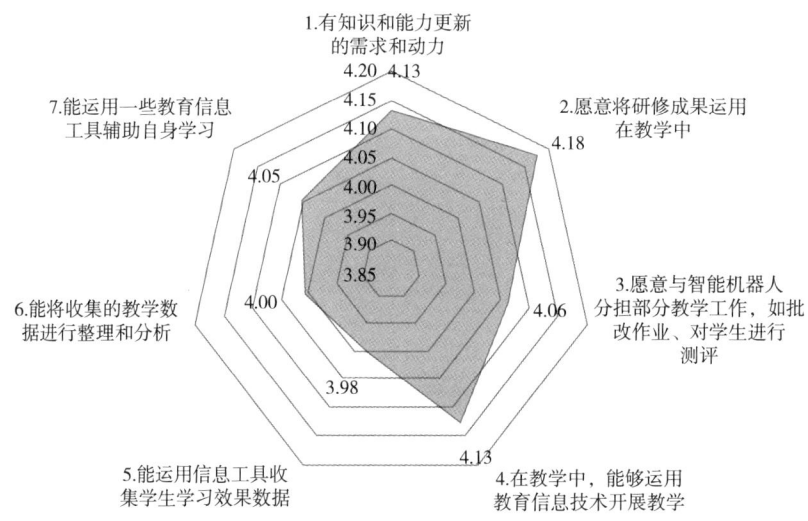

图4-1 教师运用技术的意愿和行为图

1085名教师的问卷中显示，87.01%的老师"愿意将研修成果运用在教学中"。相对来说，"能将收集的教学数据进行整理和分析""能运用信息工具收集学生学习效果数据"这两个指标，教师不太擅长，是9个里面最低的，分别为77.78%、76.59%。教师不太认同的、排列后三位的指标是"愿意与智能机器人分担部分教学工作，如批改作业、对学生进行测评""运用信息工具收集学生学习效果数据"以及"能将收集的教学数据进行整理和分析"，分别为3.96%、2.4%、1.93%。

（二）教师运用技术的意愿和行为

针对教师运用技术的意愿，设计了三道题："有知识和能力更新的需求和动力""愿意将研修成果运用在教学中"以及"愿意与智能机器人分担部分教学工作，如批改作业、对学生进行测评"。针对教师运用技术的行为，设计了6道题："在教学中，能够运用教育信息技术开展教学""能运用信息工具收集学生学习效果数据""能将收集的教学数据进行整理和分析""能运用一些教育信息工具辅助自身学习"。

针对性别对"教师运用技术的意愿和行为"的影响进行调查，得出女教师在"教师运用技术的意愿和行为"上比男教师要高，女教师均值为4.14，男教师为4.01，这与日常的认知存在一定的差距。

针对教龄对教师运用技术的意愿和行为的影响进行调查，得出以下结果：6~10年（M=4.28）>5年以下（M=4.16）>16~25年（M=4.11）>11~15年（M=4.09）>26年以上（M=4.00）。由此可见，6~10年和5年以下的教师运用技术的意愿和行为比较高，而后呈现持续下降，针对这一现象，需要做进一步研究。

针对学历对教师运用技术的意愿和行为的影响进行调查，得出硕士学历的教师更加愿意在教学中运用技术，均值为4.27；本科学历的教师的均值为4.12；专科学历的教师均值为4.03。由于只有一名博士学历教师，其均值为4.0，是本次调查中最低的。由此可见，学历对教师运用技术的意愿和行为有影响，硕士学历的教师更加愿意尝试技术运用。

针对职称对教师运用技术的意愿和行为的影响进行调查，得出未定级、初级、中级、高级、特级的教师中，特级教师的均值最高为4.5，而未定级的教师均值为4.20，初级、中级和高级教师的均值依次为3.98、3.91、3.85。

第三节　智能时代中小学教师专业发展的学校支持现状

一、智能时代中小学教师专业发展学校支持的描述性统计

对智能时代中小学教师专业发展的学校支持进行描述性分析，得出"教师个人意愿及行为支持"的均值是4.097、"学校组织支持"的均值是4.019、"学科组支持"的均值是3.947、"教师成长中心支持"均值是3.942、"校外机构及社区支持"均值是3.780。其中"教师个人意愿及行为支持"和"学校组织支持"均值超过了4。

二、智能时代中小学教师专业发展学校支持的差异性分析

（一）教师教龄与维度之间的差异性分析

使用方差齐性检验组别数据的波动情况是否有明显的差异，见表4-12。显示教龄对于学校组织支持、教师个体意愿和行为支持不会表现出显著性（$p>0.05$），意味着教龄对于这两项的波动性有着一致性，因此满足方差分析的前提要求。教龄对于教师成长中心支持、学科组支持、校外机构及社区支持呈现出显著性（$p<0.05$），意味着教龄对于这三项的波动性不一致。

表4-12 教龄对学校支持的5个维度的方差分析

维度	教龄（平均值±标准差）					F	p
	5年以下（$n=359$）	6-10年（$n=113$）	11-15年（$n=51$）	16-25年（$n=147$）	26年以上（$n=415$）		
学校组织支持	0.7	0.71	0.84	0.75	0.71	0.8	0.525
教师成长中心支持	0.75	0.79	0.95	0.84	0.81	2.794	0.025*
学科组支持	0.7	0.77	0.9	0.76	0.76	4.094	0.003**
校外机构及社区支持	0.8	0.89	0.9	0.94	0.9	4.232	0.002**
教师个体意愿和行为支持	0.64	0.66	0.69	0.63	0.66	0.777	0.54

利用方差分析进一步研究教龄对于教师成长中心支持、学科组支持以及校外及社区支持的差异性，结果见表4-13。从表中可以看出教龄对于教师成长中心支持、学科组支持、校外机构及社区支持均呈现出显著性（$p<0.05$），意味着不同教龄对于这三项均有着差异性。具体分析可知：教龄对于教师成长中心支持呈现出0.01水平显著性（Welch $F=6.361$，$p=0.000$），对比差异可知"5年以下>11~15年；5年以下>16~25年；5年以下>26年以上；6~10年>11-15年；6~10年>16~25年；6~10年>26年以上"。教龄对于学科组支持呈现出0.05水平显著性（Welch $F=2.768$，$p=0.028$），对比差异可知"5年以下>26年以上；6~10年>16~25年；6~10年>26年以上"；教龄对于校外机构及社区支持呈现出0.01水平显著性（Welch $F=5.369$，$p=0.000$），对比差异"5年以下>16~25年；5年以下>26年以上；6~10年>16~25

年；6~10年>26年以上"。综上，不同教龄样本对于教师成长中心支持、学科组支持、校外机构及社区支持均呈现出显著性差异。

表4-13 教龄对教师成长中心、学科组和校外机构及社区支持的方差分析

维度	教龄（平均值±标准差）					F	p
	5年以下（n=359）	6-10年（n=113）	11-15年（n=51）	16-25年（n=147）	26年以上（n=415）		
教师成长中心支持	4.07±0.75	4.10±0.79	3.74±0.95	3.83±0.84	3.85±0.81	6.361	0.000**
学科组支持	4.02±0.70	4.08±0.77	3.87±0.90	3.89±0.76	3.88±0.76	2.768	0.028*
校外机构及社区支持	3.89±0.80	3.98±0.89	3.80±0.90	3.67±0.94	3.66±0.90	5.369	0.000**

* $p<0.05$ ** $p<0.01$

（二）学校层次与5个维度之间的差异分析

从表4-14可知，使用方差齐性检验，对各个组别数据的波动情况进行检验，得出学校层次对于学科组支持、学校组织支持、教师个体意愿和行为支持不会表现出显著性（$p>0.05$），但对于教师成长中心支持、校外机构及社区支持呈现出显著性（$p<0.05$），意味着不同的学校层次对于教师成长中心支持、校外机构及社区支持这两项数据的波动性不一致，因此对于教师成长中心支持、校外机构及社区支持的差异性使用非参数进行检验。

表4-14 学校层次与5个维度的差异分析

维度	学校层次（标准差）			F	p
	小学（n=602）	初中（n=428）	高中（n=55）		
教师成长中心支持	0.76	0.81	0.92	4.296	0.014*
学科组支持	0.75	0.73	0.79	0.817	0.442
学校组织支持	0.72	0.72	0.71	0.304	0.738
校外机构及社区支持	0.85	0.89	0.94	4.148	0.016*
教师个体意愿和行为支持	0.66	0.64	0.7	1.214	0.297

* $p<0.05$ ** $p<0.01$

利用方差分析进一步研究学校层次对于教师成长中心支持、校外机构及社区支持的差异性，结果见表4-15。从表中可看出学校层次对于教师成长中心支持、校外机构及社区支持均呈现出显著性（$p<0.05$）。具体分析可知：学校对于教师成长中心支持呈现出0.01水平显著性（Welch $F=20.299$，$p=0.000$），对比差异可知"小学>初中；小学>高中"。学校层次对于校外机构及社区支持呈现出0.01水平显著性（Welch $F=15.711$，$p=0.000$），对比差异可知"小学>初中"。

表4-15 学校层次与教师成长中心、校外机构及社区支持的差异分析

维度	学校层次（平均值±标准差）			F	p
	小学（$n=602$）	初中（$n=428$）	高中（$n=55$）		
教师成长中心支持	4.08 ± 0.76	3.76 ± 0.81	3.86 ± 0.92	20.299	0.000**
校外机构及社区支持	3.91 ± 0.85	3.61 ± 0.89	3.69 ± 0.94	15.711	0.000**

* $p<0.05$ ** $p<0.01$

（三）职称与5个维度之间的差异分析

使用方差齐性检验，进一步检验组别数据波动情况，见表4-16。从表中可以看出不同职称对于学校组织支持、教师成长中心支持、学科组支持、教师个体意愿和行为支持4项不会表现出显著性（$p>0.05$），对于校外机构及社区支持呈现出显著性（$p<0.05$），可使用非参数检验研究差异关系。

表4-16 职称与5个维度的差异分析

维度	职称（标准差）					F	p
	未定级（$n=249$）	初级（$n=240$）	中级（$n=463$）	高级（$n=132$）	特级（$n=1$）		
学校组织支持	0.64	0.78	0.71	0.76	null	1.137	0.338
教师成长中心支持	0.7	0.84	0.82	0.8	null	1.535	0.19
学科组支持	0.66	0.79	0.76	0.77	null	1.994	0.093
校外机构及社区支持	0.79	0.85	0.92	0.88	null	4.74	0.001**
教师个体意愿和行为支持	0.61	0.7	0.64	0.7	null	0.681	0.605

表4-17是利用非参数检验职称对于校外机构及社区支持的差异性的结果。由

表可知职称超过两组，使用Kruskal-Wallis检验统计量进行分析，得出不同职称对于校外机构及社区支持均呈现出显著性（$p<0.05$）。具体分析可知，职称对于校外机构及社区支持呈现出0.01水平显著性（$p=0.004<0.01$），通过对比中位数，可了解差异情况。

表4-17 职称与校外机构及社区支持的差异分析

维度	职称（平均值±标准差）					P
	未定级（$n=249$）	初级（$n=240$）	中级（$n=463$）	高级（$n=132$）	特级（$n=1$）	
校外机构及社区支持	3.95 ± 0.79	3.85 ± 0.85	3.68 ± 0.92	3.69 ± 0.88	4.00 ± null	0.004

（四）学校所在区域

研究运用方差齐性检验进行分析，以检验组别数据波动，结果见表4-18。从上表可以看出：教师在不同的学校所在区域对教师成长中心支持、学校组织支持、学科组支持、校外机构及社区支持、教师个体意愿和行为支持均呈现出显著性（$p<0.05$）。可使用非参数检验进行差异对比或者对数据编码进行组合，或者取对数等操作后重新检验方差齐性。总结可知，不同的学校所在区域样本对于教师成长中心支持、学校组织支持、学科组支持、校外机构及社区支持以及教师个体意愿和行为支持呈现出显著性差异，可以使用非参数检验进行差异性研究。

表4-18 学校所在区域与5个维度方差齐检验

维度	学校所在区域标准差					F	P
	1.0（$n=290$）	2.0（$n=68$）	3.0（$n=419$）	4.0（$n=135$）	5.0（$n=173$）		
教师成长中心支持	0.95	0.64	0.78	0.72	0.74	6.746	0.000**
学校组织支持	0.83	0.55	0.69	0.68	0.69	5.64	0.000**
学科组支持	0.86	0.59	0.73	0.73	0.69	4.169	0.002**
校外机构及社区支持	1	0.8	0.85	0.83	0.81	4.797	0.001**
教师个体意愿和行为支持	0.71	0.5	0.66	0.62	0.65	3.683	0.005**

利用非参数检验去研究，学校所在区域对于学校组织支持、教师成长中心支

持、学科组支持、校外机构及社区支持、教师个体意愿和行为支持的差异性。结果显示学校所在区域超过两组，需要使用Kruskal-Wallis进行分析。不同的学校所在区域对于学校组织支持、教师成长中心支持、学科组支持、校外机构及社区支持没有显著性差异（$p>0.05$），意味着不同的学校所在区域样本对于学校组织支持、教师成长中心支持、学科组支持、校外机构及社区支持并没有差异性。另外学校所在区域样本对于教师个体意愿和行为呈现出显著性（$p<0.05$）。

三、智能时代中小学教师专业发展学校支持的回归分析

（一）核心变量关系的回归分析

智能时代中小学教师专业发展的学校支持包括"学校组织支持""教师成长中心支持""学科组支持""教师个体意愿及行为支持""校外机构及社区支持"。综合以上研究，本书构建了智能时代中小学教师专业发展学校支持的5个模型，并分别进行分析：控制人口学变量"性别""教龄""年龄"以及"职称"，将"学校组织支持"作为自变量，"教师个体意愿和个体行为支持"作为因变量，进行回归分析；控制人口学变量"性别""教龄""年龄"以及"职称"，将"学校组织支持"作为自变量，"教师成长中心支持""学科组支持"和"校外机构及社区支持"分别作为因变量，进行回归分析；控制人口学变量，将"学校组织支持""教师成长中心支持""学科组支持"和"校外机构及社区支持"作为自变量，"教师个体意愿及行为支持"作为因变量，进行回归分析，各变量间的回归结果见表4-19和图4-2。

表4-19 教师专业发展学校支持的回归分析（N=1085）

变量	教师个体意愿和行为支持		教师成长中心支持		学科组支持		校外机构及社区支持		教师个体意愿和行为支持	
	β	p	β	p	β	p	β	p	β	p
年龄	−0.143	0.0020**	0.027	0.407	−0.103	0.007*	−0.119	0.024*	−0.091	0.037*
性别	0.025	0.201	−0.005	0.714	−0.030	0.059	−0.029	0.199	0.035	0.055
教龄	0.118	0.020*	−0.041	0.258	0.102	0.015*	0.042	0.469	0.065	0.174
职称	0.017	0.577	−0.013	0.546	−0.003	0.894	0.019	0.537	0.012	0.658
学校组织支持	0.80	0.017	0.903	0.014	0.873	0.016	0.727	0.025	0.778	0.041

续表

变量	教师个体意愿和行为支持		教师成长中心支持		学科组支持		校外机构及社区支持		教师个体意愿和行为支持	
	β	p	β	p	β	p	β	p	β	p
教师成长中心支持									−0.358	0.035
学科组支持									0.361	0.039
校外及社区支持									0.042	0.024
R^2	0.647		0.823		0.761		0.539		0.688	

分别对5个回归模型进行F检验，发现模型均通过了F检验，说明模型起到了作用，也就说每个模型中，至少有1项会对因变量产生影响。由表4-19的数据得出：①"学校组织支持"对"教师个体意愿和行为支持"的R^2值为0.647，说明"学校组织支持"可以解释"教师个体意愿和行为支持"64.7%变化的原因。回归系数为0.726，并且呈现出显著性，说明"学校组织支持"会对"教师个体意愿和行为"产生显著的正向影响。②"学校组织支持"对"教师成长中心支持"的R^2值为0.823，说明"学校组织支持"可以解释"教师成长中心支持"82.3%变化的原因。回归系数为1.005，并且呈现出显著性，说明"学校组织支持"会对"教师成长中心支持"产生显著的正向影响。③其他模型数据详见表4-19。其中R^2值相对较低的是"学校组织支持"和"校外机构及社区支持"，R^2值为0.539，说明"学校组织支持"只能解释"校外机构及社区支持"53.9%变化的原因。

智能时代中小学教师专业发展学校支持的5个维度的影响关系如图4-2所示。控制了人口学变量"年龄""性别""教龄""职称"后，"学校组织支持""学科组支持"对"教师个体意愿和个体行为"有显著正向影响，回归系数分别为0.726、0.316；"教师成长中心支持"对"教师个体意愿和个体行为"有显著负影响，回归系数为−0.293；"校外机构及社区支持"对"教师个体意愿和行为"的影响不显著，回归系数为0.031；"学校组织支持"显著影响"教师成长中心支持""学科组支持""校外机构及社区支持"和"教师个体意愿和个体行为"，回归系数分别为1.005、0.904、0.883、0.726。

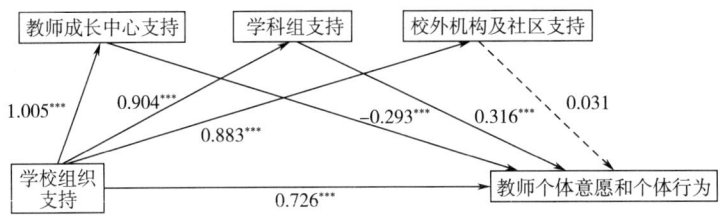

图4-2 变量的影响关系图

5个模型中的人口学变量回归分析见表4-20。由"年龄"与5个模型的回归系数分析得出,在"学校组织支持"对"教师个体意愿和个体行为"中,"年龄"会对"教师个体意愿和个体行为"有显著负向影响,其中t值为-3.106;"学校组织支持"对"学科组支持"中,"年龄"会对"学科组支持"有显著负向影响,其中t值为-2.717;"学校组织支持"对"校外机构及社区支持"中,"年龄"会对"校外机构及社区支持"有显著负向影响,其中t值为-2.266,其他分析详见表4-20。同时,由表4-20还可得出,在"学校组织支持"对"教师成长中心"中,年龄对"教师成长中心"没有影响;5个模型中,"性别"和"职称"均没有显著影响。

表4-20 人口学变量的回归分析

回归方程		年龄		性别		教龄		职称	
结果变量	预测变量	t	p	t	p	t	p	t	p
教师个体意愿和个体行为支持	学校组织支持	-3.106	0.002**	1.278	0.201	1.17	2.332	0.558	0.577
教师成长中心支持	学校组织支持	0.829	0.407	-0.366	0.714	-1.132	0.258	-0.605	0.546
学科组支持	学校组织支持	-2.717	0.007**	-1.887	0.059	2.441	0.015*	-0.133	0.894
校外机构及社区支持	学校组织支持	-2.266	0.024*	-1.286	0.199	0.724	0.469	0.565	0.573
教师个体意愿和个体行为支持	学校组织支持	-2.093	0.037*	1.917	0.055	1.359	0.174	0.443	0.658
	教师成长中心支持	-2.093	0.037*	1.917	0.055	1.359	0.174	0.443	0.658
	学科组支持	-2.093	0.037*	1.917	0.055	1.359	0.174	0.443	0.658
	校外机构及社区支持	-2.093	0.037*	1.917	0.055	1.359	0.174	0.443	0.658

（二）"教师成长中心支持""学科组支持"和"校外机构及社区支持"的中介变量分析

控制人口学变量"性别""年龄""教龄""职称"，将"教师成长中心支持""学科组支持"和"校外机构及社区支持"作为中介变量进行中介效应分析，结果见表4-21。表4-21显示，"教师成长中心支持"在"学校组织支持"对"教师个体意愿和行为支持"的影响中，中介效应值为-0.293，95%BootCI值（置信区间值）在-0.432~-0.214，区间不包含0，说明"教师成长中心支持"作为中介变量，在"学校组织支持"对"教师个体意愿和行为支持"的影响中发挥显著负向中介作用；"学科组支持"作为中介，中介效应值为0.286，95%BootCI值在0.193~0.420间，区间不包含0，说明"学科组支持"在"学校组织支持"对"教师个体意愿和行为支持"的影响中起到显著正向中介作用；"校外机构和社区支持"在"学校组织支持"对"教师个体意愿和行为支持"的影响中，中介效应值为0.028，95%BootCI值在-0.029~0.095，区间不包含0，说明在"学校组织支持"对"教师个体意愿和行为支持"的影响中，"校外机构和社区支持"起到不显著的中介作用。这一结果与国家大力发展教师教育政策存在一定的差距，学校需要大力研究在智能时代，如何从校本层面促进教师成长。

表4-21 教师成长中心、学科组和校外机构与社会支持的中介效应分析

效应	效应值	BootSE	Z	p	95%置信区间	
					下限	上限
总效应	0.726	0.017	43.881	<0.001	0.693	0.758
直接效应	0.705	0.041	17.094	<0.001	0.624	0.786
学校组织支持→教师成长中心支持→教师个体意愿和行为支持	-0.293	0.003	-86.932	<0.001	-0.313	-0.299
学校组织支持→学科组支持→教师个体意愿和行为支持	0.286	0.021	8.73	<0.001	0.161	0.242
学校组织支持→校外机构及社区支持→教师个体意愿和行为支持	0.028	0.002	-3.636	<0.001	-0.01	-0.002

第四节 教师专业发展及学校支持的现状总结

一、智能时代中小学教师专业发展现状总结

考察智能时代教师必须具备的知识、能力等方面，了解其发展现状，有助于

厘清智能时代中小学教师专业发展的现状和目标之间的差距,寻求要解决的问题和方法。本次的调查涉及小学、初中和高中不同阶段的、教龄从初入职到从教26年以上的教师,得出如下结论:

(一)中小学教师群体TPACK整体处于中等水平

7个维度均值依次为学科教学法知识(PCK)、教学法知识(PK)、学科内容知识(CK)、整合技术的教学法知识(TPK)、整合技术的学科教学知识(TPACK)、技术知识(TK)、整合技术的学科内容知识(TCK)。教师们较好地掌握了学科教学法知识(PCK),而对于整合技术的学科内容知识(TCK)和技术知识(TK)相对较弱。7个维度中,教师的性别和学历没有显著影响。

(二)教龄和学校层次对部分教师的TPACK维度有显著影响

1. 教龄对于TK、TPK、TCK、TPACK维度呈现显著影响

教龄对于TK、TPK、TCK、TPACK呈现出显著性($p<0.05$)。对于TK维度,教龄"5年以下>16~25年、5年以下>26年以上、6~10年>16~25年;6~10年>26年以上";TPK维度,教龄"6~10年>5年以下、6~10年>11~15年、6~10年>16~25年、6~10年>26年以上";TCK维度,教龄"5年以下>16~25年、5年以下>26年以上、6~10年>11~15年、6~10年>16~25年、6~10年>26年以上";TPACK维度,教龄"5年以下>26年以上、6~10年>11~15年、6~10年>16~25年、6~10年>26年以上"。入职5~10年的老师,教学法知识均值达到4.19,随着年龄的增长,均值递减。入职5年以下的教师,技术知识掌握比较好。

2. 小学教师相对更加积极

学校层次对于TK、PK、TPK、TCK、TPACK呈现出显著性差异。相比初中和高中教师,小学教师在7个维度上的均值最高。特别是本书所关注的技术相关知识方面,初中教师的技术知识、整合技术的学科内容知识以及整合技术的学科教学知识都与小学教师存在显著差异。

二、智能时代中小学教师专业发展的学校支持现状总结

(一)学校支持教师专业发展受"学校组织"等维度影响

教师专业发展是学校的一项重要工作,影响教师专业发展的因素多样,具有复杂性。学校作为教师专业发展的主要场域,应对影响因素的成因进行调查和研究,并做出精准分析和预判。研究得出,学校对教师专业发展的支持主要涵盖学

校组织、教师成长中心、学科组、教师个体意愿与行为、校外机构及社区这5个维度。学校组织在成长过程中，担负着顶层设计、监督执行等责任。学校组织对教师成长中心、学科组、教师个体意愿与行为、校外机构及社区4个维度有重要影响。学科组是教师工作、成长的二级机构；教师成长中心是具体负责教师专业发展的校级组织，在调研基础上，执行学校制定的各项制度，同时协调学科组等组织的工作。

（二）学校需要加强教师成长中心和学科组的中介作用

教师专业发展具有复杂性，受到外部因素和内部因素的影响，外部因素在激发和抑制内部因素中具有重要作用。教师成长中心和学科组具体负责教师成长事宜，其任务包括为全校提供年度教师专业发展报告，分析成效、不足，并在调查研究基础上，为学校组织提供教师专业发展的建议，建议内容包括教师入职、在职研修、职称评审、经费拨付、教学评价等。也就是说，二者在教师专业发展中起着中介作业。而调查结果显示，二者在学校组织对教师个体意愿和行为之间发挥的是显著负向作用，显然需要做出调整。学校需要改变思路和政策，进一步提高学科组和教师成长中心的中介作用。

（三）学校要关注年龄、学校层次在学校支持中的差异性影响

智能时代，教学方式及内容呈现新的变化，而教师专业发展没有完全与时代契合，教师存在职业倦怠、"力不从心"等问题。面对新的时代，学校如何引导教师专业发展，深度分析存在问题及成因，尤为重要。研究显示，"年龄"对"教师个体意愿和行为支持""学科组支持"有显著负向影响。教师在其成长过程中，不同阶段的专业发展特点各异。不同年龄段的教师，在学科组工作和个体行为中，也有不同。学校要对此类差异性的影响予以关注，研究成因，并给出具体举措。同时，不同的学校层次，针对教师专业发展，其支持力度也存在差异。

（四）海量数据、评价工具的多元等为学校支持带来挑战

智能时代，教学过程、学习过程中产生了海量的数据。研究得出，教师在数据采集、分析、运用等方面的能力亟待增强。针对这一现状，学校教师成长中心应协同相关部门，采用多元举措培养教师的数字素养，使其具备数据收集、运用的意识和能力。同时，大数据背景下，传统的评价工具在数据收集和处理上存在不足。因此，学校在评价指标开发、评价工具设置、数据采集和分析上要进一步优化。

【小结】

本章运用"智能时代中小学教师TPACK量表"和"智能时代教师专业发展的学校支持量表"开展调研。研究结果表明，中小学教师掌握的信息技术水平比较一致，7个维度均值在3.88以上。整体来看，性别与教师信息技术水平的7个维度没有显著差异，不同教龄的老师在教学法知识（PK）、学科内容知识（CK）、学科教学法知识（PCK）3个维度上不存在显著差异。智能时代中小学教师专业发展的学校支持涵盖"学校组织支持""教师成长中心支持""学科组支持""教师个体意愿和个体行为支持"以及"校外机构及社区支持"。在控制人口学变量的情况下，"学校组织支持"影响"教师成长中心支持""学科组支持""教师个体意愿和个体行为支持"以及"校外机构及社区支持"；"学校组织支持""学科组支持"对"教师个体意愿和个体行为支持"有显著正向影响；"年龄"对"教师个体意愿和个体行为支持""学科组支持"有显著负向影响等结论。将"教师成长中心支持""学科组支持"和"校外机构及社区支持"作为中介变量进行检验，得出"教师成长中心支持"在"学校组织支持"与"教师个体意愿和行为支持"之间起着显著负向作用等结论。

第五章　学校支持教师专业发展的当代挑战与角色转变

智能时代，学校对教师专业发展实施有效支持，可促进教师专业发展。本书在文献研究、实践探索以及结果分析的基础上，对学校支持教师专业发展的当代挑战与角色转变进行研究。

第一节　学校支持教师专业发展的当代挑战

智能时代，学校支持的教师专业发展面临着诸多挑战，如教育理念、教师专业发展目标、学校管理等方面出现了新的变化，挑战了学校的传统制度。本节梳理智能时代学校支持的教师专业发展面临的挑战，对学校支持的教师专业发展理论和实践提出建议。

一、多元的教师专业发展理念与学校线性发展思维的冲突

智能时代冲击着传统学校教育，广大学者关注智能时代学校教育的理论，而教师专业发展理念受到学校教育教学理念的影响。有学者提出将专业主义作为指导学校教师专业发展的理论，也有学者提倡社会互动理论，认为人的教育不仅仅是传授知识，更重要的是要形成人对世界的看法、培养创造性思维以及养成健康的个性和情感等。比如，要通过社会交往与实践活动，形成对世界的看法，包括信仰、价值观以及品德塑造等；要通过研究性学习和科学实验，培养创造性思维，开发创造能力；要在丰富的人际交互活动中，形成健康的个性心理，培养情感能力以及社会交往能力[①]。

目前，学校对教师专业发展的思维处于线性思维阶段，没有从系统的层面深

---

① 范国睿. 智能时代的教师角色 [J]. 教育发展研究，2018，38（10）：69-74.

入研究教师专业发展。访谈中04-T-03-D（高中，信息技术）教师谈到："对于普通教师来说，都希望自身得到成长。然而，现实中存在很多问题，有的来自教师自身，有的来自同伴，有的来自家庭。有些可以自我解决，有些必须由学校来解决。"访谈者继续对这位教师追问，希望了解教师对学校促进教师专业发展的期待。该教师谈到从现状来看，学校支持的方式及内容相对比较单一，没有从整体来对教师成长进行规划。访谈01-T-01-Z（小学，语文）教师时，该教师也提出学校组织了专题培训以促进教师专业发展，但是培训项目之间的关联度不大，也没有对培训成效进行评价。访谈结果显示，学校支持的教师专业发展呈现线性状态，具有单一性。而智能时代学校支持的教师专业发展受到诸多因素的影响，具有非线性发展的特点，需要遵循多元教师专业发展理念，运用非线性的思维分析影响教师专业发展的因素，以便制定行之有效的发展举措，促进教师专业成长。

二、教师专业发展目标与学校传统制度的矛盾

智能时代，教师专业发展的目标被赋予新的要求。如前所述，智能时代除了要培养教师教与学的知识和技能、基本素养外，还要培养创造性思维、情境判断、终身学习、沟通协调、数字技术运用等关键能力。这些能力的培养仅依靠传统的教师专业发展项目无法达成。传统的学校组织采用科层制，保证了学校按照规章制度高效、合理的运行[1]，但这样的学校教育压抑了人的天性，导致知识垄断和学习的异化[2]。换言之，学校传统制度相对比较刻板，没有从整体、系统的角度来研究教师的专业发展。智能时代数字化资源大量出现，产生了泛在学习，教师的教与学生的学可以随时发生，信息传递更加便捷，教师视野日益开阔。在这一背景下，传统的学校管理制度不能适应智能时代的教师专业发展，尤其在教师专业发展的目标、内涵界定、理论指导以及维度划分等方面存在不足。因此，学校要以教师职业生涯阶段理论和赋权增能理论为指导，探究智能时代教师专业发展的目标[3]，打破传统的学校制度，为管理赋权，为技术赋权，为教师赋权，

---

[1] 张丽文，郭凤敏，曲琳. 指向教师专业发展的学校组织变革[J]. 现代教育管理，2020（03）：65-70.

[2] Illich I. Deschooling Society [M]. New York：Harper & Row，1971.

[3] 卢乃桂，陈峥. 赋权予教师：教师专业发展中的教师领导[J]. 教师教育研究，2007（04）：1-5.

只有全面赋权才能撼动传统的科层制，实施扁平化管理，从而激发学校管理动力，激发教师自主学习和成长的活力，促成学校和教师持续且有效的发展。

三、海量数字资源与教师自身素养的冲突

随着技术与教育教学的深度融合，大量的数字资源呈现，如MOOC、精品课程、微课、在线学习App、各类学习网站等。海量数字资源为教师教学提供了便利，也为教师教与学带来了极大的挑战。学者蔡慧英等对智能时代教育信息化建设与发展进行研究，提出影响教师数字资源使用的潜在因素是数字资源本身、学校支持和教师三个维度[1]。从学校层面来说，海量数字资源给教育教学带来新的变化，如何去优化和建设数字资源，如何支持、鼓励和推动教师运用数字资源是在智能时代面临的一大困境。从教师层面来看，针对教学目标如何进行选择、甄别以及建构这些海量的数字资源也存在一定的困难。从现实来看，"年龄"是影响教师掌握信息技术、有效运用技术的重要因素。如前所述，"年龄"在智能时代教师专业发展的学校支持回归分析中呈现显著性，教师随着年龄的增长，在技术知识、技术应用等方面呈现下降趋势。

在访谈08-O-02-Z（初中，校长，语文）教师时，他谈到："随着社会的进步，特别是智能时代的到来，学校引进了数字资源，在教育教学方式上做了革新的计划。针对教师如何选择和运用数字资源、适应新的教学环境、更新教学方式等，学校也组织了培训。但从现实效果来看，相对年长的教师掌握得不是太好。甚至可以说这些改变对他们而言是一种冲击，常常会有挫败感"。由此，如何激发不同年龄段教师的教学热情，提升教学专业水平，以适应智能时代对教师提出的新要求，是学校和教师个体亟待解决的问题。

四、人工智能教师、实体教师并存与单一实体教师群体的抵牾

智能时代，技术的飞速发展催生了人工智能教师，人工智能教师承担了部分实体教师的工作，可以取代实体教师某些相对单一的技能。比如人工智能教师能够完成批改作业等日常简单、烦琐的工作，把老师从重复性、机械性的事务中解

---

[1] 蔡慧英，尹欢欢，陈明选. 哪些因素影响教师使用数字教育资源？——透视智能时代我国教育信息化建设与发展[J]. 电化教育研究，2019，40（07）：60-69.

放出来。部分人工智能教师具备测评的功能，通过机器与学生群体的对话、让学生群体完成题目等，测评学生水平。在部分地区，人工智能教师担任学生个性化智能教学的指导顾问，通过对话和交互，为学生推荐知识，提供相应的服务以及知识背后的人际网络，实现因人而异的个性化学习方案，进而实现精准诊断、智能推荐[1]。因此，以单一实体教师为主要存在群体的局面将被打破，智能时代将出现由实体教师和人工智能教师两个子系统共同组成的"新主体教师"[2]，共同承担教书育人的工作。

社会的进步，特别是智能时代的到来，促使学校引进了数字资源，在教育教学方式上做了革新的计划。在访谈09-T-03-L（高中，生物）教师时，该教师谈道："近些年，学校引入了越来越多的智能教师，智能教师在批阅试卷、完成简单测评、提供学生学习报告等方面发挥了积极作用。的确，智能教师的出现，解放了实体教师的部分职能，但学校为实体教师安排了更多的任务，教师们依然很忙。如何理清实体教师和智能教师的职责，科学界定实体教师的工作量，激发实体教师的工作和学习动力，依旧是重要的问题"。访谈中，10-O-01-C（小学，科研主任，语文）教师、21-T-01-Z（小学，信息技术）教师、24-T-01-Z（初中、教师、英语）教师等和该教师的观点一致。进一步了解得知，针对学校如何协调智能教师与实体教师并存局面、实体教师如何提高技术选择和运用能力等问题，学校也组织了培训，给予了部分政策支持，但由于工作量没有进一步明晰，后期培训奖励和惩戒制度等没有形成，因此成效不明显。同时，相对年长的教师在这方面掌握得不是太好，存在一定的情绪。同时，人工智能教师的出现，冲击着实体教师，带来了诸如人工智能是否会取代教师、教师角色将会如何变化等讨论[3]。在这样的背景下，教师一方面要尽量适应与人工智能教师共存的状态，另一方面，要从以往"全才"的职业要求，转而去发展智能机器不能完成的属于教师本体的特色才能，与人工智能教师协同合作。

---

[1] 余胜泉. 人工智能教师的未来角色［J］. 开放教育研究，2018，24（01）：16-28.
[2] 逯行，沈阳，曾海军，等. 人工智能时代的教师：本体认识与价值［J］. 电化教育研究，2020，41（04）：21-27.
[3] 陆石彦. 论人工智能时代的教师角色再造［J］. 江苏高教，2020（06）：97-102.

第二节 智能时代学校支持教师专业发展的角色转变

人工智能、可穿戴技术等的出现,冲击了学校管理。智能时代的教师专业发展要培养教师的终身学习能力,重点培养适应智能时代需求的情境判断、情绪管理以及自我激发等能力。智能时代的教师,必须具备正确价值引导的能力、帮助学生掌握终身学习的能力[①]、管理和运用数据的能力[②]以及个性化学习的能力等[③]。因此,学校要成为教师专业发展的重构者、智能环境的构建者、教师发展专长的引导者以及教师交流合作平台的搭建者。

一、学校是教师专业发展的重构者

智能时代对教师数字素养、技术运用等能力的要求提高,国家和省市以及学校层面为提升教师专业发展水平,实施了专业发展工作。比如,选派中小学学校领导、骨干教师、管理人员参加不同层次的"国培计划"和"省培计划",有针对性地实施培训。同时,通过开展高校与中小学合作[④]、实施基于项目的培训[⑤]、建立名师工作室[⑥]等方式引导教师专业发展,大量组织校本培训,根据国家要求、学校发展以及个人需求,组织长期或者短期培训。然而,这些项目的开展,并不能满足智能时代对教师的需求,不同层级的培训效果不明显,需要进一步加强。智能时代,学校作为教师专业发展的主要场域,有职责对教师入职后的专业发展规划进一步优化,重构教师专业发展。

---

① 陆石彦. 论人工智能时代的教师角色再造[J]. 江苏高教,2020(06):97-102.
② 林秀清,杨现民,李怡斐. 中小学教师数据素养评价指标体系构建[J]. 中国远程教育,2020,(02):49-56,75,77.
③ 李政涛. 当教师遇上人工智能[J]. 人民教育,2017(Z3):20-23.
④ 黄晶榕,林智中. 学校与大学伙伴协作推动教师专业发展的反思[J]. 教育发展研究,2012,32(22):42-48.
⑤ 冯晓英,林世员,骆舒寒,等. 教师培训助力教师专业成长提质增效——基于国培项目的年度比较研究[J]. 中国电化教育,2021(07):128-135.
⑥ 王永固,聂瑕,王会军,等. "互联网+"名师工作室促进乡村教师专业发展:机制与策略[J]. 中国电化教育,2020(10):106-114.

学校重构教师专业发展需要从理念、制度、项目实施、项目评价等方面开展。第一，引入"发展性评价"和"增值性评价"理论，对智能时代学校支持的教师专业发展的内涵进行深入研究。第二，从整体和系统的角度对教师专业发展进行架构。学校要在对智能时代教师专业发展的影响因素进行全面调研的情况下，厘清智能时代的特点以及智能时代对教师专业发展的需求，确定学校支持的教师专业发展的目标、发展方案、发展内容、发展模式，并制定发展举措，用制度将相关举措流程化。第三，对学校支持的教师专业发展实施效果评价。

二、学校是智能环境的构建者

学习环境是保障学习者有效学习的重要因素。智能时代，智能技术势必融入和支持教育教学，以构建科学的、适应需求的学习环境。已有研究表明，智能技术部分参与了学校教育教学，但深度不够。学校在运用智能技术实施师生个性化辅导、定制化服务、师生教学水平测评等方面存在较大的空间。为适应人才培养需求，国家要求学校培养业务精湛、具有数字素养的人才。而学校作为人才培养的主要场域，在开展智能化教学、运用技术促进教学和学生学习方面，没有相应的条件和设备。由此，为促进教师专业发展，学校要积极构建智能化的环境。

具体来说：其一，组织校内各级领导和教师个体深入学习智能时代教师专业发展的智能环境的重要性及内涵，从认知上给予引导。同时，在校园空间内运用广播、文化墙等形式进行宣传。其二，建设适合开展智能教学的教室，即智慧教室，教师可在智慧教室实施教学活动和接受教师专业发展项目培训。其三，建设数字化资源平台，融合虚拟现实、增强现实、混合现实等技术构建资源。同时，将新型资源要素，比如智能导师、智能学伴、教育机器人等，也作为学习环境中的重要组成部分，构建数字环境。另外，通过购买、整合免费数字资源以及校内自建等方式，建设数字化资源，以有效开展教与学。其四，集中各种云端资源、学科工具以及可以开展教学研究的资源，构建和整合网络空间[①]。

三、学校是教师发展专长的引导者

传统的学校和教师行业，对教师的要求是"全才"，即教师需要具备教学设

---

① 杨宗凯，吴砥，陈敏. 新兴技术助力教育生态重构［J］. 中国电化教育，2019（02）：1-5.

计、教学组织、教学评价、批改作业、组织学生讨论以及与家长交流等能力。人工智能教师的出现，使得对教师的要求从"全才"转向"专才"。在教学活动中，诸如人的社会性交往需求、情感交流需求等，只有实体教师才可以感知，并予以引导和教育。这是人工智能教师取代不了的[①]。此外，教师的社会性交往、交流等能力，也是教师"专才"的体现之一。由此，学校应在总体布局下，充分考虑学校发展、教师专业发展以及学生发展的目标，根据教师的特长和兴趣点，发挥教师的主体性，培养教师的"专长"。比如对于架构能力强、对教学设计感兴趣的教师，学校可将其培养为"教学设计类专长教师"；对于擅长组织活动，开展线上线下活动的教师，学校可协助其发展为"活动组织与设计专长教师"。

四、学校是教师交流合作平台的搭建者

教师的工作范畴是教学，教师与学生之间的交往活动是教学的重要形态。同时，作为个体，教师之间的有效交流和合作也至关重要。在交流合作中，个体能够通过他人感知镜中自我，并逐渐在行为上展现。在智能时代，由于智能工具的普遍，交互环境便利，交互方式多元，教师的交流、合作呈现了新的变化。作为学校，要为教师搭建交流合作的平台，让教师在参与活动中，在与他人的互动中，思维得到碰撞，使教师从多个角度看问题，开阔视野，激发灵感，加深对知识的认知。同时，在与其他个体的交互中，对照自身，吸收他人好的品格，习得他人好的行为习惯和技能、方法，发现自身弱点与不足，并加以改进。

学校为教师搭建的交流合作平台可以分为以下几类：第一，搭建教育教学专业学习平台。在此聚焦不同科目教师在教育教学中所需的核心能力。学校根据学校组织、学科组、教师个体的需求，为教师提供专业的学习平台，定期组织校内外活动。活动涵盖"走出去，送进来"，选派"种子教师"外出学习，返校后进行交流推广。同时，定期邀请校内外专家开展专题辅导，引导、激发教师的专业学习。第二，搭建竞赛平台，学校遴选校内外教学竞赛项目，在"以赛促建、以赛促发展"的理念下，培育、打磨、参赛、反哺，为教师提供科学的支持。第三，搭建网络交流学习空间，使更多的教师加入网络，实现共同学习，建立网络学习共同体。部分学校在教学中实施了人机交互，在教师网络学习共同体的建设

---

① 唐汉卫. 人工智能时代教育将如何存在［J］. 教育研究，2018，39（11）：18-24.

中，也可以引入计算机图形、仿真、人工智能感应等虚拟现实技术[①]，这些技术在教师学习空间的应用，有助于思维发展与深度理解。

教师在人才培养中发挥关键作用，学校承担着培养教师的职责。智能时代教师身份多元，如"智能教师"的合作者、协调"智能教师"与学生之间的桥梁人、教学方法的改革者、学生学习评价的评价者，等等。多重身份会导致实体教师在一定程度上存在心理障碍，因此，学校要做好教师成长中的心理咨询工作，为教师作出心理疏导，解决教师心理问题。

【小结】

教师是教学的实施者，在教师重要性日益凸显的背景下，专家学者从理论和实践层面给予教师成长极大关注。学校作为教师职后的发展场域，承担着培养教师的职责。智能技术冲击着教育教学，给学校如何支持教师专业发展提出了新的要求。相对于非智能时代，智能时代教师专业发展的学校支持存在以下挑战：①多元教师专业发展理念与学校线性发展思维的冲突；②教师专业发展目标与学校传统制度的矛盾；③海量数字资源与教师自身素养的冲突；④人工智能教师、实体教师并存与单一实体教师群体的抵牾。鉴于此，学校在支持教师专业发展中要转变角色，做好教师专业发展的重构者、智能环境的构建者、教师发展专长的引导者以及教师合作交流平台的搭建者。

---

① 范国睿. 智能时代的教师角色［J］. 教育发展研究，2018，38（10）：69-74.

第六章　智能时代中小学教师专业发展的学校支持路径构建

构建中小学教师专业发展的学校支持路径是一项复杂工程，首先需要对智能时代中小学教师专业发展的学校支持内涵和特点进行研究，然后借鉴国内外先进经验，在赋权增能等理论指导下，结合我国实际来构建。本章围绕智能时代中小学教师专业发展学校支持的相关因素，从理念引领、体系构建、活动开展等五个方面深入探析学校支持教师专业发展的路径。

第一节　理念引领：重塑中小学教师专业发展的学校支持新理念

"校本"，顾名思义就是以学校为本和以学校为出发点。具体说来，校本就是以学校为基础，围绕着某个目标或者问题，在学校范围内，依据学校可提供和支持的条件解决问题。本书研究智能时代学校对教师给予支持的内涵、问题、相关因素等，并针对问题制定发展路径，以提升教师专业发展水平和学校教育质量。从教师专业发展的成效和校本研修的特点来看，校本研修便捷、针对性强，可提升教师水平，促进学校发展。由此可见，智能时代校本研修可解决教师专业发展中存在的问题，是促进教师专业发展的有效途径。但校本支持的教师专业发展受到诸多因素的影响，需要做好顶层设计，确定指导理论和支持目标等，在此境况下，制定有针对性、可操作的策略。综合前面研究，本书提出要以"以学为中心"等理念为指导，重塑中小学教师专业发展的学校支持新理念。

一、以赋权增能、社会互动和传播生态理论为指导

第二章对教师专业发展的理论进行了深入探讨，在此不再赘述。总体来说，学校支持教师专业发展，要以赋权增能、社会互动以及传播生态理论为指导。首先，学校要全方位赋能教师。宏观层面，学校要加大投入，在物质等方面给予教

师专业发展保障。中观层面，通过组织管理等，协助教师做好角色调整，以促进教师专业发展。其次，由社会互动理论得知，人的不断发展得益于交往。智能时代，教师之间、师生之间、师生与智能机器人之间存在大量互动，由此要考察师生学习过程中行为、认知和环境三者之间的关系，并对关键点进行深入探究。最后，传播生态理论提出，传播网络主要通过人际交互和共享信息而产生，人与人之间的交往和链接显得尤其重要。智能时代，学校中人与人之间的传播方式呈现智能化特点。信息流动是传播生态系统的基本功能，不仅要关注线下交互，也要关注智能环境下相关的信息流动。一方面，在理念上，学校要承认人与人、人与机器互动的重要性，并在注重信息流通的情况下，对影响学校支持教师专业发展的因素进行研究，从各个层面赋能，提升教师对专业自主等方面的认识。另一方面，在制度上，学校要在制度制定、实施以及评价中，让教师充分参与，并尊重教师合理的意见。在组织层面，应成立专门机构，为教师教学、生活等提供支持。

二、树立以学为中心的理念

学校是培养学生的场所，学生学习是其最重要的活动。因此，学校支持的教师专业发展必须要将"以学为中心"作为理论指导。换言之，学校组织教师专业发展活动，要深入研究"以学为中心"的理念，并在该理念的指导下进行实践。学者赵炬明教授对"以学为中心"的研究很有代表性，虽然其教学实践主要是在高校，但"以学为中心"理论的内涵有共通之处，中小学也可借鉴学习。他指出，"以学为中心"主要指：关注学生发展，以学生发展为中心；关注学生学习过程，以学生学习为中心；注重学生学习成效，以学生学习效果为中心。其中，"以学生发展为中心"包含三层意思：以学生当前状态为基础，以促进其发展为目的；教师认识到学生年龄阶段不同，任务存在差异，并协助学生完成特定阶段的任务；对学生潜力进行深度发掘，促进发展。"以学生学习为中心"包含两层意思：其一，教育目的是学习，学习发生在教育过程中。学生是学习的主体，要对自身学习负责。教师的职责是引导学生自主学习，激发学生学习的主动性，使学生形成终身学习的习惯。其二，学生活动的中心是学习。由此，在这个理念下，智能时代的教师要为学生设计合适的学习活动，让学生在活动中进行主动学习；要运用智能技术，营造智能学习环境，增强学生的学习体验等。"以学习效果为中心"强调对学习效果给予关注。学习效果的界定应注重科学性和系统性：从时间来看，有短期效果和长期效果；从结果作用来看，又分为直接效果和间接效果[①]。鉴于学习效果的定义、测量以及分析的专业性，学校要注重对学习效果进行清晰的界定，建立及时评价和反馈机制，重视测量和反馈，使效果评价在调整学习、帮助教师调整教学、帮助学校调整工作上发挥积极作用。

第二节 体系保障：构建五位一体的学校支持体系

智能时代学校支持教师专业发展是一项系统的工程。前文回归分析显示，中小学教师成长中心对教师个体意愿和行为的影响系数为-0.293，远远没有发挥其作用。因此，学校支持的教师专业发展组织架构中，亟待建设与发展中小学教师成长中心，为教师搭建成长平台。中小学教师主要依托学科组和年级组学习和工作，年级组的设置便于行政管理，而学科组则为教师学术成长护航。因此，学校应明晰学科组的建设目标、基本原则、建设步骤与方法，通过学科组开展教研活动，提高教师教学水平和专业素养。综上，学校要整合相关职能，构建涵盖学校组织、教师成长中心、学科组以及教师个体意愿和行为、校外机构及社区五位一体的支持体系，全方位保障教师成长。

一、学校组织

本书所指的学校组织是在教师专业发展过程中，负责教师专业成长的校级机构。调查研究显示，作为教师专业发展的顶层设计机构，学校组织的支持影响教师成长中心、学科组、教师个体意愿和行为、校外机构及社区的支持。学校需要在科学理论指导下，对组织运行的目标、制度等进行全面规划和设计，即在赋权增能、传播生态等理论指导下，全面设计学校支持的方案，要从人、制度及环境三方面着手，进行顶层设计。

（一）人员及职责

智能时代的学校组织支持是指在校长领导下，整合学校专家团、校长办公

---

① 赵炬明. 论新三中心：概念与历史——美国SC本科教学改革研究之一[J]. 高等工程教育研究，2016（03）：35-56.

室、教务部门、人事部门、教师成长中心、总务部门以及信息资源中心等组织而开展的教师专业发展活动。学校组织作为一个虚拟机构，为学校教师专业发展做整体规划，商议构建教师专业发展的环境、制度以及教育教学、评价等环节。

我国中小学实行校长负责制。校长是学校的领导者和组织者，为学校发展做决策。智能时代，技术融合学校教育教学，使校长工作更具有挑战性，但也给校长支持教师专业发展提供了新思路。校长如何帮助教师应对变革，如何支持与促进教师专业发展是学校改革与发展的重点。由此可见，教师专业发展过程中，校长起着非常关键的作用。学者雷励华对校长工作进行研究，得出校长在推广教育理念、构建学校文化氛围、制定教师专业发展策略以及为教师提供机会等方面发挥着积极作用[①]。

简而言之，校长是学校发展和教师专业发展愿景的规划者，也是教师专业发展的核心人物。作为校长，针对智能时代的教师专业发展，需要从以下方面给予支持：第一，组织学校专家团对教师专业发展的学校支持的相关因素进行研究，如智能时代学校支持中小学教师专业发展的理论、内涵、特点、问题以及影响因素等。在研究基础上，确定学校支持教师专业发展的指导理论，制定智能时代教师专业发展的学校支持制度，并依据制度开展工作以及组织评价。第二，明确教师专业发展的培养目标，培养目标是对培养什么样的人的回答，是有关教师教育人才培养质量和要求的内在规定，在人才培养活动中，培养目标是核心，教师教育活动依据培养目标进行。同时，学校依据培养目标评价教师专业发展活动成效，可判断和检验教师教育的价值和人才培养的效果情况[②]。第三，围绕教师培养目标，校长引导学校专家团统筹教师专业发展，将教师专业发展纳入学校总规划。在规划中，整合分布于不同部门的教师发展职能，形成完整的组织框架、协调机制和工作流程，并以制度形式予以规定，避免出现多头领导、各自为政等现象。第四，协调学校教师专业发展的机构。如与人事部门、信息中心、教务部门、教师发展中心等组织积极沟通。协调相关组织，并与教师一起，为打造具有共同愿景、积极进取的教师专业发展氛围而努力。

---

① 雷励华. 技术扩散背景下教师专业发展生态研究 [D]. 华中师范大学，2017.
② 曹如军. 人工智能时代教师教育培养目标：坚守与变革 [J]. 高教探索，2021（1）：51-56.

智能时代，校长的领导力、信息化领导力在学校发展中发挥极大作用。校长领导力是校长领导才能发挥作用的过程[①]，是学校组织支持的核心部分。08-O-02-Z（初中，校长，语文）教师在访谈中谈到："校长是一所学校的核心人物，校长的教育理念、价值观深度影响学校教育教学的设计、推进及成效"。在访谈中，普通教师也关注"校长领导力"，提及校长领导力的高达14人次，说明"校长领导力"受到基层教师的关注。作为校长应实施分布式领导。美国发布的《国家教育技术规划》提出，领导是广泛分布的[②]，领导者增量和领导活动是分布式领导的核心理念。领导者增量具有两层意思：一是担任领导职位的领导者和在特定任务中实际发挥领导作用的个体都可作为领导行为的主体，如骨干教师或者项目负责人等；二是要对领导者数量增加和领导者之间协同增效给予同等关注，原因是任何领导者不可能在所有任务面前都能发挥绝对高于他人的领导力。领导活动分布于任务中，是在领导者、被领导者和任务情境互动中发生作用。同时，领导活动效果是对任务完成带来的实际成效进行评价[③]。由此可见，智能时代的校长领导力呈现了新的变化，校长也要注重实施分布式领导，为能在特定任务中发挥领导作用的骨干教师及项目负责人赋能，以促进教师的全面发展。

为保证教师专业发展的正常运行，学校可设置教师专业发展领导小组，并聘请专家团。教师专业发展领导小组属于行政机构，以组织和推进教师专业发展为目的，人员构成有校长、负责教师专业发展工作的职能部门负责人、为教师专业发展工作提供支持的职能部门负责人、实施教师考核评价和职称评审等部门的负责人。另外，学校要遴选部分优秀校友、为学校教育教学提供支持的企业负责人参与到教师专业发展领导小组中来，让其在环境设计、课程设计等方面提供建议。一般来说，校长办公室、教务部门、人事部门、教师成长中心、总务部门以及信息资源中心等的负责人都属于学校教师专业发展领导小组成员，其中校长办公室是协调处理学校事务的机构；教务部门负责教育教学，还承担部分教研和组

---

① 张猛猛. 反思：初任校长领导力提升的关键—以《一个小学校长的日记》为中心的考察[J]. 教育理论与实践，2018，38（26）：6-9.
② Office of Educational Technology, US Department of Education. Reimagining the role of technology in education: 2017 National educational technology plan update [EB/OL]. (2017-01)[2020-02-12].
③ 冯大鸣. 分布式领导之中国意义[J]. 教育发展研究，2012（12）：31-35.

织教师教学竞赛的职责；人事部门统筹教师相关事宜，负责教师的师德师风建设，还承担教师入职、职称评审或者部分培训职责；在中小学，教师成长中心还在逐渐地成立和规范中，主要负责教师职后发展、教师竞赛等；总务部门负责学校的建设、整体规划等；信息资源中心主要负责学校与教育信息技术相关的工作，协助建构智能管理，协助教育信息技术与课程融合，以及教学资源的收集、整理，平台的维护等。具体来说，教师专业发展领导小组有以下职责：第一，形成和审议教师专业发展学校支持的决议、组织机构和相关制度；第二，提供环境支持；第三，审议教师专业发展结果和教师专业发展的学校支持结果。

本书所指的专家团是学校为促进教师专业发展而建立的专业机构。这一机构不具备行政职能，隶属于指导者层面。专家团的人员构成除了校长外，还需要聘请校内外的教育专家和学科专家等。专家团的职责是指导和审议教师专业发展的相关政策、制度，保证科学性，审议教师专业发展结果等。

（二）制度支持

教师专业发展是动态、持续的过程，需要有一套系统的、完整的制度体系作为保障。正如道格拉斯·诺思所说："制度是一系列被制定出来的规则、服从程序和道德、伦理的行为规范，具体说来，涵盖道德和伦理的行为规范、基本的行为规则等"[①]。学校是承担教师专业发展，特别是教师职后培训的主要场域。学校以教师职业生涯阶段理论和赋权增能理论为指导，研究教师群体特征及学校支持政策等，制定涵盖全员成长的制度及方案，激发不同层面的教师开展合作。目前，教师专业发展的学校支持制度主要包括以下几方面：第一，学校正式发布的相关政策及规范，这些称之为正式制度；第二，学校约定俗成的习惯和规则等，也可以称之为非正式的制度，是学校内部形成的习惯，得到学校成员的认同等；第三，有些处于正式与非正式之间的制度，实际发挥一定的作用。

学校要变革权力关系格局，打破已有的以层级为主的科层制，建立合作、包容的学校组织文化[②]。在制度设计过程中要开创多种渠道，激励教师以主人

[①] 道格拉斯·诺思. 经济史中的结构与变迁[M]. 陈郁，罗华平，等，译. 上海：上海三联书店，1994：317.

[②] 李洪修，张晓娟. 学校制度中教师课程权力的实现[J]. 教育研究，2019，40（05）：60-67.

翁的身份参与其中，给予教师表达自身愿望的机会，激发教师的爱校热情。征集方式要多元化，可以采用广播、座谈会、问卷调查、公示等方式。在具体制定时，可以让职责不同的部门起草制度，最终由学校统一组织定稿，并下发执行。

学校支持的教师专业发展制度有以下作用：第一，制度的制定对智能时代学校支持教师专业发展的行为给予了规范。制度的发布促进教师了解专业发展的总体要求。第二，制度引导教师行为，具有导向功能。制度在某种程度上，起到告知教师行为规范的作用，比如制定《智能时代教师职称评审制度》，该制度有助于教师了解不同职级的教师需要达成的标准，有助于教师有计划、有步骤地结合自身职业特点进行规划。总而言之，学校的教师专业发展制度可进一步激励教师的专业发展，为教师提供动力，有助于教师形成身份认同感，激发教师的积极性和主动性。基于这一认识，学校要根据实际情况，制定和完善相关制度。

1. 职称制度

《国家中长期人才发展规划纲要（2010—2020年）》指出，职称制度包括专业技术职务评聘、职业水平评价、职业准入三种内涵。专业技术职务评聘是用人单位对员工进行人事管理的制度。用人单位是实施主体，以岗位任职条件、工作业绩和资历对人员进行评价，属于对专业技术人员的职位和岗位的评价。随着社会的变革，对专业技术人员的标准有了新的要求。在此，用人单位根据需要对专业技术职务的标准进行论证，并在一定程度上公开，最后以制度层面进行规范。职业水平评价的实施主体是行业组织和社会组织，是指专业技术人员具有的职业水平。专业性标准是专业技术水平的评价标准。智能时代，对教师专业发展水平的专业化要求更高，对智能时代的专业技术人员的评价标准要做出调整，以适应需求。职业准入的实施主体是国家，职业准入属于职业资格制度的范畴，是从事职业的资格标准，评价标准是从事职业的起点标准。

我国中小学教师职称制度是关系中小学教师切身利益的关键制度。教师职称制度自建立以来不断发展和完善。截至目前，我国教师职称制度经历了三个阶段，即确立和探索、改革试点以及改革全面实施[①]。国家研究教师职称改革，发

---

① 李廷洲，陆莎，金志峰. 我国中小学教师职称改革：发展历程、关键问题与政策建议[J]. 中国教育学刊，2017（12）：66-72，78.

布职称制度改革的指导意见，并在全国进行职称改革。这一举措落实了《中华人民共和国义务教育法》的相关规定，深化了中小学教师职称制度改革。有研究指出，我国职称制度改革是以社会和业内认可为核心，以能力和业绩为导向所构建的评价机制；中小学教师职称制度改革要健全制度，扩展发展通道，优化评价标准，创新机制等[1]。但需要指出的是，目前职称评审仍存在不少问题，比如制度存废、职称内涵理解不到位、职称评审与岗位聘用之间的关系尚未厘清等。智能时代对教师专业发展提出了更高的要求，如何体现智能时代职称评审的特色是保障职称评审成效的关键。中小学教师职称评审要针对智能时代的特点，依据"赋权增能"的原则，设计多元化的职称评审方式。具体来说，应遵循以下原则：其一，以发展的眼光制定中小学教师职称制度；其二，制度的制定要为教师赋权，让教师参与整个职称制度的设计，以提升教师的共识，发挥职称制度培育教师的职责。

2. 评价制度

教师评价是确保和提升教师队伍质量的一个非常重要的途径。美国斯坦福大学教授李·舒尔曼提出，教师评价是在教学情境中对教师的实践智慧进行评价；教师评价要通过观察教师的专业实践来获取，要超越传统的纸笔测验；评价者要在教学情境中，运用专业判断实施评价，同时重视判断并不意味着失去客观，要重视教师间的相互学习，善用教师表现性评价[2]。由此，智能时代建构合理的教师评价体系，有助于促进教师专业发展。教师评价一般来说由教师成长中心和教务部门负责。随着"管、办、评"制度的出台，负责教学运行的教务部门逐渐作为协同者参与评价工作。

当前教师评价普遍存在目的缺失或模糊、目的与手段不匹配以及结果运用明显偏差等问题。基于教学的专业属性，教师评价本质上是对教师的专业实践进行评价，属于实践评价范畴[3]。在教师评价制度和标准制定中，学校赋予教师参与权和知情权。教师参与其中，一方面可以为制度和标准制定提供意见，另一方面在制度和标准出台后，教师对其认可度变高。评价具有导向功能，实施评价有助

---

[1] 人社部教育部印发指导意见全面推开中小学教师职称制度改革，中小学教师将可评正高职称[J]. 教育发展研究，2015，35（18）：34.

[2] 周文叶. 教师评价：评什么和怎么评——访斯坦福大学李·舒尔曼教授[J]. 全球教育展望，2020，49（12）：3-12.

[3] 周文叶. 试论"学为中心"的教师评价框架[J]. 教育研究，2021，42（07）：150-159.

于教师根据评价标准进行自我反思,在反思中将自身教学热情和专业自主能力激活,从而提升专业水平。

教学评价是教师评价中最核心的部分,也是我国新时代教育评价改革的重要组成部分。从学校组织层面来说,研究教学评价,制定合适的指标体系,有利于教育教学的顺利开展,提升教师和学生的成效。

(1)教学评价的理论基础及意义

教学评价以发展性评价理论为指导。发展性评价理论于20世纪80年代由英国倡导,旨在促进教师差异性发展和学校整体性发展。发展性评价是根据教师自身素质和在现实工作中的表现进行评价。四十余年间,国内外学者做了大量研究,我国学者杨建云的成果具有代表性。杨建云教授认为教师发展性评价是把教师评价从管理手段转变为专业指导,旨在唤醒教师的内在发展需求,通过评价来支撑教师专业成长。在评价过程中,教师全程参与评价,发挥主体性;评价双方以平等的状态进行有效的对话和互动;全方位地收集教学评价信息,实施全过程评价[①]。实施发展性评价的目的不仅是要对教师的教学水平进行评估,更重要的是要收集教学问题,诊断教学问题,并解决教学问题。换言之,发展性评价的实施是以教学过程中出现的问题为导向,运用评价这一手段,促进教师自我评价和反思,以激发教师内在动力,进行自我调整与自我完善,不断提升教育教学水平,从而真正提升教育水平。

除了发展性评价,笔者认为增值评价也应该被广泛关注。增值评价源于20世纪80年代,由威廉·桑德斯教授及其团队创立,而后在美国大量运用。增值评价强调了对努力程度和进步发展的测量[②]。增值评价一般分为三部分:第一,学校于某一时间段对学生成绩进行跟踪,了解学生在这一时间段内的学业变化;第二,对学生学业成绩影响的净效应进行考察并记录;第三,充分考察学校或者教师效能,对教师实施科学、客观的评价[③]。公平性是增值评价最突出的优势,采用增值评价能够公正地测量出教师对学生成绩的影响。教师年度绩效考评时用增

---

① 杨建云,王卓. 论我国发展性教师评价的实质[J]. 教育科学,2005(01):14-16.
② 郑智勇,宋乃庆. 新时代基础教育增值评价的三重逻辑[J]. 教育发展研究,2021,41(10):1-7,17.
③ Sanders,William L,Horn,Sandra P. Research Findings from the Tennessee Value-Added Assessment System(TVAAS)Database:Implications for Educational Evaluation and Research[J]. Journal of Personnel Evaluation in Education,1998,12(3):247-256.

值评价的结果作为依据，可以保证教师评价的公平性。同时，对于生源质量较差的学校，运用增值评价，可以促进学校进一步关注学生的进步，以促进学生质量的提升[1]。增值评价过程中，要关注形式多样的科学数据，运用统计方法对数据进行分析，分析学校中影响教师成长的内部因素，后分解因素并罗列、剖析各个因素在教师成长中所发挥的作用[2]。

综合来说，教学评价除了具有导向作用外，还可提升教学质量、激发教学热情。学者Iwanicki等认为有效的教学评价要建立健全反馈机制，这一机制旨在体现奖惩性目的和发展性目的，最终促进教师水平[3]。学者McGreal等则提出，改进教与学的质量是教学评价实施的最终目的。因此，学校要引入竞争，通过教学评价来实现教师绩效区分，促使教师队伍优胜劣汰[4]。自2009年我国义务教育阶段教师实施绩效工资制度以来，我国中小学普遍的做法是实施"倒推法"。倒推法就是以教师评价结果作为绩效工资发放的基础，将教师评价与绩效工资制度挂钩。同时将结果作为年度考核、职称评定的重要依据[5]，以有效、科学的评价激发教师教学热情。

（2）评价内容及形式

了解了教学评价的理论基础和意义后，我们还需要厘清以下问题：谁来评？对什么实施评价？用什么样的手段和方法进行评价？谁来评，是对评价主体的回应。一般来说，智能时代的评价主体多元，包括学生、专家（含智能专家）、教师个体以及管理干部等。

对什么实施评价，也是回答评价什么这个问题，在此主要指评价的内容。第一，评价教师的课堂教学。这是教学评价的主战场，内容包括：课前评价，集中在教师的教学设计、资源选择（含数字化资源选择）上；课中评价，包括课堂教

---

[1] 胡咏梅，施世珊. 相对评价、增值评价与课堂观察评价的融合--美国教师评价的新趋势[J]. 比较教育研究，2014（08）：44-50.

[2] OECD. Measuring Improvements in Learning Outcomes：Best Practices to Assess the Value-added of Schools [M]. Paris：OECD Publishing，2008：1-8.

[3] Covino，Eric A，Edward F，Iwanicki. Experienced teachers：Their constructs on effective teaching [J]. Journal of Personnel Evaluation in Education，1996（1）：325-363.

[4] McGreal，Thomas L. Successful Teacher Evaluation [M]. Association for Supervision and Curriculum Development，Alexandria，VA，1983：53.

[5] 蔡永红，林崇德. 教师绩效评价的理论与实践 [J]. 教师教育研究，2005（1）：36-41.

学组织、多元课堂方法运用、课堂教学互动、学生学习参与度以及学生掌握情况等；课后评价，主要是教师和学生的教学反思等。与传统的课堂教学评价不同，智能时代的课堂教学评价注重对数字资源的选择和运用，在教学方法选择、教学组织、教学互动以及学生掌握情况上都需要运用智能工具来达成。第二，评价教师成果。教师成果中有关学生成绩的部分，按照赋权增能理论进行数据采集。对学生成绩数据的采集要以两次以上的测试为准，采纳的学生成绩数据为两次之间的进步数据，这是相对值。有时候也会以学校所在区域的成绩百分比做对比，以百分比为基准比对学生成绩，而最终获得教师的成绩。第三，评价教学创新。对教师教学评价的重要衡量指标是教师在教学过程中是否运用了有利于学生成长的教学模式等。

智能时代，教学评价的数据收集方式更加多元。除了传统的"学生考试成绩""量表"测量外，评价方式还包括"观察""访谈""记录""收集作品""日志""教师自我反思""教师档案袋"等。同时，教学评价的数据选择也更加多元，越来越多的人倾向于将量化和质化结合起来，对量表等进行量化，辅以文本的质性研究，来准确、全面地评价教师。对评价数据的深度挖掘和科学分析，可提高评价数据的效能，提升教师教学水平。这种多元的评价方式比仅仅以学生成绩评价教师的方式更加合理。

（三）环境支持

1. 智能管理环境

智能时代，学校主要在学校治理和教学分析两方面运用智能技术，促进教育系统的变革。智能时代的学校管理要转型，一方面要运用智能技术对学校决策进行优化，另一方面也要促进管理的变革，使之更加高效、便捷。如在教学管理实践中，利用云计算、大数据等技术，采集学校教学数据，并进行检测和深度分析，了解教师专业发展的课程研修、研修者的课程选择及参与度等，及时发现问题，为学校优先治理提出建议，并提供数据支持学校的决策和管理，加强过程的科学化。

目前，学校管理还是以科层制为主。传统的班级授课制是工业时代的产物，在统一管理、标准化的教学中发挥了积极的作用，培养了符合机器大生产的产业工人，为社会进入工业时代提供了人力支持。但是在智能时代，班级授课制不能满足社会对人才的培养要求，要对其进行变革①。因此，学校教育要打破固化的组织形态，组织架构要实现扁平化管理，学制实行弹性化，为学生提供个性和精准的教育，促进学生自主发展，培养具有主体意识的健全公民。具体来说，要根据学生的学习能力组织学习；教学不是按传统的学期或者固定的课程结构进行，而是根据学生的个体需求，灵活安排；注重学段之间的衔接，不再按照现有的学制进行；充分尊重学生，鼓励学生自主管理，更多地参与到学校的组织管理中。同时，要运用智能技术实现学校、社区、家长的共同参与，构建多元融合的育人空间，促使学校从封闭走向开放②；学校管理要智能化，在学校支持教师专业发展中要对教师提供管理智能化的发展举措。

现如今，以AI为航标的"教育信息化2.0"将为学校教育业务管理、政务服务、教学管理等工作提供教育管理信息化方面的支持。《中国教育现代化2035》和《教育信息化2.0行动计划》中，对形成现代化的教育管理与监测体系和教育信息化管理做出了明确要求，最终促进未来学校实行政策创新③。当前，学校治理运用智能技术处于起步阶段，各国对智能技术支持学校治理进行研究，但是相关产品还普遍较少。一般来说，运用智能技术进行学校治理，主要关注点在学校管理的业务流程方面，如学校招生和咨询、选课、职业规划、智慧校园等。目前，中美两国也在尝试将智能技术与学校教育结合起来，并取得一些成效。在我国，科大讯飞开发了智能分班排课以及智能升学和职业规划；中国电信设计了基于人脸识别的教学评价服务，也开发了智能评课系统；百度建设了智能图书馆，同时也设计了智能升学规划系统；腾讯开办了智慧学校等。美国将技术运用在学校治理方面，设计了家校沟通系统、考试系统，建设智慧教室等④。

---

① 曹培杰. 未来学校的变革路径——"互联网+教育"的定位与持续发展［J］. 教育研究，2016（10）：46-51.
② 曹培杰. 未来学校的变革路径——"互联网+教育"的定位与持续发展［J］. 教育研究，2016（10）：46-51.
③ 杨欣. AI时代的未来学校：机遇、形态与特征［J］. 中国电化教育，2021（02）：36-42，67.
④ 杨俊锋，包昊罡，黄荣怀. 中美智能技术教育应用的比较研究［J］. 电化教育研究，2020（08）：121-128.

2. 智能教学环境

智能时代，要求教师在智能的教学环境中开展教学。学校组织负责对智能教学环境进行调研，了解现状并确定需求，在此基础上进行整体规划和设计。智能教学环境主要由总务部门、教务部门和信息资源中心统一规划，在此主要指的是建立智慧校园，投入使用智慧教室，营造数字化、信息化的学习环境。

学校建设智慧校园，可为师生提供个性化服务，为各个相关环节提供网络通信，保障无缝互通。智慧校园建设的特点就是通过技术来感知校园物理环境和教学环境，对学习情境进行识别、分析和评价。总体而言，智慧校园为师生营造了开放的学习环境，也带来了便利的生活环境。智慧教室是智能教育必备的硬件条件之一。智慧教室的建设变革了课堂教学结构，促进了教学质量的提升。在目前的教学实践中，人脸识别、情感计算、大数据分析等新技术，已经被大量地运用在智慧教室上，在传感器和媒体终端的支持下，传统的教室升级为智慧教室。因此，智慧教室应在以下五个方面优化和提升，即呈现教学内容、管理学习过程、获取学习资源、课堂教学互动以及情境感知与检测等[1]。

学校也要对学习环境进行设计，使之适合个性化学习。智慧学习环境由四部分构成，即智能工具、学习资源、学习社群和教学社群。智慧学习环境要充分考虑学习者的学习方式和教师的教学方式。换言之，统一、笼统的智慧学习环境并不存在[2]。有学者研究未来学校，提出学校固化的学习模式和以班级学习为主的组织模式将被打破，强调实施灵活的教与学。智能时代，学校开设的部分课程是相对集中的，是由学校统一组织，采用共同学习的形式进行。另外有个性化的学习活动来满足个性化要求，促进学生潜能的发挥。智能时代，学校强调培养个性化学习，不是对简单知识技能进行个性化培养，而是要在学习过程中给予培养和强化[3]。

---

[1] 黄荣怀，胡永斌，杨俊锋，等. 智慧教室的概念及特征[J]. 开放教育研究，2012，18（2）：22-27.

[2] 黄荣怀. 智慧教育的三重境界：从环境、模式到体制[J]. 现代远程教育研究，2014（06）：3-11.

[3] 张生，曹榕，陈丹，等. "AI+"时代未来学校的建设框架与内容探究[J]. 中国电化教育，2018（05）：38-43，52.

二、教师成长中心

教师成长中心是舶来品，兴起于20世纪60年代的西方高校。1962年，美国密歇根大学创建的教师发展中心是全美第一个教师成长中心，旨在促进教学能力提升，有效开展教学[①]。该中心从学校、院系及教师三个层面建立了良好的组织关系网络，在构建组织关系网络的过程中充分遵循了服务为先、科研辅助服务的发展战略，满足不同层次用户的多样需求，并采用跨部门通力合作的方式，保证了工作的有效性[②]。

我国学者赵炬明等提出教师成长中心在支持教师成长方面发挥了积极作用。在以学为中心的改革中，教学成长中心是新理念、新思想、新实践的发源地[③]。学者吴薇等也认为教师发展中心的使命可以引领方向，提供智能支持，营造文化氛围[④]。学校要对教师成长中心进行深度研究，从政策、资源、人力以及项目等方面给予支持，让教师成长中心变成以学为中心的动力站，引爆以学为中心的改革。

（一）我国教师成长中心发展历程

2012年10月，教育部高等教育司出台文件，批准厦门大学教师发展中心等30个国家级教师教学发展示范中心成立。围绕本科教育教学改革和提高人才培养质量所需成立的国家级教师教学发展中心，完善了教师教学发展机制，旨在提升教师教学水平，同时对教师成长中心业务也做了具体要求，即对教师开展培训、提供教学咨询、改革教学以及评价质量等。教师成长中心自建成以来，发挥了积极作用。但是对教师成长中心的命名，每个学校说法不一，有的学校命名为教师成长中心，有的命名为教师教学发展中心。命名的不同，其工作职责存在一定的差异。命名为"教师成长中心"，其工作职责是负责教师教学、科研以及品德等各

---

① Committee on Improvement of Instruction. Proposal for a Center on University Teaching [Z]. Ann Arbor: Bentley Historical Library, 1961: 3-5.
② 屈廖健. 美国密歇根大学教师发展中心组织关系网络的构建与启示 [J]. 高教探索，2017（12）：71-75.
③ 赵炬明，高筱卉. 赋能教师：大学教学学术与教师发展——美国以学生为中心本科教学改革研究之七 [J]. 高等工程教育研究，2020（03）：17-36，42.
④ 吴薇，朱乐平. 澳大利亚八校联盟教师发展中心使命研究 [J]. 江苏高教，2016（02）：12-16.

方面的全面发展。而"教师教学发展中心",主要职责是负责教学上的成长。

对中小学来说,教师成长中心还处于探索和建设阶段,目前不少县级教师成长中心承担了发展教师的职责。有学者对县级教师成长中心进行了深入研究,指出其在教师专业发展中发挥了积极作用。2012年,江苏省对国家级示范性县级教师发展中心进行评估,要求通过整合各区、县教师进修学校等资源建立教师成长中心,提升区域教学,提高教师专业水平[1]。也有学者提出成立中小学教师成长中心是为了解决教研、科研等问题。也就是说,管理部门通过信息技术整合学校职能,以追求资源集约化,旨在发展最大效能,提升教师专业水平,实现区域基础教育优质均衡发展[2]。

(二)教师成长中心的职责及目标定位

中小学的教师成长中心,是从教务部门、人事部门或者信息资源中心划分出来,职责和运行处于亟待厘清的状态[3]。调查结果显示,"教师成长中心支持"在"学校组织支持"与"教师个体意愿和行为"之间发挥着中介作用,但具有显著的负面影响,这与国内外大力成立教师成长中心的现实不相符。

构建教师专业发展的目标定位是教师成长中心有效运行的关键。应按照学校目标,结合教师专业发展现状和需求,确定教师专业发展目标,为全校教师发展做顶层设计。教师专业发展目标定位需考虑以下要素:第一,学校目标和教师专业发展定位。国家对中小学人才培养的要求是"培养五育并举的人才",五育并举是我国教育改革的重要前提。对于中小学来说,学校在国家培养目标之下,制定学校目标。而教师作为教育教学改革落实者,其发展水平与人才培养和学校发展息息相关。由此,在进行教师专业发展的顶层设计时,要依据学校目标来制定。第二,结合学校目标,在赋权增能等理论指导下,明确教师专业发展的功能。智能时代中小学教师专业发展要培养教师的以下能力:"立德树人"、教育教学能力、教师技术应用的水平和能力、教师教学研究能力。第三,在了解学校需求,清楚教师专业发展现状的情况,确定学校支持的教师专业发展目标后,最

---

[1] 王跃辉,吕萍. 区域教研如何引领教师开展理论学习[J]. 人民教育,2013(20):45-47.
[2] 徐伯钧. 教科研训一体化:县域教师发展中心的功能融合[J]. 教育理论与实践,2015,35(11):31-33.
[3] 庞海芍,何玫,刘卫民. 大学教师职业生涯规划研究[J]. 中国青年研究,2009(06):55-58.

终形成专业发展方案。该方案应为教师发展做全面、科学的规划和设计，是教师专业发展的灵魂。

（三）教师成长中心的人员及组织网络

1. 教师成长中心的人员及其职责

教师成长中心的人员包括中心主任以及落实培训、咨询、竞赛等职责的工作人员，也包括聘请的教师专业发展专家团。

教师成长中心主任是教师专业发展的核心人物，负责落实学校教师专业发展的任务、制定学校各级教师专业发展的方案，并负责实施和组织评价、整合校内外教师专业发展的资源，协调校内外教师专业发展的相关人员（专家、管理人员及教师）。对于中小学教师成长中心主任的遴选，要遵循以下原则：其一，是学科领域或者教育学、教育心理学领域的专家，对学科、教育教学、教师管理以及教师专业发展等有着深刻的认识和独到的见解；其二，具有较高的学术水平和沟通协调能力。一位合格的中心主任，有助于教师专业发展工作的有效开展，能为学科组以及教师提供适切的支持。

教师成长中心工作人员落实中心主任布置的各项工作，为教师提供具体支持。中小学教师成长中心的工作人员必须满足以下条件：其一，具备良好的教育教学水平。其二，具有较强的教学研究能力，能运用科学的手段研究智能时代中小学教师专业发展的内涵、组织活动和开展评价等。其三，具有较强的信息素养，能够根据智能时代学生发展的特点及教学组织的现状，开展智能时代教师所需的培训活动。其四，具有较强的评价能力，即科学的评价设计、评价组织和评价数据分析的能力，保障专业发展水平，为顶层设计提供智力支持。对比学校层面的专家团，而教师成长中心的专家团的职责存在差异。学校层面的专家团，对整个学校发展和教学改革保驾护航。而教师成长中心的专家团，其工作重点是全方位支持全校教师专业发展。学校教师专业发展成效在某种程度上取决于教师专业发展中心的专家团的水平，也就是说专家团在提供咨询、指导、服务与支持等过程中的成效至关重要。

2. 教师成长中心的组织网络

美国密歇根大学的学习与教学研究中心是目前比较成熟的教师成长中心，建有比较发达的组织网络，形成了固定的组织模式，学校教师针对组织网络与院系管理层定期沟通，以了解各方的需求，并寻找合作点。此外，还与学校信息技术中心、图书馆等机构互通有无，利用各自资源共同策划项目，从而提高效率，避免重复工作①。

由于教师成长中心源于西方的高校，因此，我国中小学的教师成长中心，可在参照西方高校教师成长中心建设和发展经验上，结合我国现状，从智能时代这一背景出发，构建教师专业发展组织网络，助推教师专业发展工作。教师专业发展组织是教师专业发展规划的具体实施者，为保证教师专业发展工作有效运行，要建立组织工作网络。笔者认为教师专业发展组织网络应涵盖学科组、图书馆、信息资源中心、教务部门以及教师专业发展的专家组等。

教师成长中心主任则应从以人为本的新教育理念出发，通过其专业的权威性来影响和吸引教师，促使教师由里及外地主动接受并积极参与各类培训活动和提升项目。只有从外在和内在两个方面着手，才可以取得好成效，共同推进教师全面发展。因此，应处理好两者的关系，确保各司其职。教师成长中心和教务处相比，从现状来看，二者均是为教学提供服务的机构，但是又存在差异。一般来说，教师成长中心负责教师的专业发展，属于专业技术机构。教务处负责正常的教学运行，属于行政机构。教师成长中心侧重于对教师教学、专业成长等实施专业的指导，教务处负责教学管理层面。二者可针对教师专业发展工作进行讨论，以及协作、互动，可以促使各自发挥职责，提升教师专业发展及学生水平。

学科组是教师所在的基层组织，是与教师成长中心联系比较紧密的部门。教师成长中心与学科组之间是互相支持的关系：一方面，教师成长中心为学科组的教师成长承担发展职责，为学科组的教师成长服务，比如设计符合需求的教师发展项目等；另一方面，学科组通过组织管理以及活动的开展，将教师在专业发展项目中的所学进一步固化，促进教师提升专业发展水平。

在教师成长中心内部还有具体的组别，承担不同的任务。对于组别的划分，学校之间存在差异，但是教师教学发展组是每个学校一定要设置的。教师教学发展组的工作是提升教师教学水平，开设的项目涉及工作坊、教学咨询、研究指导和评价等。同时全程开展调查研究，了解教师需求及成效等，以制定更加优化的

---

① 徐延宇. 美国高校教师发展浅析——以密歇根大学学习和教学研究中心为案例 [J]. 比较教育研究，2011，33（11）：81-85.

项目。

（四）教师专业发展制度

1. 教师职业生涯规划制度

目前，针对高校教师和大学生的职业生涯规划探讨得比较多，而针对中小学教师的较少。教师职业生涯规划是指教师个体根据学校发展目标和自身意愿，分阶段对自己的职业发展进行预设，对发展目标、发展内容、发展途径等进行详细规定，旨在提升教师个体的专业发展水平。如前所述的学者费斯勒的教师职业生涯发展周期模型中，将教师职业生涯划分为8个周期，本书在此模型基础上，针对我国教师专业发展现状，构建了智能时代中小学教师职业生涯发展的5个阶段，即入职发展期（5年）、能力建构前期（6~10年）、能力建构后期（11~15年）、职业稳定期（16~25年）以及职业消退期（26年后）。学校赋权教师的重要举措，就是在全校范围内对教师的职业生涯进行规划。教师职业生涯规划有助于协助教师设定职业发展的目标，促进教师对影响职业生涯的因素进行深度思考。学者覃玉荣提出，职业生涯规划是终身学习理念下提出的新要求，是由教师的职业特点所决定的[1]。智能时代，多元社会对个体提出了多元的要求，对于教师群体来说，要树立终身学习的意识，教师职业生涯规划正是终身学习的一部分，其顺利开展有助于养成终身学习的习惯。

入职初期的教师，需要教师成长中心、学科组等组织，协助其全面了解学校及自身职业，并做好科学的职业生涯规划。目前，学校对教师职业生涯规划的重视程度存在差异，部分学校的重视程度远远不够。但学校组织只是影响教师职业生涯规划的一部分，理论和实践表明，教师职业生涯受到组织、个人认知、外部偶然性因素以及家庭等多方面的影响，核心因素是个人认知。教师个人要充分重视职业生涯规划，变被动规划为主动规划；要准确定位自身发展，对自身理想、兴趣、能力、个性、特长等进行客观评价；还要将个人目标与国家与学校发展结合起来，了解国家发展和学校发展需要。

职业生涯规划制度可激发教师动力。心理学家研究发现，在教育教学中，在没有激励的情况下，教师的潜能只能发挥20%~30%，但若学校给予鼓励和支持，

---

[1] 覃玉荣. 终身学习与教师职业生涯发展[J]. 中国教育学刊，2015（S1）：255-256.

则可以将80%~90%的潜能激发出来①。所以学校要建立奖励制度，包括物质激励和精神鼓励，并不断完善，充分发掘教师潜能。特别是针对不同生涯阶段的教师，要采取不同的激励机制，帮助教师成长。

智能时代，教师的职业生涯规划呈现了新的特点，因此在进行规划时需要关注以下方面：第一，教师职业生涯面临更多的挑战，要充分考虑"智能"因素；第二，要研究如何让智能工具帮助教师有效地认识自我并实施测评。综前所述，科学的职业生涯规划制度是促进教师专业发展的有效途径，有助于打造专业化教师队伍。对教师进行合理、科学的职业生涯规划是有效促进教师专业发展的前提②。

2. 教师职后专业发展制度

教师职后专业发展的主要场域是学校。教师发展中心是教师职后专业发展的落实机构。教师职后专业发展制度是在充分调研的情况下，按照职业生涯阶段理论、赋权增能理论，结合我国现实，制定惠及全校不同发展阶段的教师的专业发展制度。教师职后专业发展制度涵盖以下方面：

（1）新教师校本研修制度

教师入职后1~3年，被认为是教师专业发展的关键期。一般来说，大多数中小学教师在入职前，除了受到学科专业的训练，也修习了师范教育的相关课程。但就现状来看，大多数教师入职后的教学实践并不能达到学校的标准。因此，学校教师发展中心要根据智能时代的教师专业发展特点及学校发展目标，组织新教师培训，设置不同层次的研修项目，见表6-1。

表6-1 新教师校本研修项目

模块	项目名称	项目形式
理念篇	教师的职业认知	报告、工作坊
	智能时代教师的教育教学	报告、工作坊
设计篇	智能时代的教学设计	工作坊、教学示范

---

① 布鲁斯·伯比顿. 员工激励［M］. 刘燕春，陈舟平，译. 北京：中国标准出版社，2000：32.

② 张斌，陈萍. 中小学教师职业生涯规划与专业发展调查研究［J］. 中国教育学刊，2014（07）：74-79.

续表

模块	项目名称	项目形式
学生篇	学生发展、学生学习	工作坊
方法篇	混合式教学、翻转教学、平台使用	工作坊
教学基本功	语言表达、教学媒体使用、教学评价	工作坊

（2）专题项目工作坊制度

专题项目工作坊是针对全体教师。研究得知，影响教师专业能力提升的因素涵盖教师自主学习的意愿、同伴之间的互助以及外部专业力量有效引领。外部专业力量有效引领在拓宽教师视野等方面发挥着积极的作用，专题项目工作坊是比较常见的外部专业力量。一般来说，工作坊的专家，部分是校外在某一领域做出深入研究，能启发思维、引领发展的学者。也有部分专家来自校内，在某方面做出了一定的成就。专题项目工作坊以学期为单位进行规划[①]，每学期初设计工作坊项目，不定期对工作坊的实施进行总结，对项目进行调整，同时根据国家和学校年度工作重点设计新的项目。专题项目工作坊主题的确定，要依据以下几点：第一，在文献研读、问卷调研以及访谈基础上，结合学校年度目标及教师专业发展实际，确定专题培训；第二，确定专题模块，了解需求；第三，发布研修项目，组织培训；第四，完成培训评价，组织反思及后续工作。专题研修项目的确定及组织，必须遵循以下原则：第一，问题导向原则，针对存在的问题开展研修，协助解决问题，并形成学习共同体；第二，系统性和连续性原则，项目和项目之间，要存在一定的关联，保证教师专业发展的系统性，同时循序渐进，注重研修项目之间的连续性。

（3）教学研究制度

教学研究制度也是针对所有教师。随着教育教学改革的推进，教学研究受到更多关注，然而中小学的教学研究相对较弱。2019年10月，《教育部关于加强新时代教育科学研究工作的意见》出台。该文件提出，教育科学研究对教育改革发展具有重要的支撑、驱动和引领作用，是教育事业的重要组成部分。以学校为

---

① 吴薇，陈春梅. 英国大学教师发展中心的特点及启示——以伦敦学院大学、伦敦皇家学院和牛津大学为例[J]. 高教探索，2014（03）：53-57，64.

本，以教师为主体的教学研究即"校本教研"。近年来，国内外教育界都重视校本教研。校本教研是以学校教育教学中的问题作为研究主题，本校教师是开展教研的中坚力量。校本教研的推进，有助于解决学校中的教育问题，是教师专业发展的有效路径；有益于教师之间的互助和自我反思，从而形成良好的学习氛围，促进教学质量螺旋上升。

智能时代，中小学教学研究呈现了新的变化，如智能环境的建设帮助教师采集到更多的信息。分析智能技术带来的海量数据，有助于研究者和实践者更加科学、精准地找到问题。学者李淼浩等对基于数据的校本教研助力教师专业发展进行了研究，提出教师可以分析课堂教学智能录播系统，分析录播系统显示的行为、模式和课堂效率三个维度后面的原因；具体程序为：教研员初步评课，智能录播系统处理自动收集的数据，并以标签的形式留下痕迹；通过比对智能录播系统中的数据，也可以分析出新手和优秀教师的差异、差异对学生学习成效的影响；自动生成的行为数据标签，比较了教师的教学过程、教学安排、教学掌控度等，有助于帮助教师开展教育教学等[①]。

由此可见，智能时代的教学研究要注意以下几点：其一，基于问题的教学研究。有学者认为，相较于非智能时代，智能时代教师教与学出现的问题发生变化。教学研究必须基于新的问题确定研究主题，并组织教学研究活动。其二，智能时代的教学研究趋向于信息技术与学科课程的融合。"融合"是智能时代的教学的特点之一。智能技术与课程科学融合是智能时代教学研究的一个重要话题。智能时代的教学研究要引导教师关注这一话题，并进行讨论和实践。合作是智能时代的教学研究必须正视的问题，有学者提出专业合作是教师专业发展的关键路径，可以拓展专业知识和经验，改进教师的教学实践，以及改善学生学习和学业成就，推动学校整体改革[②]。现如今，国内外都注重学习科学，对有效学习方法进行探讨。实践表明，越来越多的教育实践者认为基于研究的行动能够帮助实践者取得成效，达到自我发展。Susan Ambrose博士是美国知名的教与学研究专家，

---

① 李淼浩，曾维义. 基于数据的校本教研助力教师专业发展研究［J］. 中国电化教育，2019（04）：123-129.

② Jong L D, et al. School-based Teacher Collaboration: Different Learning Opportunities Across Various Contexts［J］. Teaching and Teacher Education，2019（86）.

她认为基于证据的研究驱动教师发展的改变，在这一理念下，教师将重点转移到研究学习科学上，改变了以往认为最好的实践方式是活动的理念[①]。

（4）组织方式及评价

教师专业发展的过程中，教师成长中心、学科组等机构均认识到要以项目为载体，通过组织各类的活动提升教师专业发展水平。非智能时代，专家报告是教师专业发展培训的主要方式。专家报告是专家以主题讲授的方式为学员授课。2020年后，线上培训逐渐被更多的学校认可，专家报告依然是教师专业发展培训的比较常用的模式，唯一有变化的是有线上报告和线下的区分。

除了专家报告外，混合式、个性化以及构建学习共同体等方式受到广大教师的欢迎[②]。其中，教师混合式研修是目前比较受欢迎的一种研修方式，特别是在2020年后，线上和线下混合式研修以其便利性，在教师专业发展中被大量的采用。

三、学科组

学科组是教师所在的基层组织，具体负责教师成长。

（一）学科组职责

在中小学，教师所在的二级组织有年级组、学科组等。由于学校及其建制不同，年级组和学科组承担的职责存在差异。一般来说，年级组有着非常明确的组织目标，是学校管理中的基层行政单位，属于任务型管理模式，有利于学校管理任务的落实。学科组是在同学科、同年级基础上组建的，是教学业务组织，是教学管理和教研中的纽带。学科组以科目为单位存在，如语文组、数学组等，同一学科的老师在组内开展备课活动，并负责协调该学科教学中出现的一些问题，以及承担教学情况的监控和反馈等。教师专业发展隶属于业务范畴，由此本书关注学科组。

（二）学科组为教师专业发展提供支持

教师核心的专业任务是开展学科教学。学科教学水平的高低也是体现教师专业发展程度的基础指标。在我国，教育部门一直注重教师学科教学水平的提升，

[①] 刘进，刘之远，Michael Sweet. 新教师发展中心筹建的理念、路径与模式——基于对美国东北大学教师发展中心的访谈［J］. 高教发展与评估，2017，33（02）：67-73，109-110.
[②] 杨俊锋，包昊罡，黄荣怀. 中美智能技术教育应用的比较研究［J］. 电化教育研究，2020（08）：121-128.

大量组织教学研讨活动,并定期开展活动。目前有关中小学学科教学研究已形成了一定的模式,被认为是促进教师专业成长的重要途径。除了上级部门组织的教学研究活动外,对教师专业发展支持最大、最有成效的方式是学校学科组组织的教学研究活动[①]。

1. 建立学科组制度

制度是确保运行的基本规则,学科组的发展也需要有明确、具体的制度保障。有些制度是按学校规定而制定,属于常规制度。有些则是随着学科组发展而制定的,旨在推进学校和学科组变革,以开展创造性工作。学者伍红林提出制度要有明确的正面价值取向,即突出对教师发展的引领性与激励性[②]。学科组作为教师发展的基层组织,其在负责教师专业成长、营造良好的氛围等方面发挥积极作用。智能时代学科组的运行和发展也呈现了新的变化:其一,教师与教师之间交互更加便利,线下交流、线上讨论以及各种平台让教师之间可以及时交流;其二,信息交流的便捷性让线下交互相对变少;其三,技术的发展使虚拟的学习空间在交流中发挥着积极作用。如何在虚拟空间中发挥引导作用,促进参与者深度合作,是智能时代学科组面临的机遇,也是挑战。具体的制度建设方面,学科组需制定的政策如《学科组关于落实教师职业生涯的方案》《教师参与学科组备课实施细则》《教师参加教学竞赛的方案》《教师参与教学研究细则》《教师外出学习细则》等。

2. 协助教师教学和研究

教学和开展教学研究是教师的职责。学科组负责人是该学科组内教师专业发展的设计者、促进者以及教学文化的营造者。教师参与学科组的教学研究,是教师专业能力增进的重要途径,有助于教师形成专业归属感。在此,学科组要做到教学研究问题化、选题系统化、研究制度化。学科组负责人要综合考虑科目发展、教师专业发展水平以及学生成长需求等方面因素,根据智能时代的特点,设计教师教学以及教学研究提升计划,并组织实施和进行评价,让每一位教师成为研究者,以提升教学和研究水平,促进学生成长。对于组内教师来说,活动及项

---

① 胡惠闵. 教师专业发展背景下的学校教研活动[J]. 全球教育展望,2006,35(03):52-56.
② 伍红林. 当代学校转型变革中的教研组建设[J]. 教育发展研究,2014,33(24):70-74.

目是载体。通过活动和项目的开展，教师之间开展深度合作，只有在分工协作中，教师才会取得共同的进步。

3. 搭建合理的信息交流平台

智能时代的教育文化与环境将更加开放、更加多元。目前信息的网络化使得教育资源流动加快，打破了传统封闭式的教育格局。技术不仅能将各教学要素链接起来，更能设计和开发具有较强临场感和强交互性的学习环境，使线上线下一体的学习情境成为常态，并基于不同类型学习者对环境的需要，构建个性化元素供学习者选择。学科组要依托技术，为教师搭建合理的信息交流平台，促进教师研修。搭建平台的途径及方式如下：

（1）定期与校内外相关负责人交流

学科组负责人和骨干教师要定期与校内专家学者及教师专业发展工作的职能部门负责同志沟通，共同商议如何为教师提供来自学科组层面的支持。学科组负责人定期从不同渠道听取教师对其发展的建议和诉求，为学科组支持教师发展提供依据和方向。学者组负责人要带领骨干教师与校内外专家学者进行交流，了解学科发展的最新动态、掌握教师围绕学科变化需在教学内容以及方法等方面做出的调整等。如带领教师参与校外大型学术交流会等，并鼓励教师在会上做研究报告，与兄弟学校交流学术。

（2）改造本地空间

现如今，部分学校通过技术实现了本地空间一体化，将学校设置的专门学科教室、教师教学空间、办公空间和学生的实验空间整合起来，通过技术实现链接，以提高教学的效果。另外有学校将大的空间实现切割，设计成为小的空间，以提高利用率[①]。比如，学科组基于教学研究主题搭建不同的学习共同体，并组织讨论和学习，如教学设计团队、教学方法团队，最后为这些团队设置不同的学习空间。智能时代，多功能化、专门化是本地空间的特点。

（3）搭建更大层面的信息空间

信息空间是运用智能技术搭建的虚拟空间，也可称之为线上空间或数字空

---

① 杨现民，李怡斐，王东丽，等. 智能时代学习空间的融合样态与融合路径［J］. 中国远程教育，2020（01）：46-53，72，77.

间。信息空间由各种学习管理系统、学习资源平台、社交网络平台等组成，借助网络优势实现信息互联。信息空间融合的方式有两种：其一是网络学习空间的一体化；其二是更新与交换信息。智能时代，学校基于远程直播技术来实现异地空间的链接，将教室、图书馆、实验室、阅览室等场所联系起来。信息空间的融合让学习链条更加完整，多平台学习统一成整体。由此，在有网络的情况下，信息空间里多个设备之间的信息可以同步共享，实现资源的多屏无缝切换[1]。教师在信息空间里，也可实现多样化、个性化的学习。同时，信息空间的交流有助于教师寻找更广泛和更深度的合作与交流。

四、教师个体意愿和行为

相较于非智能时代，智能时代对教师个体的知识、能力及行为的要求呈现了新的变化。

（一）智能时代的学生能力发展

有关智能时代需要发展学生的哪些能力，在第二章已经做了讨论。在文献研究、问卷及访谈基础上，本书提出智能时代要发展学生的思想品德、数据素养、学习能力、协作能力、交往能力、创造性以及批判性能力。随着智能技术的发展，大量重复性的低阶认知工作被智能机器逐渐替代[2]。在分工格局上，人与机器劳动进行重新调整。强调传统，注重记忆、简单认知和应用的这些低阶育人取向可以由机器人来完成。为了追求更加美好的生活，人们更期待合价值性及合意义，而不再仅仅满足于生产、生活实践的合规律性等。在此背景下，国家对人才的培养也提出了新的要求，要求培养智慧人才，旨在求真、求善、求美。智能时代课堂教学的价值选择就是智慧人才的培养。总体来说，智慧是作为育人目的，可以被解释为工具、价值及意义理性[3]。智慧人才以全面发展为取向，主张教学关注学生工具性、社会性及意义性的全面发展；主张教学关注培养学生归纳、批

---

[1] 杨现民，李怡斐，王东丽，等. 智能时代学习空间的融合样态与融合路径[J]. 中国远程教育，2020（01）：46-53，72，77.
[2] 陈琳，文燕银，张高飞，等. 教育信息化内涵的时代重赋[J]. 电化教育研究，2020（8）：102-108.
[3] 杨鑫，解月光. 智慧教学能力：智慧教育时代的教师能力向度[J]. 教育研究，2019（8）：150-159.

判、评价以及创造等能力①。

（二）智能时代的教师个体意愿和行为

智能时代，技术让世界"联通"，人才培养、环境都发生了变化。在教师个体意愿和行为方面，要从教师专业自主、品德与修养、信息化领导力等方面着手。综合以往研究及调查，智能时代教师必须注意以下方面：

1. 教师专业自主

教师专业自主是教师专业发展的重要内容②。国内外学者对教师专业自主做出了界定，但目前没有相对统一的定义。学者陈睿、雷万鹏的界定比较具有代表性，提出所谓"自主"，即独立自主、不受外界干扰，自主发展意味着主体能够依据自己的意愿独立发展、对自己的行为负责而不受外界支配；教师专业自主是指教师个体依据自身意愿发展自身，并产生个体行为；自主属于教师个体内在发展因素，自主发展可以将外在的专业发展因素转化为教师精神动力，并产生实际的行为③。教师走向自主是在批判传统的教师专业发展理论，以及消融个体自我与外在世界'二重性'基础上提出来的④。因此，智能时代教师专业发展要注重教师专业自主能力的引导和培育，在理念选择、制度设置等方面充分考虑教师的需求，以激发教师专业自主能力，最终促进教师专业发展。

2. 教师品德与修养

党的十八大报告明确提出立德树人是教育的根本任务，要培养德智体美劳全面发展的社会主义建设者和接班人。学校教育的关键和核心力量是教师。同时《教师专业标准》中提出师德为先、能力为重、终身学习是我国教师专业发展的基本取向。由于技术的发展，未来诸多低端的技术性职能将由机器人教师来承担。但是，学生的品德、人际互动以及心理等方面的疏导还

---

① L·W·安德森，等. 学习、教学和评估的分类学：布卢姆教育目标分类学修订版［M］. 皮连生，译. 上海：华东师范大学出版社，2008：20-29.
② 王菲. 国际教师专业自主研究的图景与趋势——基于WOS（1985—2020年）的可视化分析［J］. 比较教育学报，2023（03）：164-176.
③ 陈睿，雷万鹏. 高校教师专业自主发展的价值意蕴与实践路径［J］. 湖北大学学报（哲学社会科学版），2021，48（04）：166-173.
④ 李江. 走向自主：教师专业发展的必然选择［J］. 当代教育科学，2016（15）：22-27.

是必须由实体教师来承担。智能时代，品德教育呈现专业化，教师在育人上作用也越来越重要。比如在遇到学习、生活困境时，需要真实的师生交流和互动，而这些是技术和虚拟心理医生不能给予支持的[①]。由此，学校支持的教师专业发展要培养教师成为学生发展的引导者和促进者，教师本身要具有正确的人生观和价值观，热爱教师职业。学校的重要职责是将教师培养成心灵导师，作为教师必须自觉完成角色的转变，肩负心理疏导、交流等职责。

3. 智能技术与学科融合

教师专业性知识中，教学设计和对学习的分析是核心组成部分。智能技术可为教师提供基于模型的教学设计工具以及学习分析技术工具，以支持教师教学和教师专业发展[②]。

智能技术支持教师数字素养提升，使得教学管理智能化[③]。基于知识库和逻辑原则的计算与表征系统的人工智能，为知识生产做出巨大贡献[④]。人工智能支持多路径的信息输入，采集学习者在体验、实践、交互过程中的数据，对数据进行全方位、全过程采集，提供实时的个性化反馈与评估，有助于学习者自我认知的发展[⑤]。智能机器人运用在教学领域，可以实现精准教学、智能测评，在教学过程管理中运用大数据完成跟踪，以及人机协同等。

4. 引导学生自主学习

智能时代的教师角色发生了转变，从以前学生学习的指导者转变为引导者，即引导学生自主学习。因此在教师专业发展过程中，学校支持的教师专业发展要培养教师学习引导学生运用智能技术，促进学生进行个性化学习的能力；教师要

---

① 周文美，姚利民，章瑛. 未来学校2035：育人育心的泛在学校——问题、本质和建设路径[J]. 开放教育研究，2021（01）：55-64.
② 顾小清，舒杭，白雪梅. 智能时代的教师工具：唤醒学习设计工具的数据智能[J]. 开放教育研究，2018，24（05）：64-72.
③ 柳晨晨，宛平，王佑镁，等. 智能机器人及其教学应用：创新意蕴与现实挑战[J]. 远程教育杂志，2020，38（02）：27-36.
④ 张刚要，梁青青. 人工智能的教育哲学思考[J]. 中国电化教育，2020（06）：1-6，64.
⑤ 郭炯，郝建江. 人工智能环境下的学习发生机制[J]. 现代远程教育研究，2019，31（05）：32-38.

学会激发学生自主学习能力，实现终身学习。在学习组织层面，教师要灵活选用教学组织方式和服务方式，以适应学生学情和个性化需求。在学习过程中，对学生的学习活动实施指导和协作的是教师，教师要促进学习者深度学习。教师还要适时为学习者提供答疑、认知辅助和鼓励、激励等服务，同时注重给予学习者情感关怀，注重引领价值观等[①]。

智能时代的学习讲究"活学"，应摒弃传统的"死记硬背"式学习。对于学习者来说，"活"的知识的学习讲究的是理解知识，理解知识的价值、知识的性质、知识的逻辑、知识之间的关联，挖掘知识后面的蕴意。只有注重知识的活学，才有助于培养学生的自主学习。如何进行活的学习，学者认为要发现学习的意义，将知识与日常生活经验进行有机关联，把学习内容置于情境中[②]。活学知识的过程要进行严格训练。智能时代的交互更加频繁，与同伴之间的交互有助于建构新的知识。也就是说，在学习共同体中，教师要注意引导学生借助与同伴的交互形成自主学习。

5. 数据素养和信息化领导力

智能时代，数据素养是卓越教师的核心素养之一，也是基础教育信息化教学改革的发展趋势和现实需求。信息素养的拓展与延伸就是数据素养，这一观点在2004年由学者Shields提出，之后数据素养被管理学和教育学等领域的研究者关注。在教育领域，数据素养是指教师收集、处理、分析与应用教学过程中产生的大量数据的能力。2019年教育部下发的工作要点中，指出要培养广大教师的数据素养。教师是教育发展的第一资源，是推进教育改革和现代化进程的重要基石。国家、政府和学校关注教师，注重更新和培养其能力，以适应社会发展[③]。智能时代，教育目标升级与转型，拓展与转变了学习环境。基于智能学习环境的以发

---

① 郭炯，郝建江. 智能时代的教师角色定位及素养框架 [J]. 中国电化教育，2021（06）：121-127.

② [日] 今井田むつみ，野岛久雄，冈田浩之. 人是如何学习的：认知学习论的视点 [M]. 东京：北树出版公司，2012：195，197-198.

③ 李新，杨现民. 中小学教师数据素养培训课程设计与实践研究 [J]. 中国电化教育，2020（05）：111-119，134.

展学生素养为目标的创新教学，是未来智能时代教育教学的走向①。因此，虚实融合、远程协同、多元交互、感知适应以及智能管控教学是智能时代的教学形态。为了胜任未来教育教学活动，教师个体要具备设计能力，具备各类创新教学的能力与素养。

随着教育信息化2.0的持续推进，提升教师数据素养水平变得十分重要。大数据时代，作为教师要具有数据敏感性，应做到以下几点：学会从日常教学中对数据进行搜集；分析和运用别人提供的数据；学会整理分析数据，能把搜集的数据转化为促进学生发展、成长的教学方法。面对信息，教师具有三重境界：一是认为自己掌控了信息，以主人翁的状态而存在，不愿意变成信息的奴隶。二是自己创造信息，在教育教学中，用创造的信息开展教育活动，进行教学以及引导学生学习。三是对信息进行融通，也就是整合融通他人信息和自我信息②。

教师领导力在近些年备受研究者、实践者和教师个体关注。学者曹如军提出教师的现代化是教育现代化的重要动力，需要一线教师参与。在教育向优质均衡发展的现代化背景下，教师领导力要发挥重要作用，促进广大一线教师参与协同力量。也就是说，教师专业发展部门要重视优质资源，发挥优质资源变革教育和发展的作用，实现优质资源的辐射作用，让其影响学习共同体成员，影响一所学校，逐渐影响一个地区，甚至其他③。学者彭云提出教师领导力主要指教师"发展自我、教导学生、引领同伴、参谋领导"四个方面。教书育人的范畴包括引领同伴发展自我和教导学生，研究认为教师在引导学生学习以及自身发展取得成效时，会对社会产生积极影响。只有积极影响发生，教师群体才会被关注和吸引，受到社会及学校和主管部门的表彰。由此，同伴会效仿教师的行为，教师的行为能够引领同伴成长以及改变同伴，最终促进教师个体及同伴的专业发展水平的提升。所以，发展自我和教导学生取得优异成绩，是引领同伴的基础，处于教师领导力核心要素的较高层级，是优秀教师应具备的能力④。随着智能时代的发展，

---

① 郭炯，郝建江. 智能时代的教师角色定位及素养框架［J］. 中国电化教育，2021（06）：121-127.
② 李政涛. 未来的"好学校"与"好老师"［J］. 教育视界，2020（01）：4-7.
③ 孙杰，程晋宽. 共享、协作与重构：国外教师领导力研究新动向［J］. 外国教育研究，2020（01）：103-115.
④ 彭云. 教师领导力的核心要素与提升路径［J］. 教育理论与实践，2017（23）：27-29.

越来越多的学者认为信息化环境下,教师专业发展的核心内容是"信息化教学领导力",可将数据素养和领导力相结合。教师应培养这一能力,进一步加深对信息技术教学应用的理解①。

6. 艺术鉴赏和沟通协调

学者李政涛等关注人类艺术素养,认为艺术素养中的情感、审美、想象和无处不在的创造体验,以及哲学素养中的价值选择、判断能力和自我反思能力等中蕴含着"动机",是人工智能无法达到的②。由此,智能时代,教师个体要具有想象力、判断力和自我反思能力,会赏析美,能够将想法变为现实,善于精准表达,还要时刻保持好奇心、进取心。智能时代,人与人之间、人与机器之间存在大量的交互行为,跨地区、跨国界的沟通和往来日趋增多,同时,教师职业本身也具有沟通和交互属性。因此,智能时代的教师必须具备良好的沟通和协调能力。

五、校外机构及社区

(一)校外机构及社区支持的意义

国家为支持各级教师专业发展,成立了专业的培训机构开展教师培训活动。组织教师参加校外机构的教师发展活动是学校支持教师专业发展的重要部分。学校支持教师专业发展需要对教师参与校外培训进行总体设计和规划,梳理本校教师可参加的校外培训项目,并对参与人、参与形式、后期实践以及参训结果认定及运用进行明确的规定,以保证教师校外参训的成效,保障校外培训机制的良性运行。

在我国,教师鲜少与社区建立广泛的联系。教师参与社区建设源于西方。澳大利亚是对社区给予较大关注的国家,其2012年发布的《澳大利亚教师专业标准》中,设置了7个维度,其中最后一个维度就是"协助同事、父母或照顾者和社区进行专业交流",具体见下表:

---

① 赵建华,姚鹏阁. 信息化环境下教师专业发展的现状与前景[J]. 中国电化教育,2016(04):95-105.
② 李政涛,罗艺. 智能时代的生命进化及其教育[J]. 教育研究,2019(11):39-58.

表6-2 "协助同事、父母或照顾者和社区进行专业交流"标准

序号	主要标准
1	遵守职业道德,承担职业责任:保持较高的道德标准,并在学校和社区内协助同事诠释道德守则,做出正确判断
2	遵守立法、行政和组织的要求:协助同事进行评审,解释立法、行政和组织需求、政策和过程
3	与父母或照顾者沟通:与父母或护理人员沟通他们孩子的学习和健康情况
4	参与专业教学网络和更广泛的社区:为专业的网络贡献力量,与更广泛的社区建立生产性的联系,改善教学和学习

(二)校外机构及社区支持的内容及举措

本书所指的校外机构主要是由国家、省以及行业组织的正规培训活动,如2009年实施的"国培计划"、2013年开始的信息技术提升计划等。不同的项目,其培训目的及内容存在差异,学校需要协助教师进行个体规划及培训选择。

西方高校提倡教师专业发展与社区建立联系,"大学-社区合作"是主要形式。比如,悉尼大学和莫纳什大学,这两所学校都是由多个校区构成,周围分布多个社区。从学校使命及相关规章来看,"大学-社区合作"是两所学校的特色。在这种情况下,两所高校非常注重与当地的关系,以得到支持。高校与社区开展合作,在合作中也可以促进当地的发展。随着社会的发展,"社区"的内涵得到扩展,单单从字面来看,社区一词可以理解为被服务和被建设的地区,具有教育民众的功能,同时也是文化的汇聚地。有学者提出悉尼大学是教师教学和学生学习的场所,也需要为当地提供服务,如重视当地基础设施改善,提供就业机会和教育机会[1]。我国学校支持的教师专业发展要在参照已有的成熟举措下,根据我国的实际情况,对教师深入社区的机制和举措进行详细的规定,并对教师参与社区建设的成效进行收集,作为教师服务社会、专业成长的重要举证,与教师后期的个人发展关联起来,以保证社区支持的可持续发展。

---

[1] Local community [EB/OL]. [2014-3-29]. http://sydney.edu.au/visitors-community/local/index.shtml.

第三节　资源支持：生成智能时代教师专业发展的资源库

随着智能技术深度介入教育，教育资源走向生态化、多元化、个性化以及智能化。5G、人工智能等技术发挥支持作用，促进社会性资源与学校内的教育资源融合，形成大资源。从供给主体来看，有学者将国内教育资源体系分为企业开发资源、学校开发资源以及政府投资建设资源。企业开发资源属于由学校或地方教育行政部门购买的个性化资源；学校开发资源是由学校自己建设的校本资源；政府投资建设资源主要是政府投资建设，学校免费使用，属于开放性资源。其中，最能体现学校教师创造力的是学校开发资源，即校本资源[①]。资源建设是智能时代学校支持中小学教师专业发展的重要途径。本研究从资源建设理念、资源整合及管理，以及资源内容等方面进行介绍。

一、资源建设的理念及管理

资源建设是学校支持教师专业发展中的一项核心要务。多样化的资源可以为教师发展提供支持，促进教师可持续成长。学校支持教师专业发展的资源建设是要在学校组织的领导下进行。不同的学校，负责资源建设的协调部门有所差异。大多数学校是由信息资源中心承担，此外还有教务部门、学科组、教师成长中心等。信息资源中心按照学校专家组的总体规划，负责资源的总体规划，明确资源建设的理念、资源建设的组织、资源建设的管理、资源的使用及评价。信息资源中心会按照要求对学校汇报资源建设的整体情况。

"整体化、系统化"是资源建设的原则，"人人互通，平等协作"的资源是资源建设的目的。比如，浙江省建设了教育资源公共服务平台，切入点是开放资源、开放接口和开放空间，平台的建设和使用带给教师开放、共享、协作以及创新的互联网精神，拓展了教师专业发展的视野，提供了广阔的发展空间。

---

① 吴砥，饶景阳."互联网+"时代的教育教学创新[J].中小学数字化教学，2018（07）：23-27.

二、多元化资源平台

（一）国家级、省级平台提供的资源

《中国教育现代化2035》中，针对平台和资源建设，提出要统筹建设一体化智能教学、管理与服务平台等。智能时代由于技术的普及和理念的更新，资源呈现方式、内容、数量、类型、质量以及应用方式都得到了较大的拓展与转变，教师需具备资源设计、辨别、运用等能力。对于每位教师而言，资源是促进自我学习的保障。随着教育行业的更新换代，教师为了保持自身教学的高效性，要从源源不断的学习资源中获取支持。在此，智能时代中小学教师专业发展的资源支撑，主要指学校为教师专业发展提供的资源条件。配合各项活动，利用自身优势，建立更好的资源开放机制和平台，这对于教育质量的提升和美好生活的创建大有裨益。对于学校来说，资源建设的目的是着眼于教师专业发展，需要具备大资源观。对于教师来说，要借助智能技术整合跨学科和跨界的资源，使得人与机器之间实现深度交互，以便更好地应对未来社会带来的变革。

在此基础上，国家精品在线开放课程、虚拟仿真实训教学实验中心启动建设，各类创新示范基地、中心也在逐步建设和发展。学校可以借助国家级及省级平台支持教师专业发展资源建设，也可以根据需求及目标，制定教师教学体系，遴选一批课程进行教师教育，以开展教师专业发展活动。同时教师也可以自由运用资源进行学习。学校支持的资源应用，应设计自主推送功能，以大数据、学习分析等技术为支持，通过浏览者的信息，进行较为精准的推送，使资源更加适配。此外，学校也要运用新兴技术重构教育生态，整合大量的校本资源。构建和运用校本资源，有助于形成教师网络学习共同体，促进教师在共同体内开展经验和资源的交流和共享。现阶段，资源管理者这一角色在教师网络学习共同体中被忽视。资源管理者不固定，往往由学科教师承担。根据智能时代资源建设的重要性来看，这一设置是不合理的。对教师而言，资源管理工作比较专业，且具有难度。智能时代可以尝试培养网络资源建设者。众所周知，教师网络学习共同体的学习主题之一是资源的开发和合理利用。学校支持的教师专业发展，鼓励除群主或共同体领袖外，通过举措促进更多教师积极参与，并将其中部分教师培养成网络社群的资源建设者。笔者认为，智能时代中小学的智能设备、网络学习平台等

逐渐普及，为教师授课与专业发展带来契机，但也存在着教师不能很好地掌握平台等挑战，需要学校进行培训等方面的支持。

（二）多元化辅助教学的资源

从教学流程看，教师的任务在课前涉及教学设计、资源准备，因此建立多元化的教学资源库，有助于资源共享，提升教师专业水平。课程资源包括两大方面：课程资源是课程实施的基本条件，人工智能可完善和优化教师教育课程资源；人工智能可推动教师教育平台资源升级和改造。就目前来看，中小学校针对教师专业发展，注重实验实训平台建设，但是从性质和目的来看，已开设的实验实训平台多用于绘画、手工、书法、音乐等传统艺术科目，尤其用于支持"三字一画一话"等专业基本技能的训练。运用智能技术，可拓展实验实训平台的类型，从而更好地解决在教学过程中的问题。素材性网络课程资源的生成，往往借助人工智能手段，例如网络课程、教学案例库和资源数据库等。网络化的课程资源可以为教师提供智能化的供给与个性化的推荐[①]，协助教师进行教学设计，提升教师专业水平和能力。

（三）校本资源

学校开发的教师教育课程、在教师专业发展或者各类平台中生成的资源等可以作为校本资源。校本资源由学校专门的资源管理部门负责，根据需求进行资源设计、需求发布以及资源收录等。智能时代，教学过程中会生成大量的资源。新生成的资源也可以作为校本资源。比如，教师根据课程大纲进行教学设计，并组织教学，而在教学过程中，教师与学生之间产生碰撞、学生与学生之间产生碰撞，碰撞中产生的想法和观点，以作业、作品等多元的方式呈现，均可以作为校本资源。更多主体在教学和专业发展中，生成各类资源，校本资源得到不断更新，又助推教师专业发展。如智能技术融合物理空间资源与信息空间资源，也促进线上学习与线下学习的融合，进一步丰富了校本资源[②]；部分学校将教学平台和论坛建设为校本资源，以供教师学习，鼓励教师在平台上完成认证，将班级动态、优秀教学设计、资源以及教师反思等上传到空间，创建动态的学习空间，

---

① 曹如军. 人工智能时代教师教育培养目标：坚守与变革[J]. 高教探索，2021（01）：51-56.

② 杨现民，李怡斐，王东丽，等. 智能时代学习空间的融合样态与融合路径[J]. 中国远程教育，2020（01）：46-53，72，77.

学习空间除了展示外，也欢迎其他教师访问并互动，以促进教师之间的互助学习[①]。简言之，校本资源建设有助于教师分享教学成果等，对校本建设和个人成长有着促进作用。

第四节 活动支持：多元化、个性化的方式助力教师成长

非智能时代，学校主要通过线下活动提升教师水平。智能时代，活动的理念、设计和方式都呈现了智能化的特点。在此，学校支持的活动设计，应从活动的理念出发，设计利于教师专业发展的活动。

一、教师专业发展活动的设计

根据学习实践论，学习是内部认知与外部实践过程的统一。学习既包括心理层面的认知过程，也包括实践过程，即查找资料、使用工具等借助外部手段解决问题的活动。智能时代学校支持的教师专业发展是教师开展学习的过程，活动设计要在学习实践论的指导下，既考虑学校对教师专业发展的整体要求，又兼顾学校教育教学的实际问题。也就是说，学校要协助活动设计者充分利用智能化资源、工具、交互等技术和资料手段，探讨问题，并针对问题创设情境，设计活动，在活动的开展中解决问题，进而实现教师的专业发展[②]。

二、教师专业发展活动的实施主体

教师专业发展活动开展的主体是多元的，学校组织和教师成长中心、学科组是活动开展的主体，活动开展的内容存在一定的差异。学校组织层面的活动内容，主要是传递学校发展的理念、学校教育改革与教师专业发展之间的关系等。而教师成长中心的活动，聚焦于教师专业发展业务提升范畴。具体言之，教师成长中心的活动，主要以项目的形式开展，重点提升教师专业水平和能力，如组织教育教学方法、教育信息技术、教师基本功以及研究学生学习等方面的发展活

---

① 陶佳. 基于社交学习的教师网络学习共同体之构建——兼论面向智能时代的教师网络学习共同体[J]. 远程教育杂志，2018（02）：87-95.
② 杨鑫，解月光. 智能时代课堂变革图景：智慧课堂及其构建策略[J]. 电化教育研究，2021（04）：12-17，52

动，不同科目的教师均可以参与。学科组主要是针对具体的科目开展提升活动，以本科目的教育教学提升为目的，比如开设具体的备课活动，以及准备参与各级教学竞赛的活动。学校其他机构也是活动的主体，比如教务部门、人事部门也会组织活动，但是其活动的范畴，与组织者自身的目标有关。

三、教师专业发展活动的主要形式

智能时代教师专业发展活动的方式呈现多元化、个性化等特点，包括线上、线下、混合式、个性化以及学习共同体等[①]。教师专业发展的过程中，教师成长中心、学科组等机构均认识到以项目为载体，通过组织各类活动以提升教师专业发展水平的重要性。

（一）混合式研修

混合式研修是目前比较普遍的教师专业发展方式。在国家政策指导下，混合式研修已成为教师专业发展新常态。混合式研修顾名思义，就是研修活动以线上和线下共同进行。学校在设计混合式研修时，在活动中设计认知的触发事件，建构同侪互助的研修模式，促使学员生成有深度、有意义的教育经验[②]。智能时代，线上有充分的资源可以运用，目前混合式研修常借助MOOC、SPOC等在线课程，运用对分、翻转等形式，开展线上和线下混合式教学。智能技术创新了多种教学互动模式，如情境教学、探究教学、项目教学、体验式教学、微格教学、案例教学及小组合作等。在教学互动模式下开展教学探究活动，实现了多元、开放的教学对话氛围，引导学生解决复杂问题，培养教师专业发展水平。在开展混合式研修中，学校要对教师的教学临场感、社会临场感以及认知临场感给予关注，以保证教师的课堂教学水平。

（二）个体化辅导

智能时代，教师专业发展的个性化需求增加，回应了社会发展对民众个性潜能的需求，大数据支持的大规模个性化教学逐渐形成新的课堂形态[③]。当课堂教

---

① 杨俊锋，包昊罡，黄荣怀. 中美智能技术教育应用的比较研究[J]. 电化教育研究2020，41（08）：121-128.

② 李宝敏，宫玲玲. 教师混合式研修中教学、认知、社会临场感的关系研究——以信息技术应用能力提升项目为例[J]. 教师教育研究，2020，32（05）：59-68.

③ 吴南中，夏海鹰，黄娥. 课堂形态演进：迈向大数据支持的大规模个性化教学[J]. 电化教育研究，2020，41（09）：81-87，114.

学发生变化，学校在发展方式上要做出调整，"个性化定制"成了发展趋势之一。

学校依据在线学习平台实施个性化辅导。在线学习平台能自动检测学习者的强项与弱项，对学习者自动推送资源。结合自身特点与需求，学习者开展学习。学校支持教师专业发展为教师构建一体化的网络学习空间，使得学习内容与网络学习空间中应用不同的服务集成，帮助学习者进行个性化学习和精准地把握学习难点，促进学习者发展[1]。智能技术同时也促进学习者思维和能力的发展，更为关注个性化的学习应用。

（三）工作坊

工作坊是指，在某领域富有经验的专家担任主讲人，10~20名的成员，在主讲人指导下，通过研讨等方式，共同探讨话题。智能时代，尽管技术使人与人之间的交互变得更加便捷，但根据班杜拉的社会互动理论，教学作为一种实践性很强的活动，要在交互中促进个人能力的提升，感知对方对自己角色的期望，从而从意识和行为上做出调整。

教师工作坊应根据学校的发展及教师专业发展的需求，设计工作坊主题，并组织教师进行研讨。要注意以下几点：第一，组织者要精心设计工作坊。工作坊的主题是组织者在充分调研下制定而成，且具有连续性。第二，工作坊的组织方式等具有多样性，要激发参与者的积极性和主动性。第三，做好工作坊的后期指导和跟踪服务。工作坊的开展要在后期授课中进行，以提升工作坊的实用性，要组织部门跟踪进行专业指导和服务。

（四）学习共同体

学习共同体是学习者基于学习目标，将教与学的要素在物理学习空间和信息学习空间中进行有机融合[2]，在研究和交互中，思维得到碰撞，形成共同的学习群体。智能技术让学习共同体得到延伸，线上和线下融合的学习共同体是主要存在方式。线下教师学习共同体就是大家通过各种面对面的载体，在各种形式活动中，形成学习共同体。属于同一学习共同体的教师们，具有相同目标，在研讨

---

[1] 杨现民，李怡斐，王东丽，等. 智能时代学习空间的融合样态与融合路径[J]. 中国远程教育，2020（01）：46-53，72，77.

[2] 杨现民，李怡斐，王东丽，等. 智能时代学习空间的融合样态与融合路径[J]. 中国远程教育，2020（01）：46-53，72，77.

中，不断提升水平。目前，线下教师学习共同体成为教师专业发展的一种方式。北京师范大学以教师具身理论做指导，依据该理论设计教师专业发展活动，带领教师参与教师身体培训课程，统整教师物理身体状态、情感感知，以及身体、情景、心智三个方面，通过具身学习方式转变专业发展形式，激发教师将具身资源融入到学习中[①]。在对课程设置上，有学者对PD&R模式进行研究，提出在此模式下教师专业发展的实践与研究是双线推进和相互促进的。一方面，实践人员对已有证据进行分析，根据分析的数据来进行课程设计和评估成效；另一方面，拓展研究选题等也是根据数据分析而来。但是，该模式也有一定的弊端，实践者与研究者要研究共同促进教师专业发展的整体性发展[②]。

网络学习共同体是教师学习共同体的线上方式，由信息技术发展而催生。技术赋能活动形成教师学习共同体，将有共同兴趣的学习者集中到网络上，不断地优化学习制度，更新学习内容，构建稳定、科学、成熟的研修网络学习社区。在此，学校支持的网络研修共同体可以参照网络学习社区。目前，比较成功的案例包括腾讯旗下的搜狗问问、知乎社区以及百度贴吧等，可以研究其运转模式，结合学校的特点和已有条件，构建学校的网络研修共同体。针对学校的网络研修共同体，可采用关注网络管理、跟进学习主题、研修评价以及研修可持续性发展举措等方式进行建设。另外，网络研修共同体的建设，也要注意推广与宣传。

学习共同体不管是线上还是线下，在促进教师交往和成长中发挥了积极作用。综前所述，不同年龄段的教师在使用技术上存在差异，在访谈中，学校领导者也关注这一问题，并采取了积极的举措。访谈16-O-02-G（初中，副校长，语文）时，他谈到在激发教师成长方面，区里制定了举措。比如针对教学效果好、年龄偏大的教师，让其在学校之间进行交流指导。根据反馈来看，被交流到其他学校的骨干教师在当地发挥了模范引领作用，为当地学校教学、教书育人做出了示范，带动了一批青年教师，也激发了被选派资深教师的积极性和主动性。访谈02-T-01-L（小学，英语）、13-T-03-B（高中，语文）、21-T-01-L（小学，信息技术）等青年教师时，都谈到了老教师带新教师这个话题，均表示作为入职5年以下的

---

① 裴淼，刘姗希. "以身体之，以心验之"——具身认知理论视角下的教师培训项目设计与实施[J]. 教师教育研究，2018，30（03）：6-12.

② 廖伟. 循证教师专业发展之PD&R实践模式——以"北京师范大学APEx卓越教育家培养项目"为个案的研究[J]. 教师教育研究，2020，32（04）：9-16.

老师，在与资深老教师开展的教学研讨中，收获很大。由此可见，在教师专业发展中，教师之间的合作非常关键。有效的合作有助于教师成长[①]。而学习共同体的建设可以让更多教师互相合作。智能时代学校支持教师专业发展的体系中，资深教师和青年教师必须要开展合作，学校要根据教师成长规律，制定个性化发展方案，搭建教师合作的平台，形成规范或制度，为全校教师共同成长提供有力保障。

第五节 评价反馈：为教师专业发展质量保驾护航

对教学实践来说，最有价值的智能技术是数据智能，即学习分析技术所关注的数据支持的教学决策[②]。教育过程中产生海量的数据，是智能时代教育教学的显著特点之一。教师专业发展离不开对教育数据的收集、分析、评价和运用。在学校支持教师专业发展问卷指标设计中，与数据相关的考察点有"成长中心收集学校成效数据""能运用工具收集数据""能将数据进行整理和分析"。结果显示，这3项均值均低于平均值，说明教师在数据收集、分析和管理存在困难。访谈22-T-02-C（初中，生物）时，他谈到，自己入职5年，觉得做一名生物科目的教师算是游刃有余，能够在一定程度上掌握信息技术，将信息技术运用到课堂教学中。存在的主要困惑是课堂教学中产生了大量的数据资源，但是不知如何收集、分类和整理数据以及用数据解决问题比。同样的，在访谈10-T-01-C（小学科研校长，语文）时，他提出，教学研究是小学教师的弱项，人工智能时代的教学方式发生了转变，产生了大量的数据，但是教师的教研产出远远不够，根源在于教师不善于发现和分析教学数据。智能时代的教师专业发展，应该将数据收集、分析与运用贯穿于教师成长的全过程：针对教师专业发展，学校实施全过程评价，明确发展目标，针对单项目设置标准，组织相关人员实施评价，同时引导教师自身进行不断反思；在发展项目设置中，开展系列发展课程，有针对性地实施指导。智能时代中小学教师专业发展的评价体系，是对学校支持下的教师专业发展的组织、过程以及成效的总体评价。学校组织、教师成长中心等组织的评价是评价体系的一部分。

---

① 崔允漷，郑东辉. 论指向专业发展的教师合作[J]. 教育研究，2008（06）：78-83.
② 顾小清，舒杭，白雪梅. 智能时代的教师工具：唤醒学习设计工具的数据智能[J]. 开放教育研究，2018，24（05）：64-72.

一、评价的基本理论

评价是对事物价值进行判断，以确定其意义及优劣的过程[①]。评价的基本过程包括明确判断标准、收集实证信息、运用标准检验收集的实证数据、对被评价事物进行判断这四个部分。对被评价事物进行判断是评价最核心的部分。判断是依据标准进行的，是解释客观资料的过程，最后对事物的状态给出结论。专家和学者们认为评价具有导向作用。数据是智能时代的主要特点之一，有效的教师专业发展体系需要以数据作为支撑。智能时代技术融入教育教学，技术同时可作为支持评价的手段。在此，学校支持的评价，从学校发展的整体出发，针对教师专业发展的制度执行情况进行评价，并以公开的形式予以报告。同时评价结果也作为教师职称晋升等考核的重要标准。

（一）评价历史及意义

美国教师培养认证委员会（AEP）在2013年针对教师培养机构，构建了质量认证体系，属于高标准体系。该体系以标准的形式对教师培养机构提出了要求，聚焦在注重研究、进行调查和证据分析两方面[②③]。美国的评价已转向评估文化的创建，这一评估文化是基于"证据"[④]。而置身于此种评估文化中的教师，会被询问以什么样的证据证明在学校学习了课程后，达到了预期目标。教师个体也会积极反思，如何用证据来证明学生的学习成效。美国教育考试服务中心在2006年至2008年连续发布了三个以"证据文化"为主题的报告[⑤⑥⑦]。这三个报告推动高校

[①] 胡森，等. 教育大百科全书·教育评价卷[Z]. 重庆：西南师范大学出版社，2006：597.

[②] Teacher Preparation Analytics. Building an evidence-based system for teacher preparation [EB/OL]. (2013-09-01)[2019-02-17].

[③] 段晓明. 美国教师教育认证制度的变革走向—基于CAEP标准的分析[J]. 中小学教师培训，2017（6）：71-75.

[④] 俞佳君. 美国高校中的学生学习成果评估[J]. 外国教育研究，2016（01）：17-29.

[⑤] Dwyer Carol A, Catherine M Millett, David G Payne. A culture of evidence: postsecondary assessment and learning outcomes. Recommendations to policymakers and the higher education community [R]. Educational Testing Service，2006.

[⑥] Millett, Catherine M, et al. A Culture of evidence: critical features of assessments for postsecondary student learning [R]. Educational Testing Service，2007.

[⑦] Millett Catherine M, et al. A culture of evidence: an evidence-centered approach to accountability for student learning outcomes [R]. Educational Testing Service，2008.

中运用基于"证据"对学生学习成果进行评估的机制。为促进基于"证据"评价的普及和推广，国内外学者做了大量的研究和实践。学者们为提高评价的可操作性，积极构建并研发了若干评价模型。其中，学者梅斯雷弗等人20世纪90年代提出的ECD框架有代表性。该框架提出评价者需根据学习证据推理和判断学生的学业成就，强调学业评价是一种证据推理过程[①]。同时，美国国家学习成果评估中心构建的学生学习成果透明度模型也备受美国各院校、机构关注，这一模型基于"证据"设置了六个环节。学习成果透明度模型有效地指导了基于证据的评估实践。数据显示美国84%以上的院校运用学习成果透明度模型对本科学生学习成果进行评估[②]。

教师教育的核心问题是教师转变。教师专业发展评价需要对教师转变进行研究，但是已有研究没有深入探讨教师转变的机制和原理是什么。各界存在疑惑：教师是通过专家指导和同事协助而发生转变，还是教师需要通过与专家和同事共同反思社会性调节和内化、练习机会及专家确认等才能实现转变[③]。由此需要对教师转化进行研究。

近年来，我国也颁布了相关政策支持教师评价。中共中央、国务院在《深化新时代教育评价改革总体方案》中，对义务教育学校办学质量评价标准进行了规定，同时完善义务教育质量监测制度，明确指出到2035年，教育评价体系要富有时代特征、彰显中国特色以及体现世界水平。在教师教育领域，评价教师专业发展的成效，是对国家新时代教育评价改革总体方案的回应，是对学校支持的教师专业发展的检验。由此可见，评价目前受到广泛关注。在教师专业发展中，有必要对其成效进行检验。

（二）智能时代的教师专业发展评价

智能时代学校支持的教师专业发展人才培养质量评价更加开放、多元、系统和科学。学校利用互联网、大数据等信息技术，构建了多元主体参与的教育教学

---

① Mislevy Robert, Geneva D. Implications of evidence-centered design for educational testing [J]. Educational measurement: issues and practice, 2006 (4): 6-20.
② National Institute for Learning Outcomes Assessment. Providing evidence of student learning: a transparency framework [EB/OL]. (2011-04-25) [2018-11-09].
③ 徐晓东，李王伟，曹鑫. 如何在教师专业发展项目中指导教师转变？——来自质性研究的发现 [J]. 电化教育研究，2021，42（07）：99-105.

质量评价机制，通过智能化网络环境、智慧校园，加大智能化教学管理平台、学生学业监测管理平台以及教学质量数据监测平台的建设。教育教学质量评价机制则涵盖人才培养质量达成评价、师范生综合学习评价、教师课程教学质量评价等[1]。学者们从培训体系的构建和学科课程专业发展体系的建设，对中小学教师专业发展评价进行研究。学者李广平研究优化教师专业发展与培训体系[2]。石冰冰等采用文献资料法等分析中小学体育教师专业发展评价现状，构建体育教师专业发展评价指标[3]。智能时代，教师专业发展的评价呈现了新的变化：评价标准更新、评价手段多元化、评价主体多云化等。学校对教师专业发展评价要实施全程、全方位以及全员测评，收集各层面的素材，以保证评价的全面性和客观性。同时，专家团、教师、同事、社区等均要参与评价。学者提出教育育人评价的主流应从入口看出口，从起点看变化，关注人的全面、个性化、可持续发展，科学评价，提供过程性支撑，提升评价质量和效果，为学习者持续发展提供持久动力[4]。

（三）智能时代教师专业发展评价理论

在美国，20世纪90年代后，各州逐渐推行以发展性评价为主的教师评价制度。这一评价制度不仅对教师的教学水平进行评估，还对教师在教学中存在的问题进行诊断，最终改进教学和促进教师专业发展。发展性评价的重心在于学习者的参与以及发挥学习者的主体性。评价双方在互动、对话和沟通中达成一致，多方面收集教学过程中的信息。传统的增值评价是以学生成绩为基础，相比来看，发展性评价风险更小，对教师发展更有利。田纳西州率先在2000年实施发展性评价制度，以鼓励教师自主创新，激发教师之间共同合作开展教研活动等。重视教学策略、关注内容以及教师课堂教学应该承担的责任是发展性评价的特点。美国从6个方面制定了指标体系，指向教学行为水平：教学设计、策略、评价、教学

---

[1] 余碧春，林启法，颜桂炀. 智能时代卓越教师核心素养培育探析[J]. 教师教育研究，2020，32（05）：54-58.
[2] 李广平. 优化教师专业发展与培训体系建设，全面提升中小学教师队伍质量[J]. 华东师范大学学报（教育科学版），2018，36（04）：36-38.
[3] 石冰冰，汪晓赞，尹志华，等. 中小学体育教师专业发展评价指标构建及实施研究[J]. 体育文化导刊，2017（04）：134-139.
[4] 周文美，姚利民，章瑛. 未来学校2035：育人育心的泛在学校——问题、本质和建设路径[J]. 开放教育研究，2021，27（01）：55-64.

环境、专业发展以及交流①。

国内学者关注发展性评价理论。杨建云和王卓对发展性评价进行研究，提出发展性评价是在管理手段上实施专业指导，目的在于支持教师成长②。田慧生等从综合实践活动课程的视角研究教师发展性评价，认为教师发展性评价涵盖三部分，即教师课程开发和设计、课程指导和实施、课堂教学③。学校支持的教师专业发展要引入发展性评价，要从动态、生成以及变化的角度理解教师专业发展。运用发展性评价，可使学校关注和认可教师的进步，对教师成长轨迹进行记录，引导教师反思和对反思进行再思考，协助教师认识自我，改进教学。智能时代学校支持教师专业发展研究要构建教师专业发展评价体系，综合考虑教师绩效性评价与发展性评价，实现对教师评价与为教师评价有机统一，激发教师积极性④。

二、智能时代教师专业发展评价的主体及内容

评价是教师专业发展的核心环节。教师专业发展项目或活动的开展是以评价为导向，也就是说教师专业发展是受到"评价驱动"的。现有的评价会贯穿在教师专业发展的全过程，以了解专业发展活动的成效，同时，梳理教师专业发展中存在的问题，在分析的基础上做出改进。在学校，实施持续的评价，可不断完善教师专业发展目标、内容和方式，提高教师专业发展质量⑤。了解智能时代的专业发展评价，需要厘清以下问题：评价者以什么为依据进行评价？谁来实施评价？对什么内容进行评价？评价结果如何运用？

（一）评价者的评价依据

以什么依据进行评价是回答评价目标这个问题。如前所述，智能时代中小学

---

① 张蕾. 美国田纳西州教师评价和专业发展的框架及借鉴意义［J］. 世界教育信息，2008（8）：31.
② 杨建云，王卓. 论我国发展性教师评价的实质［J］. 教育科学，2005（01）：14-16.
③ 田慧生，张珊珊. 关于教师发展性评价问题的探讨——基于综合实践活动课程的视角［J］. 中国特殊教育，2015（03）：46-50.
④ 牟金保. 我国教师专业发展评价研究：现状、热点及趋势［J］. 西藏民族大学学报（哲学社会科学版），2020（02）：146-152.
⑤ 周坤亮. "评价驱动"的教师专业发展：设计与实施［J］. 教育理论与实践，2014，34（16）：36-39.

教师专业发展评价是依据"教师专业发展评价理论"和"增值理论"来进行。学校应在该理论的指导下，厘清相关因素，制定评价标准表。按照"管办评分离"的原则，以"增值和教师发展"观点为指导，构建智能时代中小学教师专业发展的评价体系，即教师专业发展管理者、专家组、教师专业发展者、教师个体、专业发展同行、智能数据收集机器人及教师专业发展成果为一体的"七位一体"评价体系。

（二）谁来评价

谁来评价，是对评价主体进行回应。以往教研员在教师评价中占有重要地位。在我国教育领域中，教研员在中小学是特殊群体。在实际教育教学中，教研员负责指导教师，因此也对教师实施评价。从身份来看，教研员承担着在校内教育教师的职责。智能时代，教育教学环境和方式发生了变化，教研员也要做出相应的调整。有研究指出，在传统方式下教研员的工作聚焦于了解教学，智能时代的教研员则应促进教师专业自主，关心和支持教师发展，对教师教学进行评价和反馈。学者李丽桦等研究教研员工作，对存在的问题进行研究，提出教研员对于教师的评价缺少了发展性[①]。学者关晓明等对教研员在网上开展教研进行研究，认为教研员在教研活动中的反馈与评价具有较大作用，及时的反馈能激发教师的教学热情[②]。智能时代的教研活动，给教研员带来机遇和挑战。为应对这一现状，教研员要提升自身素养，在全校评价体系下转变身份，对教师实施指导和评价。

综前所述，智能时代的评价主体更加多元。与教师专业发展相关的人员构成了评价主体，包括学校组织、学科组、教师个体、教研员、学习同伴、智能机器人以及学校教师专业发展专家等。这些主体分属于不同的层级，有学校层面，还有学科组层面。有别于传统的评价，智能时代的评价具有系统性的特点，将相关因素统一在体系中，不同的赋值则由学校教师专业发展专家组在顶层设计时，组织相关人员予以确定。评价主体和评价对象之间的关系是主体间性关系，被评者以主体身份参与评价。评价变成主动合作，在评价中进行自我反思和自我学习。

---

① 李丽桦，张肇丰. 新时期教研员专业发展问题的讨论[J]. 上海教育科研，2009（08）：9-13.
② 关晓明，蒋国珍. 教研员引领的网上教研活动研究[J]. 中国远程教育，2009（09）：56-59，63，80.

依据智能时代学校支持中小学教师专业发展来看，学校可从学校专家团和教师专业发展专家团中遴选出教师专业发展的评价专家，负责总的评价工作，统筹多主体评价。如教学评价活动由教师专业发展专家、学生、教师自身、教师同行、智能数据收集机器人等完成。教师专业发展活动则由参与者、培训师、教师个体等完成。最终，从学校专家团和教师专业发展专家团遴选出学校教师专业发展的评价专家，对教师专业发展进行评价汇总，并将结果在一定程度上予以报告。

（三）对什么进行评价

对智能时代教师专业发展的学校支持进行评价，评价内容包括学校层面出台的方案和制定、组织实施的项目和活动，教师个体的成果等。

1. 对顶层设计进行评价

学校专家团审议并通过学校教师专业发展方案。学校教师专业发展评价组制定评价指标，并根据评价指标进行评议。对顶层设计的评价是在整个评价之前，属于先导性评价。负责此项目的评价专家除了学校专业发展评价组外，还包括参与的教师。对顶层设计进行评价，一方面保证了评价的科学性和适切性，另一方面，让参与者对顶层设计进行评价，也是赋权教师的具体体现。对顶层设计进行评价的内容包括理念、组织内容、组织形式、方法、评价模式等。

教师评价方案、教师职业生涯规划方案、教师专业发展项目、教师职称评审方案等属于教师专业发展顶层设计范畴，均需要由教师专业发展评价专家团进行评价，只有方案通过评价并公示，才可以实施。

2. 对制度的执行进行评价

对相关制度执行情况进行评价，对执行过程和结果实施评价。根据学校制定的制度，确定评价指标体系，并组织测评。不同于非智能时代，智能时代的评价更加多元、便利。一般来说，制度和管理执行情况、年度教师专业发展的培训方案落实情况、项目的执行情况，学校均需要公开报告。报告的形式多元化，可以由活动组织部门以视频、文本等形式报告。学校评价专家团或者相关评价主体根据报告及展示情况，逐一进行评价。

3. 对项目和活动进行评价

在组织培训前，培训组织机构要对教师进行需求调查，在结果分析上，结合目标来确定课程与活动。为保证成效，要对过程给予关注，在培训后持续关注成效，用量化和质性研究方法进行跟踪。也就是说针对项目的评价，教师培训设计者、实施者以及研究者要将评价贯穿始终，在培训之初就明确教师的培训起点，培训中记录教师的学习轨迹，培训结束时检测教师的学习效果，培训结束一段时间后跟踪教师教学改进情况[①]。优秀的评价者必须善于教学，也善于在教学中思考，定期反思教学。关注教学过程，观察教学，并分析和讨论教学。同时，重视对学习者学习效果的评价，采用经常观察等方法进行分析，不仅观察教学过程，更要观察教学效果——学习者的反应、学习者的关注度等。优秀的教师或教育者也会观察教学视频，研究、观察新教师如何学习教学，观察教学经验丰富的教师如何教得好[②]。

4. 对教师个人成果进行评价

教师报告个人成果，指的是教师对可以显示自我成果的材料进行报告，作为其专业成长的佐证。对可以作为评价教师专业发展成果的认定，不同学校存在差异。但总体来说，在业内比较认可的教师类和学生类的赛事、奖项可以作为教师专业水平的证明，但最终的认定需由学校教师专业评价组进行。

三、智能时代教师专业发展评价的形式

智能时代教师专业发展的评价形式分为增值评价、现场观察、访谈以及数据分析等。

（一）增值评价

增值评价采用追踪测评的范式，对教师不同阶段的学习进行测评，而且要收集来自学校、组织等多方面的数据。增值评价最初运用在评价学生的学习效果上。智能时代，针对学校支持的教师专业发展，增值评价也被运用来对教师专业发展成效进行检验。学校可根据教师专业发展活动周期，确定进行增值评价的时间。同时，也可以分类进行增值评价。整个流程为：第一，制定增值评价表，确保评价表的科学性。第二，在增值评价前对现有情况进行评价。第三，在接受了教师专业发展活动后，对教师情况进行评价。第四，分析并发布结果。

[①] 牟金保. 我国教师专业发展评价研究：现状、热点及趋势[J]. 西藏民族大学学报（哲学社会科学版），2020，41（02）：146-152.

[②] 周文叶. 教师评价：评什么和怎么评[J]. 教育研究，2020（12）：3-12.

（二）现场观察

越来越多学者采用现场观察的形式进行测评，即深入课堂，对教师课堂进行观察和记录，依据标准对教师实施效能评估。目前，学者已开发出课堂观察表。课堂观察表列出了不同年级和不同教学内容的课堂教学要素，并对一系列的可能被认定为教学的共同组成要素进行检验。完备的课堂观察系统可以辨别出高效能和低效能的教师，同时也能为教师提供多种维度的有效教学质量标准。学者们设计了高效能教师课堂实践模型，并运用在教师专业活动中，将其作为潜在的学习内容，旨在提高教学质量[1]。现场观察这种形式将教师专业发展评价置于最重要地位，评估程序也最为复杂。在该评价形式中，评估专家和教师个体分别对课堂教学计划、课堂教学环境、课堂教学过程三个方面，依据详细的标准进行评价，评分等级为1级至5级。评估专家根据多次课堂观察情况，与教师一起讨论确定教师的"优势领域"和"需要提升的领域"。在评价过程中，教学计划、教学环境、教学过程三个方面有任何一个方面没有达到预期，该指标则被确定为"需要提升的领域"。在反馈中，评估专家将会给出专业性建议，描述问题，并指导教师改进。教师本人在表格中对专家专业性的建议进行反馈，提出想法及后期的行动计划。整个评价中，评价人员搜集教师课堂教学水平的方式有课堂观察、信息记录、教师反思以及与教师面谈等[2]。

（三）教师专业发展数据分析

大数据、人工智能等技术的发展使得基于数据的多元教学专业发展的评价，尤其是过程性评价成为可能。新型的教师专业发展更注重学习者的学习过程与学习行为，智能技术让学校在学习者行为数据的收集上更加便捷，可获取学习过程的数据。智能技术也可以快速对数据进行分析，使数据达到可视化效果。在此情况下，智能技术实现了对学习者的综合评价，这一评价结果反应学习者的学习效果，可作为调整学习方案的重要依据。目前，国内外注重技术与学习的融合。美

---

[1] 张雅楠，杜屏. 增值评价在美国教师评价中的运用和发展［J］. 全球教育展望，2017，46（01）：67-78，89.

[2] TEAM Educator Observation From（TENNESSEETEAM）［EB/OL］.［2013-02-01］. sources/Example-TEAM-Educator-Observation-Form．pdf.

国的哈佛大学研发了学习分析系统,对影响学生学习活动的数据进行分析,根据结果创设学习干预条件。美国的普渡大学也关注学生学业,开发课程信号系统。这一系统旨在预测和分析学生的学业发展,可以了解学生掌握知识的整体情况,及时反馈掌握程度。

参照上述学习分析系统,可以将人工智能引入评价,使教师专业发展过程被大数据跟踪记录,进而学校分析数据,并及时提出改进建议,促使教师调整研修计划。智能时代,学校可设计教师专业发展研修学分体系,借鉴银行的组织结构,构建面向终身学习的"学分银行"。学分银行可真正解决终身教育体系的建构问题,减轻国内与国外教育、学历与非学历教育、公办与民办教育之间的差距,促进教师终身学习[1]。2016年,美国发布了《为人工智能的未来做好准备》文件,规定了在人工智能的研究和人才培养中,不同的机构,如学术机构、中小学在其间要扮演的角色。同时,也提出政府推进人工智能教育发展的途径,如提升STEM教育质量以及建立健全人工智能教育课题等[2]。对于学校和相关部门来说,应利用智能技术,开发智能教育助理,建立智能、快速、全面的教育分析系统,实现专业教学活动全过程,以及专业发展前、专业发展中和专业发展后三个环节的评估监测与管理。利用基于数据驱动的过程化评价,对学习过程监督;通过智能分析与诊断,实时干预学习行为从而提升学习效果;提供在线评教功能让学生对教师教学进行评价[3]。

四、评价结果的整合与运用

评价可以判断教师专业发展的效果。更重要的是,评价还能促进专业发展的持续改善,保障专业发展的有效施行。智能时代教师专业发展的学校支持评价制度是学校有效开展教师专业发展,促进教师专业水平提升的有效途径。

---

[1] 吴砥,饶景阳,王美倩. 智能教育:人工智能时代的教育变革[J]. 人工智能,2019(03):119-124.
[2] National Science and Technology Council. Preparing for the future of artificial intelligence[EB/OL].(2020-01-31)[2024-01-05]. https://Obamawhitehouse.archives.gov/sites/default/files/whitehousefiles/microsites/ostp/NSTC/preparingforthefutureofai.pdf.
[3] 杨宗凯,吴砥,陈敏. 新兴技术助力教育生态重构[J]. 中国电化教育,2019(02):1-5.

（一）评价结果的整合

学校教师专业发展评价小组作为学校层面的组织，负责统计、分析评价结果，并发布结果。根据学校支持教师专业发展总体设计，教师专业发展评价小组要在三个时间段公布教师专业发展评价。在学期初，教师专业发展评价小组组织专家和教师对学校组织、学科组、教师成长中心等制定的制度以及组织的项目和活动进行评价，并公布评价等级，将结果反馈给相关部门及被评价者。在学年末，教师专业发展评价小组根据相关制度和标准，进行评价。比如教师教学评价，教师专业发展评价小组除了对教师个人成果进行集中评议外，还要根据评价指标和权重，整合各个评价主体对教师的评议结果，形成教师年度教学水平等级或者分数。最后，学校教师专业发展评价小组分析数据，为教师提供教学诊断。学校教师专业发展评价小组所做的评价，将在年底进行一定层面上的报告，并将结果反馈给相关主体。同时，针对问题，学校教师专业发展评价小组应给出建议。

（二）教师职称认定

职称制度关系教师切身利益，科学的教师职称认定制度应有助于有效激发教师的积极性和主动性。国家发布了一系列职称文件和政策。根据文件和政策可知，国家对职称的认识是一个发展的过程。2010年到2015年间，国家发布了以下文件：《国家中长期教育改革和发展规划纲要（2010—2020年）》《国务院关于加强教师队伍建设的意见》《关于深化中小学教师职称制度改革的指导意见》，这三个文件将职称等同于职务，在认定中注重人才对岗位的适配度。一般说来，学校是按照职务通道对教师实施考核。2016年，国家印发了《关于深化职称制度改革的意见》，指出职称是专业技术人才学术技术水平和专业能力的主要标志。在此，2017年开始所提的职称，相比之前发生了变化，重点考察教师的专业水平和能力。综上所述，学校及相关部门在制定职称政策的时候，要研究职称的功能，既要考察教师的职务功能，又要考察专业技术功能，要从融合的角度进行考察，向职称的专业水平和专业能力倾斜，从专家的层面考察其专业水平。

智能时代，学校对教师提出了新的要求，要求教师具有"高尚品德与修养、引导学生学习的能力、沟通协调和艺术鉴赏能力、数据素养和信息化教师领导力以及智能技术与学科融合能力"；要求在教学过程中，运用多种教学方法开展教学活动。因此，智能时代的职称评审制度要相应作出调整，在制度设计时对智能时代教师专业发展的职称评审内涵进行深入探究。

第六节　案例分析

教师专业发展是一个动态、持续的过程，学校组织是正确引领教师专业发展的顶层设计机构。在前期研究基础上，本研究以某小学为案例，对学校支持的教师专业发展进行深度调研和访谈。针对该校实际，与该校校长多次沟通，制定了智能时代支持小学教师专业发展的学校组织机构，构建了组织发展路径。

一、研究设计及组织架构

（一）研究设计

1. 调查研究

研究构建了"学校组织、教师成长中心、学科组、教师个体意愿与行为、校外研修及社区"五位一体的学校支持体系，该体系是学校支持教师专业发展的核心部分之一。在进行研究实践时，由于学校组织体系是学校支持教师专业发展的顶层部分，因此，选取建设学校组织体系，有利于教师专业发展有序、科学的开展。在进行学校组织设计前，查阅文献，明确智能时代及智能时代学校支持教师专业发展、智能时代学校组织的内涵。在厘清智能时代学校支持教师专业发展的组织支持后，运用前期设计的调研问卷和访谈资料到校进行实地观察和访谈。

2. 整体设计

在调研的基础上，针对学校的现状，确定学校支持教师专业发展要在赋权增能、社会互动等理论的指导下进行总体设计，在设计中也要遵循"以学为中心"，确定智能时代教师专业发展的学校组织支持的目标及内容。

（二）组织架构

如前所述，智能时代中小学教师专业发展的学校组织是学校支持教师专业发展的一部分，以虚拟组织方式存在。与学校领导商议后，制定人员遴选细则，并在规定下确定人选，明确工作职责。校长办公室负责协调相关部门，同时处理日常行政事务。学校组织领导小组通过建章立制，对教师专业发展进行顶层设计。学校教师专业发展领导小组明确校长中心，按照相关原则成立学校专家团、学校教师专业发展专家团，并确定成员。

学校校长是学校教师专业发展的核心关键人物，也就是说校长的理念在一定程度上决定了学校专业发展的水平和质量。2021年，随着关于校长轮岗文件的发布及实施，学校支持教师专业发展的工作呈现新的变化，学校教师专业发展专家团和学校教师专业发展领导小组对学校发展和规划的作用日趋变强。校长办学和支持教师专业发展的理念和设计通过学校教师专业发展领导小组和学校专家团实现。也就是说，学校专家团对学校实施监督和指导作用。学校专家团，从立场来说，不仅仅是代表某一任校长的思想，而是以学校的发展为目标，为学校发展的良性循环构建科学的、体系化的发展举措。但是，专家团的人选势必由选拔和任命产生，且涵盖教育学或者教育管理学专家、学科专家、管理专家、信息化专家等。专家组和评估组属于学术组织，规定其他人员不得干预其学术活动。

二、理论指导及制度构架

智能时代学校支持的教师专业发展要注重学校组织的核心作用。而校长的理念决定着学校支持教师专业发展的成效。作为教师专业发展顶层设计机构，学校组织要对影响教师专业发展的因素进行充分调研，在现状调查的基础上，确定发展目标、制定制度等。综合前面研究，支持教师专业发展的学校组织要遵循智能时代的特点，依据以学为中心、赋权增能等理论，从整体和系统层面研究教师专业发展的影响因素，制定学校支持的教师专业发展制度。

在学校支持的教师专业发展中，要做到赋能技术、赋能教师和赋能管理。智能技术带来教育教学的革新，技术构建智能环境、推动教学方式变革、丰富教学内容以及有效收集和反馈信息。随着智能技术在教育教学中的广泛运用，学习和生活更加便捷，同时产生了大量数据。具体来说，学校要对智能技术做出充分考证，结合已有条件，在教学、管理以及评价等领域进行运用，用技术赋能。赋能教师，主要体现在以下方面：其一，赋予教师知情权，学校的重大决定、制度的制定与发布等，教师具有知情权；其二，赋予教师参与权，就是给予教师参与学校事务的权利，鼓励教师参与学校及其他组织的活动；其三，赋予教师教书育人活动自主权，教师工作具有特殊性，学校为教师教学和研究提供支持和帮忙，但作为教师个体来说，对于课堂组织具有话语权，按照相关规定开展教学活动；其四，学校要赋权教师专业发展，为教师专业发展保驾护航。落实在学校组织中，就是在顶层设计制度制定等中要有具体体现。赋权管理，智能时代智能技术让分散的职能通过系统得以简化和顺通。

在以学为中心和赋权增能理论指导下,学校赋能技术、赋能教师以及赋能管理,并以制度的形式进行发布,要求遵照执行。学校支持教师专业发展的学校组织要在校长带领下,成立学校教师专业发展的领导小组,以校长为核心,成员包括影响教师专业发展的职能部门,比如教务部门、人事部门、教师成长中心、信息资源中心、工会等。在校内,领导小组要吸纳学校资深的教师作为小组成员;在校外,要聘请教育学领域的专家。研究所在小学是以校长办公室为协调部门,办公室主任负责协调事宜。在确定了领导小组后,共同商议并遴选了学校教师专业发展专家团。

学校组织制定学校教师专业发展领导小组和专家团工作细则,并细化相关事宜。在充分调研的情况下,制定了以下制度,对学校支持的教师专业发展进行顶层设计。包括《教师专业发展方案》《智慧校园建设方案》《教师教学水平评价方案》《新教师入职细则》《教师职称评审方案》《教师代表大会制度》《教师外出参训方案》。其中,《教师专业发展方案》中明确构建学校支持的教师专业发展涵盖"学校组织、教师成长中心、学科组、校外机构及社区、教师个体意愿与行为"。《教师专业发展评价》《教师职业生涯规划制度》《教师教学竞赛制度》涵盖在《教师专业发展方案》中。

三、平台助力及资源整合

《中国教育现代化2035》规定要统筹建设智能化教学以及管理与服务平台。学校作为教师专业的促进者,要为教师专业发展搭建平台,为智能时代的教育教学创建条件是其重要职责。针对学校实际,可以从以下几方面来构建平台:

(一)公共资源平台

由学校教务和信息资源中心组织,根据学校现有情况,对学校现有公共资源全面摸底。在整合现有资源的情况下,根据智能时代学校支持教师专业发展的内涵和特点,制定"学校教师教育公共资源十年规划",对教师教育公共资源的建设目标、内容等予以规定。公共资源平台涵盖国家级、省级等平台提供的教师教育课程,类别包括:教师基本功系列课程、新教师提升课程等,根据学校发展目标及教师的需求对课程进行遴选。在此基础上,重构公共资源平台,使其丰富化、系统化、条理化,真正满足教师专业发展需求。

（二）校本资源

智能时代，校本资源是提升教师专业发展的重要资源。按照学校组织的统一规划，校本资源的收集和整理由学校电教中心负责。校本资源包括学校组织的各种高质量学术活动的电子资源、学校教师教学和教师专业发展活动中生成的各类资源、学校组织建设的各类教师教育课程等。校本资源更加本土化、特色化，更加适合本校教师专业发展。

（三）虚拟组织

智能技术催生了虚拟组织，虚拟组织中的交流非常重要。不同于传统实体组织，虚拟组织实现交流的方式是通过现代信息网络和通信技术来交流，建立基于教育资源的信息共享平台是基础性工作。学校在教师教学发展组织建设中发挥虚拟组织作用，使教师在不同地点与区域教师开展交流；发挥网络信息交流的文字、声音、图像、视频处理等基础性功能，以建设网络信息交流平台。虚拟组织可结合教师专业发展的目标进行平台系统设计与规划，包括：用户登录、新闻中心、文字聊天室、声音、留言板、视频、电子邮件、聊天信息下载、工作日程安排、交友以及功能区划分，等等。不同的学校在构建虚拟组织中，根据需要选择不同的模块。

四、评价引领及数据收集

评价是对事物的价值进行判断，具有导向作用，国家也注重评价的作用。学校支持教师专业发展，也要遵循办学的理念，结合智能时代的特点，制定相应的评价指标体系，并依照体系进行测评。智能时代教师专业发展的学校支持必须注重评价的引导作用。学校层面负责智能时代中小学教师专业发展的领导小组包括教师专业发展专家团、教师专业发展领导小组以及学校教师专业发展评价专家组。其成员组成及职责在组织架构和制度制定方面做了具体的规定。因此，学校组织是负责评价的主体单位，而学校教师专业发展评价专家组是具体确定评价细则、组织评价、发布评价报告以及对相关人员报告评价结果的具体实施者。

数据是智能时代的主要特点之一，有效的教师专业发展体系需要以数据作为支撑。智能技术让评价更加便捷。学校可围绕着系列制度，如《教师专业发展方案》《智慧校园建设方案》《教师教学水平评价方案》《新教师入职细则》《教师职称评审方案》《教师代表大会制度》《教师外出参训方案》等，从评价的角度将其量化，并规定详细的细则。

【小结】

本章在理论和实践基础上，构建了智能时代中小学教师专业发展学校支持的路径：理念引领，重塑中小学教师专业发展的新理念；围绕智能时代教师专业发展学校支持的目标，构建学校组织、教师成长中心、学科组、教师个体意愿和行为以及校外机构及社区五位一体的支持体系；通过建设和生成，打造学校教师专业发展资源库，以支持教师专业发展；开展活动，以多元化、个性化的方式助力教师成长；评价反思，为教师专业发展质量保驾护航。本研究深入小学开展研究，并以学校组织支持为案例，在调查研究基础上，构建了智能时代教师专业发展学校支持的学校组织。

第七章　研究总结及展望

针对智能时代教师专业发展的学校支持问题，本书运用文献研究法、调查研究法等，以赋权增能、教师职业生涯阶段等理论为基础，考察智能时代中小学教师专业发展的学校支持内涵、特点等。在深入调查智能时代中小学教师的TPACK水平和学校支持的教师专业发展现状后，分析智能时代学校支持面临的挑战，研究学校支持的角色转变。综合理论和实践探索后，本书构建了智能时代教师专业发展的学校支持路径。

第一节　研究总结

一、研究的结论

通过理论与实践，本书在赋权增能理论指导下，构建了智能时代教师专业发展的路径，路径的构建涵盖目标、体系、活动、资源以及评价等。研究得出以下结论：

（一）智能时代中小学教师专业发展学校支持的内涵及特点

智能时代教师专业发展的学校支持的内涵，是智能时代必须要面对和回答的问题。教师是具体实施教育教学和执行教学改革的专门从业人员。智能时代，教师专业发展要以培养教师和学生的终身学习能力为目标，注重发展教师专长，提高教师与智能教师、教师与学生的沟通协调等能力。智能时代学校支持的教师专业发展的内涵发生了变化，相对于非智能时代，智能时代中小学教师专业发展的学校支持要赋权教师、赋权技术、赋权管理，在目标设计、组织实施以及考核评价上为教师专业发展提供支持，以提升教师专业发展水平。智能时代，学校支持的教师专业发展呈现数据引导等特点。

（二）教师专业发展理论及智能时代中小学教师专业发展标准及价值取向

本书对赋权增能、社会互动、传播生态、教师职业生涯阶段理论进行了研究，发现：为教师赋权能激发管理活力、实现教师自主性以及增强教师之间的互助、合作；在社会互动理论的指导下，学习者可增进交往和互动，促进深度合作与交流；在传播生态学指导下，关注学校网络中和其他人交互的过程，可促进思维的发展和协作学习；对教师职业生涯进行研究，有利于制定符合教师成长阶段的项目，促进教师专业发展。教师专业发展标准是引导教师成长、评价教师水平的重要手段，通过对澳大利亚、英国、欧盟以及我国等6份教师专业发展标准进行词频分析和聚类编码，形成了"职业认知与师德、专业发展知识、专业发展能力、学校管理与支持以及教师与社区发展"的中小学教师专业发展标准的5个核心维度。在对比国内外标准后，提出我国教师专业发展的学校支持要以促进教师自主发展为价值取向。

（三）中小学教师的TPACK水平及学校支持的教师专业发展现状、挑战

本书对中小学教师的TPACK水平及学校支持的教师专业发展现状进行调查。研究发现，我国中小学教师的TPACK水平比较一致，维度均值3.88以上。其中，教师教学法和学科教学法掌握较好，而技术和整合技术的学科教学知识相对较弱。同时对智能时代中小学教师专业发展的学校支持进行调查，得出学校支持涵盖学校组织支持、教师成长中心支持、学科组支持等5个维度。学校组织支持影响教师成长中心、学科组、教师个体意愿和行为以及校外及社区的支持。教师成长中心在学校组织与教师个体意愿和行为间起着显著负向作用等。在理论研究、实践探索和文献研究基础上，本书还讨论了智能时代学校支持中小学教师专业发展面临的挑战，探析了智能时代学校支持的角色转变。研究得出，智能时代中小学教师专业发展的学校支持面临着多元教育理念与线性发展思维、教师专业发展目标与传统学校制度等方面的挑战，同时学校角色发生了转变——学校要成为教师专业发展的重构者、智能环境的构建者、教师发展专长的引导者、教师交流合作平台的搭建者。

（四）智能时代教师专业发展的学校支持路径

本书在理论和实践基础上，对国内外相关政策进行研究，构建了智能时代中小学教师专业发展的学校支持路径：理念引领，重塑中小学教师专业发展的新理念；围绕智能时代教师专业发展的目标，构建"学校组织支持、教师成长中心支

持、学科组支持、教师个体意愿和行为支持校外及社区支持"五位一体的支持体系；通过建设和生成，构建教师专业发展资源库，以支持教师专业发展；采用多元化、个性化的教师专业发展方式，线上线下和个性化定制相结合；注重数据收集与评价。

二、研究的不足

本书在以下方面存在不足，可能会为研究结果及其推广应用，带来一定的影响。

（一）数据采集方式受限

在实证调研环节，中小学智能化正在建设之中，本书在调查部分采集数据的方式虽然多元，但是由于目前条件不足，没有大面积地运用智能手段进行收集。

（二）调查样本选择局限

在采集教师样本时，虽尽量选择在不同地区发放问卷，但样本没有覆盖到全国。另外，虽然教师样本符合统计分析要求，并且具有一定的统计学意义，但样本数量不够多，也存在一定的局限性。

第二节 创新与展望

一、研究的创新

（一）研究视角的创新

在传统教育中，教师发展往往是以"被教育"为主，学校对于教师专业发展的促进，主要侧重于如何培训教师。本书以赋权增能等理论为指导，通过系列制度、活动、评价等的开展，激发教师自主学习与发展，提高教师专业水平。换言之，本书是从学校如何支持教师自主学习的角度进行研究，实现了教师教育观念的转变，在研究视角上具有创新性。尤其是在智能时代，技术的发展为教师自主学习提供了环境支持和技术手段，有利于学习活动实施和学习效果的达成。

（二）维度划分的创新

人工智能推进社会进入智能时代，不少学者针对智能时代变革教育教学和教师专业发展开展了大量的研究。但是，针对智能时代这一特征，从学校角度来支持教师专业发展的研究仍然是相对新的研究领域。而学校作为教师专业发展的职后场域，肩负着为社会输入优秀人才的职责，由此本书的开展既具有一定的实践紧迫性，也具有一定的研究创新性。本书对智能时代教师专业发展的学校支持的内涵、特点等进行深入的分析，以"赋权增能""传播生态学"等理论为基础，研究构建智能时代中小学教师专业发展的学校的因素，并对支持的路径进行剖析，从维度来说具有创新性。

（三）研究方法的创新

学校支持的教师专业发展，最终的落脚点是在人的培养上，而涉及人的培养的方面，单一的研究方法不能解决问题。本书综合了文献研究、调查研究等方法，在问卷分析上采用量化和质性相结合的方法，具有方法上的创新。

二、研究展望

本书从教师赋权增能、社会互动以及传播生态等理论出发，对智能时代中小学教师专业发展的学校支持内涵进行研究，确定了"学校组织支持、教师成长中心支持、学科组支持、教师个体意愿和行为支持、校外及社区支持"五位一体的学校支持体系。本书提出，在学校支持的教师专业发展要"理念引领、体系保障、资源支持、活动支持以及评价反馈"。在具体实施中，要充分发挥校长领导力和教师领导力，采取分层赋权、技术引领、平台助力等具体举措。这也为未来学校支持教师专业发展提供了思路。本书认为还可以从以下方面进一步拓展延伸：

（一）扩大研究样本及调查范围

增加教师样本来源地和样本数量，开展更大范围的调查分析，进一步探究智能时代中小学教师专业发展学校支持的内涵，为差异化和有针对性地开展教师专业发展提供数据支持和相关建议。

（二）基于新政策下的拓展研究

如研究教师、校长轮岗制度下，学校如何支持教师专业发展。2014年，教育部等三部委印发了《关于推进县（区）域内义务教育学校校长教师交流轮岗的意见》，对义务教育学校校长、教师交流轮岗制度进行了明确的规定。国家拟定用3至5年时间实现县（区）域内校长、教师交流轮岗的制度化、常态化，实现县

（区）域内校长、教师资源均衡配置，支持和鼓励有条件的地区进一步推进。政策针对义务教育阶段，且是公办学校的校长、副校长和骨干教师，要求校级领导在同一所学校任职满两届后，原则上要实施轮岗制度，要流动到其他学校担任职务。对于骨干教师，则在同一所学校任职有规定年限，年限超过要到其他学校。政策还规定骨干教师交流人数不低于交流总数20%。针对此类新出台的政策，学校应做出相应的措施，比如，在轮岗教师如何融入新学校、更好发挥引领作用、构建学习共同体等方面要进行深入研究。

【小结】

智能时代的到来，新技术的不断涌现，使得学校支持教师专业发展的目标、组织形式和举措发生了相应变化，呈现出与过去不一样的特点。同时，智能时代也促使我们要重新梳理学校与教师专业发展的关系，深入思考未来教师专业发展的可能变化，制定符合学校实际的教师教育方案，力争探索一条适合我国国情的教师专业成长之路。

附　　录

附录一 《澳大利亚教师专业标准》

范畴	标准
了解学生及其学习方式	学生身体、社交和智力的发展和特点：选择灵活而有效的教学策略，以适应身体、社交和智力的发展与特点
	了解学生如何学习：加强对学生如何利用研究和职场知识进行学习的理解
	学生具有不同的语言、文化、宗教和社会经济背景：协助同事制定有效的教学策略，以满足来自不同语言、文化、宗教和社会经济背景学生的需求，发挥其学习优势
	土著和托雷斯海峡岛民学生的教学策略：利用社区代表的知识和支持，为土著和托雷斯海峡岛民学生实施有效的教学策略提供意见和支持
	区分教学，以满足不同能力的学生的特殊学习需求：根据不同能力的学生的具体学习需求，使用学生评估数据，评估学习和教学项目
	支持残疾学生全面参与的策略：与同事合作，获取专业知识、相关政策，以发展和支持残疾学生参与和学习的教学项目
了解课程内容及教学方法	教学区内容与教学策略：支持同事使用现有的、全面的内容和教学策略知识来发展和实施有吸引力的学习和教学计划
	内容的组织和选择：在内容的选择和组织以及学习和教学计划方面，提供和展示创新实践
	课程评估和报告：利用对课程评估和报告要求的当代知识的理解，支持同事计划，实施学习和教学计划
	支持同事，提供机会让学生了解和尊重土著和托雷斯海峡岛民的历史、文化和语言
	识字和算术策略：协助同事实施有效的教学策略，以提高学生的读写及计算能力
	信息和通信技术：利用现有的资讯及通讯科技改善教学实践和制作内容相关资源

续表

范畴	标准
计划和实施有效的教与学	制作有挑战性的目标：培养一种高期望的文化，为所有学生建模和设置具有挑战性的学习目标
	计划、组织和安排学习项目：与同事一起规划、评估和修改学习和教学计划，以创造有效的学习环境，使所有学生都参与其中
	运用教学策略：协助同事选择和运用有效的教学策略，以发展知识、技能、解决问题的能力、批判性和创造性思维
	使用资源：协助同事创建、选择和使用广泛的资源，包括信息和通信技术，让学生参与他们的学习
	使用有效的课堂交流：协助同事广泛选择语言和非语言的范围支持的沟通策略，提高学生的理解度、参与度和成就感
	评估和改进教学计划：与同事一起回顾当前的教学工作和学习程序，使用学生反馈、学生评估数据、课程知识和工作场所实践，审查当前教学和学习计划
	让父母或照顾者参与教学过程：与同事一起，为父母或照顾者提供机会参与孩子的学习
创造和维护支持性和安全性的学习环境	支持学生参与：为有效实践树立榜样，支持同事实施包容性战略，让所有学生参与并支持这些战略
	管理课堂活动：与同事分享灵活的教室管理策略，确保学生可以从事一切有目的的活动
	管理挑战性行为：运用专业知识和工作经验，发展并与同事分享灵活的行为管理策略
	维护学生安全：发起并承担责任来执行现有的学校体系、课程和立法，确保学生的健康和安全
	安全、负责和合乎道德地使用信息通信技术：建立模型，支持同事发展；促进制定安全、负责任的战略，以及在学习和教学工作中合乎道德地使用信息通信技术
对学生的学习情况进行评估、提供反馈和报告	评价学生学习：发展和应用综合诊断，遵从课程要求，对同事的工作效果进行评估
	对学生的学习提供反馈：从有效范围内选择提供有针对性的反馈策略，对每个学生当前的学习情况及时进行判断
	做出一致和可比较的判断：组织评估审核支持一致和学生的可比判断学习
	分析学生数据：从内部和外部，与同事一起使用数据，评估学生的学习和教学，制定干预措施，改进教学实践
	学生成绩报告：与同事一起建设准确、翔实和及时的报告，向学生、家长或照顾者介绍学生的学习和成绩

续表

范畴	标准
从事专业学习	确定并规划专业学习需求：分析澳大利亚职业教师，为教师制订个人的标准职业发展目标，支持同事实现个人发展目标以及职前教师的课堂提高练习
	从事专业学习和提高实践：制定专业学习计划，获取相关信息并进行评论研究；从事高质量的工作，有针对性的寻找实习机会；为职前教师提供高质量的实习机会
	与同事交流，提高练习：发起并从事专业学习工作，在一定范围内与同事进行讨论
	应用专业学习，提高学生学习：与同事一起评估教师专业效能学习活动，以适应学生学习的需要
协助同事、父母或照顾者和社区进行专业交流	遵守职业道德，承担职业责任：保持较高的道德标准，并在学校和社区内协助同事诠释道德守则，做出正确判断
	遵守立法、行政和组织的要求：协助同事进行评审，解释立法、行政和组织需求、政策和过程
	与父母或照顾者沟通：与父母或护理人员沟通他们孩子的学习和健康情况
	参与专业教学网络和更广泛的社区：为专业的网络贡献力量，与更广泛的社区建立生产性的联系，改善教学和学习

附录二 《英国教师专业发展标准准纲》

范畴	标准
教师专业发展应着眼于改善和评价学生的学业成绩	学校领导对教师发展有明确目标,并展示活动和预期结果之间的联系
	学校在项目设计时充分考虑教师的起点、预期进展及对学生学业成绩的影响
	学校依据对教师、学生和学校的影响,设计和评价活动项目
	教师清楚地了解活动项目的预期结果
	教师不断地用形成性评价监测和影响活动项目的推进
	教师选择互补性活动项目,使之与教学实践、学生和学校整体目标相适应
	培训设计者非常清楚他们提供的活动项目对教师和学生的预期影响
	培训设计者统计参与者的已有知识、经验和目标,并据此设计活动方案,以确保参与者取得进步
	培训设计者提供测量工具,帮助参与者改变自己的教学实践,评估其影响
教师专业发展应该以坚实的理论和专业知识为基础	学校引入专家参与机制,确保活动项目清晰阐释教学实践活动怎么样、为什么在不同教学情境中起作用
	学校结合教师的教学实践与学生的经验和学业成绩的关联性,为参与者提供反馈、反思的机会
	学校确保教师的通识性实践活动能适应不同的主题和背景
	教师努力理解教学实践如何发挥作用,并知道如何成功地应用于不同的教学情境中
	教师积极探索教学实践的形成性反馈,并将之应用于评估学生的学业成绩和学校改进上
	渴望积累教学知识、学科知识或专业知识(即特殊教育需求)
	用明确的理论来阐释教学实践如何以及为什么起作用
	为参与者提供机会,建设性地挑战其现有的理念信仰
	积极采用稳定、独立的评估,展示活动项目对预期结果的影响
教师专业发展应该包括专家合作与挑战	构建持续性的合作模式,使得参与者能够利用理论和专业知识,改进教学实践
	确保专业发展的活动项目内容包括思维的外部挑战
	鼓励参与者分析课堂实施情况的相关论证信息
	寻求专家支持和指导
	争取参加能够改进课堂教学的实践活动项目
	和同行共同开展教学实践活动,重点研讨对学生的影响
	加强与学校的合作,为教师提供多种多样的实践机会
	支持已构建的合作模式和有关对学生影响的研讨
	利用外部理念来挑战现存的正统观念,提高期望值,并引进有据可循的教学实践活动

续表

范畴	标准
教师专业发展计划应有持续性	学校设计循环往复的活动项目，以此形成贯穿始终的总项目
	学校保证每次短期活动（比如一天）有具体目标，或者是一系列相关活动的一部分，以实现更高的总目标
	学校确保其他工作压力不会影响专业发展目标的达成
	教师寻找能够持续至少两个学期的项目，这样的项目会提供持续不断的支持
	教师将想法转化成针对具体课堂、与学生相关的教学能力，并不断实践和调整
	培训组织者明确教师和学校领导所要求的投入，并在项目实施中不断调整
	培训组织者支持参与者与其学校共同协作，将活动项目所带来的变化付诸教学实践，并将短期、单一的活动与持续性的长线项目相融合
	培训组织者确保辅助部分（如场所、房间、茶点）不会影响专业发展目标的达成
学校领导必须优先考虑教师专业发展	有据可循的教师发展成为领导的头等大事
	建立一种相互信任的职业参与机制和科学、有挑战的文化氛围
	确保学校、学科、学段和个人发展计划具有连贯性，并相辅相成
	教师为个人的专业发展承担责任
	教师积极参与和同行、领导关于教学实践的研讨，为形成一种相互信任、相互尊敬和学术研究型的文化氛围倾尽所能
	教师积极参与有效的专业发展的实践活动，拒绝低劣的或者低效的实践活动
	教师发展组织者帮助学校和参与者构建有效的学校领导体制和程序
	教师发展组织者帮助学校领导和参与者清楚地了解他们各自的需求，并提供辅助工具和资源
	教师发展组织者要清楚教师和学校领导在项目之前和之后的角色

附录三 《教师应该知道和能做什么》

范畴	标准
关注学生成长与学习情况	教师认识到学生的个体差异,在教学实践中考虑学生差异
	教师知晓学生如何发展和学习
	尊重来自不用文化、不同环境的学生的差异
	教师帮助学生适应不断变化的环境
	利用学生背景的多样性,丰富学习环境,制定策略,提高成效
	老师对学生一视同仁
	关注学生的自我意识、动力、学习效果及同伴关系
	教师注重对学生个性发展和公民责任感的培养
掌握学科知识技能和教学方法	教师通晓所教学科的知识的起源、组织以及和其他学科的联系
	教师使用丰富、复杂的主题,促进学生的学习发展水平
	教师掌握如何向学生传达某一主题的专门知识
	教师可以通过多种途径获得知识
	教师运用数字工具理解课程学习,发展学生思维
引导学生自主学习	教师采用多种方法实现学习目标
	教师运用系统的资源来支持学生学习,激发学生学习动机
	教师重视学生参与
	教师定期评估学生进步
	教师支持学生在不同的环境和小组中学习
	在持续的基础上,优秀的教师督促每个学生进步,评估班级,并检查他们的实践
	教师使学生参与学习的过程
加强评价、监督和反馈活动,对自身进行完善	教师会做出考验他们专业判断的艰难选择
	对专业发展的持续热情和奉献精神使优秀的教师脱颖而出,并成为他们培养学生批判性性格的例证
	教师运用反馈和评价改进实践,对学生学习产生积极影响
优秀教师是整个教学活动中必不可少的部分	教师与其他专业人士合作
	教师和同事一起工作,作为一个团队的成员,分享知识和技能
	教师定期与学生的父母和监护人交流
	教师与社区合作,以提高学校效能

附录四 《美国教师核心素养》

范畴	标准
知识	教师理解学科结构、核心概念以及研究工具
	教师理解并运用多种教学策略
	教师基于学科知识、社区和课程目标设计教学
	教师理解如何使用交流媒介工具
	教师能够跨学科进行教学，理解学生的认知水平与发展潜能
	教师理解学生的差异
	教师理解个人、群体的行为动机，理解学校环境及其对学生的影响
能力	教师能使用有效的媒介交流技巧支持课堂活动
	教师能够不断评估自身对他人（学生、家长以及学习共同体中的其他专业人士）的影响，并且积极寻求专业发展的机会，成为反思性实践者，为学生智力、个性及社会化的发展提供学习机会，做到因材施教
	为学生创造积极、互动的社交环境，激发学生的学习动力与自我效能感
	促进课堂上的积极探究、协作互动
	使用不同评价方式进行评估，确保学习者体力、智力及社会性持续发展
	教师能够在更大范围内形成与学校同事、家长和机构的良好关系，以支持学生的学习和发展
	教师参与学校活动
态度	教师将批判性思维和自主学习作为一种习惯
	意识到自己所从事职业的责任
	不断增强文化敏感度
	教师尊重所有学习者的多样性
	乐于倾听学生，尊重学生隐私，关注学生发展
	教师积极与团队合作，乐于给予并接受帮助，支持同事的发展

附录五 以核心素养来促进终身学习的建议书

范畴	标准
专业知识与理解	具备有效知识管理策略支撑的结构化的、组织良好的知识框架（关于课程、教育理念及评估）
	教学内容知识是对学科内容与结构的深入理解，包括任务、学习环境和学习目标的知识
	了解学生先验知识以及特定学科反复出现的学习难点
	关于教学方法和课程材料的知识
	课程知识（学科课程知识，如针对特定学科内容的学习计划与指导）
	教育科学基础知识（历史、哲学、心理学和社会学知识）
	教学知识（教学和学习过程的知识）
	适应性的专业知识；对教育政策制定的背景、制度及组织方面的了解；具备课堂教学与管理的能力和策略
专业技能与实践	能够熟练使用母语及一门外语进行沟通与教学
	具备数学、科学及技术素养
	能使用多种能力进行教学
	具备指导和支持学习者所需技能的能力
	根据学生的需要和情境的变化调整计划和实践
	收集、分析、解释材料和数据，并能用于专业决策和教学改进
	能够不断反思和实践
	能够与其他教师协作，并在学校专业社群中进行反思与研究，与同事、家长和社会服务人员合作
	具备研究与自主学习的能力
	能适应不断变化的、相互影响的多层级的教育背景
专业情意	包括信念、态度、价值观及敬业精神
	从社会和文化层面对教育进行深刻理解
	具有与其职业角色相关的人格特质
	对教学、学习以及教师角色具有积极的态度
	意识到不断获得新知识的重要性
	具有与他人合作的意识
	发展研究、自主学习的文化与态度，具有创新精神
	对自己教学持批判态度
	对专业持续发展具有积极态度
	作为欧洲公民，应积极促进学生的民主态度和行为

附录六 《我国中小学教师专业发展标准（试行）》

范畴	标准
职业理解与认识	贯彻党和国家教育方针政策，遵守教育法律法规
	理解教育工作的意义，热爱教育事业，具有职业理想和敬业精神
	认同教师的专业性和独特性，注重自身专业发展
	具有良好职业道德修养，做到为人师表
	具有团队合作精神，积极开展协作与交流
对学生的态度与行为	关爱学生，重视学生身心健康，将保护学生生命安全放在首位
	尊重学生独立人格，维护学生合法权益，平等对待学生；不讽刺、挖苦、歧视学生，不体罚或变相体罚学生
	信任学生，尊重个体差异，主动了解和满足有益于学生身心发展的各项需求
	积极创造条件，促进学生自主发展，让学生拥有快乐的学校生活
教育教学的态度与行为	树立育人为本、德育为先的理念，将学生的知识学习、能力发展与品德养成相结合，重视学生全面发展
	尊重教育规律和学生身心发展规律，为学生提供合适的教育
	引导学生体验学习乐趣，激发学生的求知欲和好奇心，培养学生的广泛兴趣、动手能力和探究精神
	引导学生学会学习，养成良好学习习惯
	尊重和发挥好少先队组织的教育引导作用
个人修养与行为	富有爱心、责任心、耐心
	乐观向上、热情开朗、有亲和力
	善于自我调节情绪，保持平和心态
	勤于学习，不断进取
	衣着整洁得体，语言规范，举止文明、礼貌
学生发展知识	了解关于学生生存、发展和保护的有关法律法规及政策规定
	了解学生身心发展的特点和规律，掌握保护和促进学生身心健康发展的策略与方法
	了解学生学习的特点
	掌握学生良好行为习惯养成的知识
	了解学生世界观、人生观、价值观形成的过程及其教育方法
	了解学生思维能力、创新能力和实践能力发展的过程与特点
	了解学生群体的文化特点与行为方式
	了解衔接阶段学生的心理特点，掌握帮助学生顺利过渡的方法
	了解对学生进行青春期和性健康教育的知识和方法
	了解学生安全防护的知识，掌握针对学生可能出现的各种侵犯与伤害行为的预防与应对方法

续表

范畴	标准
学科知识	适应综合性教学的要求，了解多学科知识
	掌握所教学科的课程标准
	掌握所教学科的知识体系、基本思想与方法
	了解所教学科与其他学科的联系
	了解所教学科与社会实践、少先队活动的联系
教育教学知识	掌握教育教学基本理论
	掌握学生认知规律和教育心理学的基本原理和方法
	掌握所教学科课程资源开发与校本课程开发的主要方法与策略
	了解学生在学习具体学科内容时的认知特点
	掌握针对具体学科内容进行教学和研究性学习的方法与策略
	掌握所教学科的教学知识
通识性知识	具有相应的自然科学和人文社会科学知识
	了解中国教育的基本情况
	具有相应的艺术欣赏与表现知识
	具有适应教育内容、教学手段和方法现代化的信息技术知识
教育教学设计	科学设计教学目标和教学计划
	合理制订学生个体与集体的教育教学计划
	合理利用教学资源，科学编写教学方案
	合理设计主题鲜明、丰富多彩的班级和少先队活动
组织与实施	建立良好的师生关系，帮助学生建立良好的同伴关系
	创设适宜的教学情境，根据学生的反应及时调整教学活动
	调动学生学习的积极性，结合学生已有的知识和经验激发学习兴趣
	发挥学生的主体性，灵活运用启发式、探究式、讨论式、参与式等教学方式
	发挥好少先队组织生活、集体活动，以及信息交流等功能
	将现代教育技术手段整合应用到教学中
	较好地使用口头语言、肢体语言与书面语言，使用普通话教学，规范书写钢笔字、粉笔字、毛笔字
	鉴别学生的行为和思想动向，用科学的方法防止和有效矫正不良行为
	注重结合学科教学进行育人活动
	针对学生生理和心理发展的特点，有针对性地组织开展有益身心健康发展的教育活动
	指导学生心理、学业等多方面发展
	有效管理和开展班级、共青团、少先队活动
	妥善应对突发事件

续表

范畴	标准
激励与评价	对学生日常表现进行观察与判断,发现和赏识每一位学生的点滴进步
	灵活使用多元评价方式,给予学生恰当的评价和指导
	引导学生进行积极的自我评价
	利用评价结果不断改进教育教学工作
	利用评价工具,掌握多元评价方法,多视角、全过程评价学生发展
	自我评价教育教学效果,及时调整和改进教育教学工作
沟通与合作	使用符合学生特点的语言进行教育教学工作
	善于倾听,和蔼可亲,与学生进行有效沟通
	与同事合作交流,分享经验和资源,共同发展
	与家长进行有效沟通和合作,共同促进学生发展
	协助学校与社区建立合作、互助的良好关系
反思与发展	主动收集、分析相关信息,不断进行反思,改进教育教学工作
	针对教育教学工作中的现实需要与问题,进行探索和研究
	制定专业发展规划,积极参加专业培训,不断提高自身专业素质

附录七 智能时代中小学教师专业发展水平及学校支持路径研究访谈提纲

老师,您好!我们正在做一个有关教师专业发展路径的调查。感谢您在繁忙的期末接受访谈,您可以先做一个自我介绍,介绍一下您的具体情况,比如毕业年份、从教年限、职称以及所授课程,等等。以下还有7个问题:

1. 您能谈谈您的线上教学经历吗?
2. 您觉得目前这个阶段或者未来,作为教师要具备哪些能力?
3. 您认为哪些因素会影响教师的专业发展?比如个人的从业意愿、家庭支持、学校的相关制度和政策、社会对教师职业的认可等,会影响教师的专业发展吗?
4. 您经常参加校内外的专业发展项目吗?比如校外培训、校内集体备课、与同事研讨等。您觉得哪些效果好?原因是什么?
5. 您会主动进行自我提升吗?具体有哪些自我提升方式?
6. 未来可能有越来越多的智能机器人、智能小助手等智能工具参与课堂教学,您愿意与其共同介入学生的成长吗?
7. 在提升专业水平上,您希望学校从哪些方面给予支持?

附录八　智能时代中小学教师专业发展现状及影响因素调查问卷

老师，您好！为深入了解智能时代中小学教师专业发展现状及影响因素，探索智能时代中小学教师专业发展的内涵与特点，探寻有效的教师专业发展路径，我们特编制此问卷。此问卷仅用于调查研究，我们会对填报信息保密。十分感谢您抽出宝贵时间填写此问卷！

一、基本信息

1. 您的年龄：
□20—29　□30—39　□40—49　□50以上

2. 您的性别：
□男　□女

3. 你的教龄：
□5年以下　□6—10年　□11—15年　□16—25年　□26年以上

4. 您的职称：
□未定级　□初级　□中级　□高级　□特级

5. 您的最高学历或学位：
□专科　□本科　□硕士　□博士

6. 您的学校类别：
□小学　□初中　□高中

7. 您的主要任教科目［多选题］：
□语文　□数学　□英语　□物理　□化学　□地理
□历史　□政治（思想道德）　□生物　□体育　□心理健康
□艺术（音乐、美术）　□信息技术　□其他

8. 您的学校所在区域：
□城市　□县城　□镇区（不含县城）　□乡　□村　□团场

9. 您的学校所在地区：
□东部地区（上海、北京、河北、浙江等）
□中部地区（河南、山西、湖南、湖北等）

□西部地区（四川、广西、新疆、青海等）

10．您还承担了以下哪些职务［可多选］：

□班主任　□年级主任　□备课组长　□学校中层

□校级干部　□无

二、智能时代中小学教师专业发展现状调查

请您根据自身实际情况进行评价，在符合的地方打"√"，"非常不同意"为1分，"不同意"为2分，"一般"为3分，"同意"为4分，"非常同意"为5分。

序号	情况	非常不同意	不同意	一般	同意	非常同意
1	我知道很多优化课堂教学的教育信息技术（概念图软件、交流工具、交互白板以及演示软件等）					
2	我具备使用教育信息技术所需要的能力，如操作智能设备等					
3	我能根据学生现有水平选择合适的教学方法					
4	我能根据学生群体的差异，调整教学风格					
5	我能在课堂教学中使用多种教学方法（讲授法、讨论法、问题引导法等）					
6	我能用多种方法评估学生学习效果					
7	对于讲授的学科，我掌握了充分的学科专业知识（如物理学科掌握力学、热学、电学以及光学等知识）					
8	针对所授课程，我能够使用特定的学科思维方式					
9	我知道所授课程的基本理论和概念					
10	我了解所授课程的重要理论发展渊源					
11	我能在教学中选择有效的教学方法，引导学生思考和学习					
12	我能在教学中设计合适的任务，提升学生的复杂思维					

续表

序号	情况	非常不同意	不同意	一般	同意	非常同意
13	我能在教学中设计合适的练习，巩固学生知识					
14	我知道如何用合适的方法评价学生学习					
15	我能选择合适技术，提升教学手段（如利用网络、视频开展线上线下教学等）					
16	我能选择的合适技术提升学生学习效果（如运用问卷星等开展师生互动，提高学习效果）					
17	我能根据不同的教学活动使用不同技术（如在几何授课中运用几何画板，使用软件演示化学反应）					
18	我经常针对教育信息技术如何有效促进教与学的理论与实践，进行积极反思					
19	我清楚信息技术的发展对我所授课程的改变（如人工智能技术对物理课程带来了变化）					
20	我能明确说明在所授学科领域中使用了哪些技术					
21	我了解哪些新技术能在我所授学科领域发挥作用					
22	我了解在学科领域研究中使用哪些合适的技术					
23	我能在课堂上使用结合内容、技术和教学方法整合的策略					
24	我能运用教育信息技术丰富课本之外的课程内容					
25	我能选择合适的教育信息技术来提升教学内容、教学方法和学生学习效果					
26	我能在课堂上实现主题、技术和教学方法的融合（如在地理学科中有关冰川的教学，导入冰川纪录片，并用动画展示冰川的形成过程）					

三、智能时代中小学教师专业发展影响因素调查

请您根据自身实际情况进行评价，在符合的地方打"√"，"非常不同意"为1分，"不同意"为2分，依次递增，"非常同意"为5分。

序号	情况	非常不同意	不同意	一般	同意	非常同意
1	我有知识和能力更新的需求和动力					
2	我愿意将研修成果在教学中运用					
3	我愿意与智能机器人分担部分教学工作，如批改作业、对学生进行测评					
4	在教学中，我能够运用教育信息技术开展教学					
5	我能运用信息工具收集学生学习效果的数据					
6	我能将收集的教学数据进行整理和分析					
7	我能运用一些教育信息工具辅助自身学习					
8	我能与同事积极交流，探讨教学					
9	我能寻求与同事的合作					
10	校长重视教育信息技术带来的教与学变革，并给予支持					
11	学校重视教学发展工作，制定相关制度					
12	学校建有录播教室等智慧教室，可促进线上师生互动					
13	学校定期邀请名师（做报告、开工作坊），支持教师专业发展					
14	学校设置专门机构，负责教师成长，并配有专业人员					
15	学校教师成长中心（机构）协助教师制定成长规划					
16	学校教师成长中心（机构）搭建线上线下教学和学习平台，定期开展活动					

续表

序号	情况	非常不同意	不同意	一般	同意	非常同意
17	学校教师成长中心（机构）开发教师专业发展项目，定期组织培训					
18	学校教师成长中心（机构）开展的发展项目，具有持续性和系统性					
19	学校教师成长中心（机构）开发教师专业发展课程，定期开放课程					
20	学校教师成长中心（机构），收集教师专业发展项目成效的数据					
21	学校对教师专业发展成效实施评价，对全校进行年度报告					
22	教师专业发展结果作为教师职称评审、评优等的重要依据					
23	备课组领导定期与学校及教师成长机构沟通，商议教师发展事宜					
24	备课组搭建线上线下教师专业发展平台，定期组织活动					
25	我参与备课组重要决策的讨论和制订					
26	我参与备课组的课程建设					
27	备课组为教师教学和研究等提供了足够的时间					
28	我参加的校外教师专业发展项目、机构能提供优质项目					
29	我参加过校外专业发展活动，并在活动中做交流和示范					
30	我参加社区组织的活动，改善教与学					

四、开放题

1. 智能时代，作为一名教师您觉得最需要在哪些方面得到提升？
2. 智能时代，您希望学校在职业发展中从哪些方面给予支持？

参考文献

一、著作类

[1] 卡麦兹. 构建扎根理论：质性研究实践指南[M]. 重庆：重庆大学出版社，2009.

[2] 操太圣，卢乃桂. 伙伴协作与教师赋权：教师专业发展新视角[M]. 北京：教育科学出版社，2007.

[3] 赵明仁. 教学反思与教师专业发展[M]. 北京：北京师范大学出版社，2009.

[4] 吴军. 智能时代[M]. 北京：中信出版社，2016.

[5] [美]哈罗德·拉斯韦尔. 社会传播的结构与功能[M]. 北京：中国传媒大学出版社，2013.

[6] 朱旭东. 教师专业发展理论研究[M]. 北京：北京师范大学出版社，2011.

[7] 雷·库兹韦尔. 奇点临近[M]. 北京：机械工业出版社，2011.

[8] 迈克斯·泰格马克. 生命3.0：人工智能时代人类的进化与重生[M]. 杭州：浙江教育出版社，2018.

[9] 恩斯特·卡西尔. 人论[M]. 上海：上海译文出版社，2018.

[10] 阿尔伯特·班杜拉. 社会学习理论[M]. 北京：中国人民大学出版社，2015.

[11] 布鲁斯·伯比顿. 员工激励[M]. 刘春燕，陈舟平，译. 北京：中国标准出版社，2004.

[12] 今井田むつみ，野岛久雄，冈田浩之. 人是如何学习的：认知学习论的视点[M]. 东京：北树出版公司，2012.

[13] 马云鹏，赵冬臣. 教师专业知识发展研究[M]. 北京：教育科学出版社，2020.

[14] 克劳斯·施瓦布. 第四次工业革命作者[M]. 北京：中信出版社，2016.

[15] 爱德华·威尔逊. 知识大融通21世纪的科学与人文[M]. 梁锦鋆，译. 北京：中信出版社，2016.

[16] B.A.苏霍姆林斯基. 给老师的建议[M]. 武汉：长江文艺出版社，2014.

[17] 皮埃罗·斯加鲁菲. 智能的本质[M]. 北京：人民邮电出版社，2017.

[18] 丹尼尔 L.施瓦茨. 科学学习[M]. 北京：机械工业出版社，2018.

[19] 陈向明. 质的研究方法与社会科学研究[M]. 北京：教育科学出版社，2000.

[20] 芭芭拉·奥克利. 学习之道[M]. 北京：机械工业出版社，2016.

[21] 皮埃罗·斯加鲁菲. 智能的本质：人工智能与机器人领域的64个大问题[M]. 北京：人民邮电出版社，2017.

[22] 胡惠闵，王建军. 教师专业发展[M]. 上海：华东师范大学出版社，2014.

[23] 迈克尔·扬. 把知识带回来：教育社会学从社会建构主义到社会实在论的转向[M]. 北京：教育科学出版社，2019.

［24］朱旭东，裴淼. 教师学习模式研究：中国的经验［M］. 北京：北京师范大学出版社，2017.

［25］朱旭东. 中国现代教师教育体系构建研究［M］. 北京：北京师范大学出版社，2014.

［26］赵昌木. 教师专业发展［M］. 济南：山东人民出版社，2011.

［27］L·W·安德森，等. 学习、教学和评估的分类学：布卢姆教育目标分类学修订版［M］. 皮连生，译. 上海：华东师范大学出版社，2008.

［28］卢乃桂，操太圣. 中国教师的专业发展与变迁［M］. 北京：教育科学出版社，2009.

［29］伯尼·特里林，查尔斯·菲德尔. 21世纪技能：为我们所生存的时代而学习［M］. 洪友，译. 天津：天津社会科学院出版社，2011.

［30］胡钦太. 信息时代的教育传播范式迁移与理论透视［M］. 北京：科学出版社，2010.

［31］大卫·希尔弗. 如何做质性研究［M］. 曼李雪，张劫颖，译. 重庆：重庆大学出版社，2009.

［32］戴维·乔纳森. 学习环境的理论基础［M］. 郑太年，任友群，译. 上海：华东师范大学出版社，2015.

［33］顾小清. 面向信息化的教师专业发展行动学习的实践视角［M］. 北京：教育科学出版社，2006.

［34］郭元祥. 教师的20项修炼［M］. 上海：华东师范大学出版社，2008.

［35］陈佑清. 学习中心教学论.［M］. 北京：教育科学出版社，2019.

［36］何克抗. 信息技术与课程深层次整合理论［M］. 北京：北京师范大学出版社，2019.

［37］胡森，沃什博格. 教育大百科全书（教育评价）［M］. 重庆：西南师范大学出版社，2006.

［38］大卫·阿什德. 传播生态学：文化的控制范式［M］. 邵志择，译. 北京：华夏出版社，2003.

［39］卢西亚诺·弗洛里迪. 第四次革命：人工智能如何重塑人类现实［M］. 王文革，译. 杭州：浙江人民出版社，2016.

［40］Hargreaves A, Earl L, Moore S, et al. Learning to change: Teaching beyond subjects and standards［M］. San Francisco: Jossey Bass, 2001.

［41］Katzenmeyer M, Moller G. Awakening the sleeping giant: Helping teachers develop as leaders［M］. Thousand Oaks: Corwin Press, 2009.

［42］Fessler R, Rice E. Teachers career stages and professional development［M］// Peterson P, Baker E, Gaw B M. International encyclopedia of education. Amsterdam: Elsevier, 2010.

［43］Mc Caffrey D F, Lockwood J R, Koretz D M, et al. Evaluating value-added models for teacher accountability［M］. Santa Monica: RAND, 2003.

［44］Bill & Melinda Gates Foundation. Innovation in education: Technology & effective teaching in the US seattle［M］. Washington: Author, 2012.

［45］Ching D, Santo R, Hoadley C, et al. On-ramps, lane changes, detours and destinations: Building connected learning pathways in Hive NYC through brokering future learning opportunities［M］. New York: Hive Research Lab, 2015.

［46］Day C. Developing teachers: The challenges of lifelong learning［M］. London: Falmer Press, 1999.

二、电子文献

［1］Australian Professional Standards for Teachers［EB/OL］.（2011-07-16）［2019-05-16］. https：//www. aitsl. edu. au/docs/default-source/national-policy-framework/australianprofessionalstandardsforteachers. pdf.

［2］Department for Education. Standard for Teachers' Professional Development［EB/OL］.（2016-07-12）［2019-5-25］. https：//www. gov. uk/government/uploads/syste m/.

［3］NBPTS：What Teachers Should Know and Be Able to Do［EB/OL］.（2016-07-16）［2019-06-10］. https：//www. nbpts. org/standards-five-core-propositions/.

［4］CAEP 2018 K-6 Elementary Teacher Preparation Standards［EB/OL］.（2018-08-10）［2019-6-9］. http：//caepnet. org/~/media/Files/caep/standards/2018-caep-k-6-elementary-teacher-prepara. pdf?la=en.

［5］The International Alliance of Leading Institutes（IALEI）. Transforming Teacher Education Redefined Professionals for 21st Century Schools［EB/OL］.（2008-06-01）［2015-12-22］. http：//www. Highered. nysed. gov/NCATECR.

［6］Donald J T. Accelerating America's Leadership in Artificial Intelligence［EB/OL］.（2019-02-11）［2020-05-16］. https：//www. whitehouse. gov/articles/acceleratingAmericas -leadership-in-artificial-intelligence/.

［7］National Science & Technology Council. The National Artificial Intelligence Research and Development Strategic Plan：2019 Update［EB/OL］.（2019-06-21）［2020-05-16］. https：//www. whitehouse. gov/wp-content/uploads/2019/06/National- AIResearch-and-Development-Strategic-Plan-2019-UpdateJune-2019. pdf.

［8］National Science and Technology Council. Preparing for the future of artificial intelligence［EB/OL］.（2020-01-31）［2024-01-05］. https：//Obamawhitehouse. archives. gov/sites/default/files/whitehouse-files/microsites/ostp/NSTC/preparingforthefutureofai. pdf.

［9］Chetty R，Friedman J N，Rockoff J E. The long-term impacts of teachers：Teacher value added and student outcomes in adulthood［EB/OL］.［2024-01-05］. http：//www. uaedreform. org/wp-content/uploads/2013/08/Chetty-2011-NBER-Long-termimpact-of-teacher-value-added. pdf.

［10］PBS Learning Media. Teacher technology usage［EB/OL］.［2024-01-05］. http：//ww. edweek. org/media/teacher techusagesurveyresults. pdf.

［11］Utah State University. National library of virtual manipulatives［EB/OL］.［2024-01-05］. http：//nlvm. usu. edu/en/nav/vlibrary. html.

［12］TEAM Educator Observation From（TENNESSEETEAM）［EB/OL］.（2013-02-01）［2024-01-05］. http//team-tn. org/assets/educator-resources/Example TEAM Educator Observation Form. pdf.

［13］Teacher Preparation Analytics. Building an evidence-based system for teacher preparation［EB/OL］.（2013-09-01）［2019-02-17］. http：//caepnet. org/knowledge-cen ter？page=2.

［14］National Institute for Learning Outcomes Assessment. Providing evidence of student learning：a transparency framework［EB/OL］.（2011-04-25）［2018-11-12］. http：//www. l earning outcomes assessment. org/Transparency Framework. htm.

［15］中华人民共和国教育部.《小学教师专业发展标准（试行）》《中学教师专业发展标准（试行）》http：//www. moe. gov. cn/was5/web/search？channelid=244081&searchword.

［16］中共中央、国务院印发《中国教育现代化2035》［OL］. <http：//wwwmoegovcn/jybx-wfb/s6052/moe-838/201902/t20190223-370857. html>.

［17］教育部. 教育部关于印发《教育信息化2.0行动计划》的通知［OL］. <http：//www. moe. gov. cn/srcsite/A16/s3342/201804/t20180425-334188. html>.

［18］Ilkka T. The impact of artificial intelligence on learning, teaching, and education：policies for the future［R］. EUR：European commission，2018.

［19］Dwyer C A，Millett C M，Payne D G. A culture of evidence：postsecondary assessment and learning outcomes. Recommendations to policymakers and the higher education community［R］. New Jersey：Educational Testing Service，2006.

［20］Millett C M，Stickler L M，Payne D G，et al. A Culture of evidence：critical features of assessments for postsecondary student learning［R］. New Jersey：Educational Testing Service，2007.

［21］Millett C M，Catherine M，et al. A culture of evidence：an evidence-centered approach to accountability for student learning outcomes［R］. New Jersey：Educational Testing Service，2008.

三、期刊论文

［1］张俍，任友群. 教师教育的智能变革何以可能：智能课堂及其意义. 现代远程教育研究［J］. 2018（04）：15-21，33.

［2］黄荣怀，王欢欢，张慕华，等. 面向智能时代的教育社会实验研究［J］. 电化教育研究 2020（10）：5-14.

［3］穆洪华. 教师专业发展研究的现状及趋势［J］. 北京教育学院学报，2012（12）：17-24.

［4］宋广文，魏淑华. 论教师专业发展［J］. 教育研究，2005（07）：71-74.

［5］罗莎莎，靳玉乐. 智能时代教师角色的危机、成因及其应对——基于场景理论的视角［J］. 教师教育研究，2020（03）：53-59.

［6］李政涛. 人工智能时代的人文主义教育宣言［J］. 现代远程教育研究，2017（05）：3-11.

［7］李政涛. 中国需要什么样的国际化［J］. 上海教育科研，2013（06）：1.

［8］底特里希·本纳，李政涛，彭韬. 教育实证研究的"德国视野"与"德国经验"［J］. 华东师范大学学报（教育科学版），2017，35（03）：159-163.

［9］李政涛. 校长的"现场学习领导力"［J］. 中小学管理，2013（03）：4-5.

[10] 李政涛. 当代教育研究的视频与图像转向——兼论视频图像时代的教育理论生产[J]. 华东师范大学学报（教育科学版），2017，35（05）：1-12，159.

[11] 李政涛. 当教师遇上人工智能……[J]. 人民教育，2017（Z3）：20-23.

[12] 田芬. "美国人工智能计划"中的教育使命与策略——基于美国政府2019-2020年系列报告解析[J]. 比较教育研究，2021（03）：15-23.

[13] 李政涛. 什么是"新基础教育"研究[J]. 中国教育学刊，2017（06）：1-5.

[14] 李政涛. 教师如何在课堂中生长？[J]. 中小学管理，2016（07）：31-33.

[15] 李政涛. 重建教师的精神宇宙[J]. 人民教育，2016（13）：77-78.

[16] 李政涛. 重建我们的思维方式[J]. 人民教育，2016（Z1）：43-44.

[17] 李政涛. 赢在中层与发展在中层—校长需要思考的四个"中层问题"[J]. 中小学管理，2013（10）：4-5.

[18] 杨小微. 学校管理创新：以促进学科教学改革与教师发展为旨归[J]. 课程. 教材. 教法，2010，30（01）：30-36.

[19] 文娟，李政涛. 当代教育研究中的全球视野、跨文化能力与中国特色[J]. 全球教育展望，2013，42（07）：43-51.

[20] 李政涛. 现场学习力：教师最重要的学习能力[J]. 人民教育，2012（21）：45-46.

[21] 田贤鹏. 隐私保护与开放共享：人工智能时代的教育数据治理变革[J]. 电化教育研究，2020（05）：33-38.

[22] 谢幼如，黎佳. 智能时代基于深度学习的课堂教学设计[J]. 电化教育研究，2020（05）：73-80.

[23] 郝新宇. 人工智能时代，智能≠万能[J]. 人民教育，2020（08）：8.

[24] 李雅琳，朱德全. 教师专业发展标准的问题研究[J]. 中小学教师培训，2017（12）：1-5.

[25] 朱旭东. 论教师专业发展的理论模型建构[J]. 教育研究，2014，35（06）：81-90.

[26] 张尧，王运武. 机器人赋能未来教育的创新与变革——国际机器人教师研究综述[J]. 开放教育研究，2019，25（06）：83-92.

[27] 孙兴华，薛玥，武丽莎. 未来教师专业发展图像欧盟与美国教师核心素养的启示[J]. 教育科学研究，2019（11）：87-92.

[28] 钟绍春，钟卓，张琢. 人工智能助推教师队伍建设途径与方法研究[J]. 中国电化教育，2021（06）：60-68.

[29] 郭炯，郝建江. 智能时代的教师角色定位及素养框架[J]. 中国电化教育，2021（06）：121-127.

[30] 阮婷婷，黄甫全，曾文婕. 智能化学本评估初探——基于AI教师主讲课堂的试验研究[J]. 教育研究与实验，2021（02）：69-75.

[31] 孙妍. 从"知识图谱"到"人机协同"——论人工智能教育对教师的重塑和挑战[J].

[32] 周月玲，谢泉峰. 人工智能时代教师角色的转变——基于我国教师角色传统表征体系的分析[J]. 教育科学研究，2021（02）：87-92.

[33] 周海军，杨晓宏. 智能时代教师在线学习支持服务的内涵分析与模型构建[J]. 现代远距离教育，2020（06）：17-23.

[34] 邓国民，李云春，朱永海. "人工智能+教育"驱动下的教师知识结构重构——论融入伦理的AIPCEK框架及其发展模式[J]. 远程教育杂志，2021，39（01）：63-73.

[35] 张务农，贾保先，曾强，等. "代具"还是"代替"？人工智能究竟能否取代人类教师的哲学省思[J]. 教师教育研究，202133（01）：14-21.

[36] 叶波，吴定初. 智能时代的教师实践智慧：走向智慧的实践[J]. 教育研究，2020（12）：129-140.

[37] 李栋，杨丽. 课程理解：人工智能时代教师的存在方式[J]. 高等教育研究，2020（12）：67-75.

[38] 曹如军. 人工智能时代教师教育培养目标：坚守与变革[J]. 高教探索，2021（01）：51-56.

[39] 余乃忠. 第七感：人工智能时代人类反思系统的革命. 南京社会科学，2020（05）：36-43.

[40] 蔡乐才，张学敏. 智能教育的挑战与教师的应对策略[J]. 课程. 教材. 教法，202040（12）：131-136.

[41] 柏宏权，王姣阳. 中小学人工智能课程教师胜任力现状与对策研究[J]. 课程. 教材. 教法，2020，40（12）：123-130.

[42] 李栋. 人工智能时代的教师发展：特质定位与行动哲学[J]. 电化教育研究，2020（12）：5-11.

[43] 赵文平. 教师如何应对人工智能技术？——基于技术哲学中"人——技"关系的分析[J]. 教师教育研究，2020，32（06）：33-39.

[44] 刘斌. 人工智能时代教师的智能教育素养探究[J]. 现代教育技术，2020，30（11）：12-18.

[45] 张哲，张梦姣，张蕾，等. 智能教育时代职前教师生涯适应力提升策略研究[J]. 现代远距离教育，2021（03）：71-80.

[46] 王素月，罗生全. 教师整合人工智能的学科教学知识（AI-PACK）建构[J]. 湖南师范大学教育科学学报，2021，20（01）：151-159.

[47] 张曦琳. 智能时代高校教师的身份危机及其重塑[J]. 现代教育技术，2020，30（11）：5-11.

[48] 余碧春，林启法，颜桂炀. 智技术现象学视域下人工智能对教师角色的重塑能时代卓越教师核心素养培育探析[J]. 教师教育研究，2020，32（05）：54-58.

[49] 韦妙，何舟洋. 技术现象学视域下人工智能对教师角色的重塑[J]. 电化教育研究，2020，41（09）：108-114.

[50] 桑国元，王新宇. 人工智能教师何以重塑学校文化[J]. 电化教育研究，2020，41（09）：21-26，47.

[51] 于家杰，刘伟，毛迎新. 人工智能时代教师存在的价值[J]. 现代教育技术，2020，30（07）：21-27.

[52] 陆石彦. 论人工智能时代的教师角色再造[J]. 江苏高教，2020（06）：97-102.

[53] 刘磊，刘瑞. 人工智能时代的教师角色转变：困境与突围——基于海德格尔技术哲学视角[J]. 开放教育研究，2020，26（03）：44-50.

[54] 徐徐，郑秋伟. 人工智能时代思政理论课教师发展的现实与未来[J]. 江苏高教，2020（05）：100-104.

[55] 逯行，沈阳，曾海军，等. 人工智能时代的教师：本体、认识与价值[J]. 电化教育研究，2020，41（04）：21-27.

[56] 李芒，张华阳. 人工智能时代大学教师教学的知行路线[J]. 重庆高教研究，2020，8（02）：25-34.

[57] 吕恺悦，孙众. "人工智能+教师教育"的现状、动态与问题[J]. 现代教育技术，2019，29（11）：114-120.

[58] 李栋. 人工智能时代教师的"行动哲学"[J]. 电化教育研究，2019，40（10）：12-18，34.

[59] 胡伟. 人工智能时代教师的角色困境及行动策略[J]. 现代大学教育，2019（05）：79-84.

[60] 陈雷. "人工智能+教师教育"生态系统的初步探究[J]. 现代教育技术，2019，29（09）：13-18.

[61] 于晓雅. 人工智能视域下教师信息素养内涵解析及提升策略研究[J]. 中国教育学刊，2019（08）：70-75.

[62] 徐鹏. 人工智能时代的教师专业发展—访美国俄勒冈州立大学玛格丽特·尼斯教授[J]. 开放教育研究，2019，25（04）：4-9.

[63] 吕恺悦，施智平，孙众. 人工智能时代下的教师教育发展—"2019人工智能+教师教育国际研讨会"在北京举行[J]. 现代教育技术，2019，29（07）：1.

[64] 牟智佳，高雨婷，武法提. 基于证据的教师增值评价：走向智能时代的教学效能评测[J]. 电化教育研究，2022（05）：17-25.

[65] 郝建江，郭炯. 智能技术赋能教师的内在逻辑纾解—基于技术现象学的视角[J]. 远程教育杂志，2022（04）：75-81.

[66] 蔡慧英，尹欢欢，陈明选. 哪些因素影响教师使用数字教育资源？—透视智能时代我国教育信息化建设与发展[J]. 电化教育研究，2019，40（07）：60-69.

[67] 蔡慧英,谢作如,李渔迎,等.创客教育教师准备好了吗—智能时代创客教师知识发展的影响因素探析[J].远程教育杂志,2019,37(03):86-94.

[68] 杨绪辉,沈书生.教师与人工智能技术关系的新释—基于技术现象学"人性结构"的视角[J].电化教育研究,2019,40(05):12-17.

[69] 张哲,陈晓慧,秦鹏晰,等.教师应用智能技术教学影响因素元分析[J].现代远距离教育,2019(02):3-13.

[70] 朱永海,刘慧,李云文,等.智能教育时代下人机协同智能层级结构及教师职业形态新图景[J].电化教育研究,2019,40(01):104-112,120.

[71] 顾小清,舒杭,白雪梅.智能时代的教师工具:唤醒学习设计工具的数据智能[J].开放教育研究,2018,24(05):64-72.

[72] 李栋.人工智能时代教师专业发展特质的新定位[J].中国教育学刊,2018(09):87-95.

[73] 范国睿.智能时代的教师角色[J].教育发展研究,2018,38(10):69-74.

[74] 陶佳.基于社交学习的教师网络学习共同体之构建——兼论面向智能时代的教师网络学习共同体[J].远程教育杂志,2018,36(02):87-95.

[75] 温洁.人工智能技术的发展与教师职业的未来[J].教育理论与实践,2018,38(08):35-36.

[76] 余胜泉.人工智能教师的未来角色[J].开放教育研究,2018,24(01):16-28.

[77] 郝兆杰,潘林.高校教师翻转课堂教学胜任力模型构建研究——兼及"人工智能+"背景下的教学新思考[J].远程教育杂志,2017,35(06):66-75.

[78] 刘清堂,贺黎鸣,吴林静,等.智能时代的教育文本挖掘模型与应用[J].现代远程教育研究,2020(05):95-103.

[79] 冯晓英,林世员,骆舒寒,等.教师培训助力教师专业成长提质增效——基于国培项目的年度比较研究[J].中国电化教育,2021(07):128-135.

[80] 王永固,聂瑕,王会军,等."互联网+"名师工作室促进乡村教师专业发展:机制与策略[J].中国电化教育,2020(10):106-114.

[81] 徐升国.大数据与人工智能时代的学术著作评价体系建设[J].现代出版,2020(05):44-51.

[82] 范洁,张志丹.人工智能时代意识形态工作面临的机遇与挑战[J].南通大学学报(社会科学版),2020(05):1-8.

[83] 安富海.人工智能时代的教学论研究:聚焦深度学习[J].西北师大学报(社会科学版),2020,57(05):119-126.

[84] 陈明选,来智玲.智能时代教学范式的转型与重构[J].现代远程教育研究,2020(04):19-26.

[85] 孙伟平,伏志强.智能时代教育公正问题探析[J].湖北大学学报(哲学社会科学版),

2020（04）：25-31.

[86] 李欣琪，张学新. 人工智能时代的个性化推荐[J]. 上海对外经贸大学学报，2020（04）：90-99.

[87] 刘丙利，胡钦晓. 人工智能时代的教育寻求[J]. 中国电化教育，2020（07）：91-96.

[88] 余小红. 人工智能时代如何培育"新师范"人才[J]. 黑龙江高教研究，2020（07）：24-28.

[89] 高丽. 人工智能时代我国基础教育的现实挑战及路径选择[J]. 当代教育科学，2020（06）：86-91.

[90] 黄荣怀，杨俊锋，刘德建，等. 智能时代的国际教育比较研究：基于深度探究的迭代方法[J]. 中国电化教育，2020（07）：1-9.

[91] 孙立会，王晓倩. 智能时代下信息技术与课程整合的解蔽与重塑——课程论视角[J]. 河北师范大学学报（教育科学版），2020（04）：118-124.

[92] 赵熙敏，李丽. 人工智能时代教育的认知、变革与发展[J]. 广西社会科学，2020（06）：173-177.

[93] 季卫东. 数据、隐私以及人工智能时代的宪法创新[J]. 南大法学，2020（01）：1-12.

[94] 武汉大学国家发展战略研究院智库团队人工智能与职业教育转型研究课题组. 人工智能时代职业教育转型的路径选择[J]. 教育研究，2020（06）：115-124.

[95] 孙婧，骆婧雅，王颖. 人工智能时代反思教学的本质——基于批判教育学的视角[J]. 中国电化教育，2020（06）：16-21.

[96] 高国希. 人工智能时代的教育责任[J]. 复旦教育论坛，2020（03）：1.

[97] 刘湘丽. 人工智能时代的工作变化、能力需求与培养[J]. 新疆师范大学学报（哲学社会科学版），2020（04）：97-108.

[98] 邓国民. 智能时代教育研究的认识论变革与方法论转变[J]. 现代教育技术，2020（05）：26-32.

[99] 余亮，魏华燕，弓潇然. 论人工智能时代学习方式及其学习资源特征[J]. 电化教育研究，2020（04）：28-34.

[100] 史加祥. 人工智能时代背景下小学科学教育的变革与坚守[J]. 课程.教材.教法，2020（04）：120-125.

[101] 马景林，韩露，翟建华.《中学教师专业标准》"落地"的学校实践[J]. 中国教育学刊，2021（04）：103.

[102] 李永智，赵孟笛. 上海教师教育创新：以"专业学校"撬动全域教师发展[J]. 中小学管理，2020（11）：11-14.

[103] 张蕊. 让学校成为教师专业发展的生命场[J]. 中小学管理，2020（09）：57-59.

[104] 张丽文，郭凤敏，曲琳. 指向教师专业发展的学校组织变革[J]. 现代教育管理，2020（03）：65-70.

[105] 周彬. 学校教师队伍治理：理论建构与运作策略[J]. 教师教育研究, 2020, 32（02）: 13-19.

[106] 杜媛, 孙颖. 普通学校教师融合教育专业素养提升路径的分析及启示[J]. 残疾人研究, 2019（03）: 71-79.

[107] 杨清. 学校教研组活动的改进策略[J]. 中国教育学刊, 2019（02）: 92-97.

[108] 张兆芹, 刘紫馨. 学校教师学习共同体研究热点和趋势预判研究[J]. 教育理论与实践, 2018, 38（23）: 28-30.

[109] 金焕芝. 基于测评数据聚焦教师发展的学校改进之路[J]. 中国教育学刊, 2018（S1）: 33-36.

[110] 范涌峰, 宋乃庆. 学校特色发展测评模型构建研究[J]. 华东师范大学学报（教育科学版）, 2018, 36（02）: 68-78, 155-156.

[111] 万恒, 石青群. 生涯视域下教师个性化专业发展：现状与问题——基于五所初中学校的实证研究[J]. 教师教育研究, 2018, 30（02）: 64-71.

[112] 王阿习, 宋佳宸, 牛双红, 等. 互联网时代的芬兰教师专业发展：从学科教师到新型学校社区的设计者——访芬兰赫尔辛基大学教师教育专家Hannele Niemi教授[J]. 中国电化教育, 2018（01）: 126-132.

[113] 赵炬明, 高筱卉. 赋能教师：大学教学学术与教师发展——美国以学生为中心本科教学改革研究之七[J]. 高等工程教育研究, 2020（03）: 17-36, 42.

[114] 王双龙. 教师自我意识与学校支持氛围对教师专业发展的影响研究[J]. 教育科学研究, 2017（11）: 74-78.

[115] 张亮. "需求-目标-激励"一体化学校管理策略研究[J]. 山东师范大学学报（人文社会科学版）, 2017, 62（04）: 139-146.

[116] 毕妍, 雷军, 王国明. 论美国贫困学校教师激励策略：论争、改进与省思[J]. 外国教育研究, 2017, 44（07）: 72-84.

[117] 操太圣, 卢乃桂. 教师赋权增能：内涵、意义与策略[J]. 课程. 教材. 教法, 2006（10）.

[118] 凌云志, 邬志辉. 基于核心素养的农村学校改进的思维方式[J]. 教育理论与实践, 2017, 37（20）: 3-6.

[119] 陈慧娟, 李凌艳, 田俊. 以学校教育教学自我诊断促进教师自主发展[J]. 教育科学, 2017, 33（02）: 41-46.

[120] 杨帆, 许庆豫. 教师对学校环境的感知与专业发展[J]. 教育学报, 2017, 13（01）: 82-92.

[121] 刘录护. 科层制学校中教师职业发展的民族志研究——兼对教师专业发展研究的反思与比较[J]. 学术研究, 2017（02）: 49-58.

[122] 赵可云, 黄雪娇, 杨鑫. 信息化背景下教师专业发展学校（PDS）的新趋向与实现路径

[J]．现代远距离教育，2016（06）：51-57．

[123] 希尔伯特·迈尔，迈纳特·A·迈尔，林凌．21世纪初德国学校教育的新发展与挑战[J]．全球教育展望，2016，45（10）：3-10，20．

[124] 李素芹，胡惠玲．基于U-G-S协同模式的教师发展学校设计[J]．教育研究与实验，2016（04）：35-39．

[125] 裴淼，朱旭东，毛菊．论学校场域下教师学习数字实验室的构建[J]．教育研究与实验，2016（01）：59-64．

[126] 萨丽·托马斯，彭文蓉，李建忠．学校增值表现与教师专业发展关联性探析[J]．教育研究，2015，36（07）：64-72．

[127] 王牧华，全晓洁．论教师促进学校课程改革内源发展的机制与策略[J]．课程．教材．教法，2015，35（07）：29-36．

[128] 胡伟，张茂聪．基于改进学校办学成果的评价——兼论OECD的教师评价政策[J]．中国高教研究，2015（04）：80-85．

[129] 魏柳英，王敬，于伟．"教师回忆学校教育经历"的教师发展课程研究：基于近20年13项西方项目的分析[J]．外国教育研究，2015，42（04）：86-95．

[130] 刘要悟，何金花，杨锋．特岗教师专业发展状况——来自湖南省永兴县农村学校的调查[J]．教师教育研究，2015，27（02）：67-70．

[131] 余凯，张华礼．通过基于团队合作的教学诊断提升学校教学领导力——以北京市N中学为例[J]．教育科学研究，2014（11）：16-21，41．

[132] 周建华．学校本位教师专业发展研究[J]．教育研究与实验，2014（04）：15-21．

[133] 唐江澎．学科建设，决定学校的教育高度[J]．人民教育，2014（13）：12-18．

[134] 林昕．21世纪技能与教师专业发展——西雅图公立学校的逐步拓展框架体系[J]．外国中小学教育，2014（05）：39-43．

[135] 赵可云，陈武成，何克抗．混合式教师专业发展学校（B-PDS）的思考与实践[J]．电化教育研究，2014，35（05）：97-102．

[136] 彼得·特文宁，菲奥纳·亨利，彭一为，等．加强英国学校的"信息通信技术教学"：Vital项目启示[J]．中国远程教育，2013（12）：20-33，95．

[137] 王智超．学校改进活动中校长与教师转型的实现——基于分布式领导思想的思考[J]．现代教育管理，2013（11）：45-49．

[138] 赵可云，李兴保，苫雨．教师专业发展学校（PDS）研究现状分析及信息化趋势思考[J]．中国电化教育，2013（11）：25-29．

[139] 张伟萍．基于学校董事会制度的高职教师专业发展路径研究[J]．浙江大学学报（人文社会科学版），2013，43（06）：51．

[140] 潘海燕．以教师专业发展学校为载体，提升实践课实效[J]．中国高等教育，2013（20）：57-58．

[141] 王玉国, 李洪玲. "美国的选择"学校设计实践及启示[J]. 外国教育研究, 2013, 40(07): 3-10.

[142] 周坤亮. 指向教师专业发展的学校组织变革[J]. 教育理论与实践, 2013, 33(19): 28-31.

[143] 周成海. 教师专业发展范式转移及其在学校管理层面的应对[J]. 教育理论与实践, 2013, 33(19): 36-39.

[144] 江苏省南京市秦淮区教师进修学校. 以教师专业发展为本[J]. 上海教育科研, 2013(06): 98.

[145] 陈法宝. 近十年来我国教师专业发展学校研究述评[J]. 上海教育科研, 2013(04): 23-26.

[146] 胡庆芳. 上海市中小学教师专业发展学校的功能定位及实践特色[J]. 教育理论与实践, 2013, 33(04): 25-28.

[147] 夏雪梅. 新优质学校走向哪里: 基于43所学校变革路径的分析[J]. 上海教育科研, 2013(01): 10-14.

[148] 冯喜明. 校长如何引领学校发展[J]. 中国教育学刊, 2012(S2): 110-111.

[149] 黄晶榕, 林智中. 学校与大学伙伴协作推动教师专业发展的反思[J]. 教育发展研究, 2012, 32(22): 42-48.

[150] 林伦伦, 黄景忠. 教师专业发展学校的建设原则与运作模式[J]. 教育评论, 2012(04): 54-56.

[151] 林浩亮. 教师专业发展学校与教师教育改革[J]. 教育评论, 2012(04): 57-59.

[152] 杨玉东, 宓莹, 刘汝敏. 基于学校制度的教师专业发展目标管理[J]. 中国教育学刊, 2012(06): 69-73.

[153] 谢翌, 张治平. 学校课程领导实践的反思与重建[J]. 教育科学研究, 2012(05): 44-51.

[154] 吕敏霞. 美国专业发展学校评价研究[J]. 外国中小学教育, 2012(04): 29-35.

[155] 石长地, 郭玲. 刍议师德在学校德育工作中的价值呈现[J]. 中国教育学刊, 2012(02): 71-73.

[156] 郑东辉. 学校本位教师专业发展的内涵解读[J]. 教育发展研究, 2011, 33(18): 57-62, 72.

[157] 王少非. 教师专业发展: 学校的能为和应为[J]. 教育发展研究, 2011, 33(18): 63-66.

[158] 崔允漷. 学校本位教师专业发展: 框架及其意义[J]. 教育发展研究, 2011, 33(18): 67-72.

[159] 柯政. 学校本位教师专业发展的立论基础[J]. 全球教育展望, 2011, 40(09): 37-43.

[160] 薄官昌. 特色文化建设: 提升学校办学境界的关键[J]. 中国教育学刊, 2011(S2): 40-42.

[161] 尹小敏. 大学与中小学合作: 教师专业发展学校的质量保证 [J]. 教育科学, 2011, 27 (04): 26-29.

[162] 王中男, 崔允漷. 教师专业发展为什么要学校本位——情境学习理论的视角 [J]. 上海教育科研, 2011 (07): 10-14.

[163] 胡惠闵, 汪明帅. 美国教师专业发展学校与教育实习改革的经验与启示 [J]. 全球教育展望, 2011, 40 (07): 49-53.

[164] 汪颖. "农远"项目学校TELSC学习共同体的构建 [J]. 中国电化教育, 2011 (07): 53-58.

[165] 张志峰. 学校"去行政化"与教师队伍专业化建设探析 [J]. 中国教育学刊, 2011 (05): 29-31.

[166] 赵桂霞. 学校的生命力在于教师的成长 [J]. 人民教育, 2011 (08): 10.

[167] 刘秀江, 张琦. 大学与中小学合作: 教师发展学校建设的现象学探析 [J]. 教育科学研究, 2011 (03): 16-19.

[168] 向祎. 青年教师是学校发展的希望——青年教师培养之实践 [J]. 民族教育研究, 2010, 21 (S1): 28-30.

[169] 艾宪宝. 教师专业化发展途径探析——以泰安市第一实验学校为例 [J]. 中国教育学刊, 2010 (S2): 77-80.

[170] 赵复查. 教师专业发展学校本土实践的价值反思 [J]. 教育评论, 2010 (06).

[171] 黄晶榕, 林智中. 学校与大学伙伴协作推动教师专业发展的反思 [J]. 教育发展研究, 2012, 32 (22): 42-48.

[172] 邓志伟, 周勇. 教师专业发展学校实践范式研究 [J]. 教育发展研究, 2010, 30 (24): 66-71.

[173] 孙炳海, 叶志雄, 李伟健, 等. 读书会与学校读书会: 对教师专业发展的意义 [J]. 教师教育研究, 2010, 22 (06): 48-52.

[174] 李长吉, 张文娟. 教师专业发展学校研究述评 [J]. 教育科学研究, 2010, (11): 63-65, 69.

[175] 持续学习助教师专业发展——北京市第十一中学学习型学校建设侧记 [J]. 教育科学研究, 2010 (10): 81.

[176] 瞿卫星. 差异均衡视域下的区域性学校发展 [J]. 人民教育, 2010 (18): 25-26.

[177] 刘光余, 邵佳明. 构建基于受援学校的教师专业发展机制——教师轮岗制度的政策趋向探析 [J]. 中国教育学刊, 2010 (09): 19-22.

[178] 傅玉蓉, 单新涛, 付新民. 促进教师合作的学校管理变革 [J]. 当代教育科学, 2010 (15): 41-43.

[179] 周俊. 障碍与超越: 美国学校专业学习共同体研究 [J]. 中国教育学刊, 2010 (07): 81-84.

[180] 高居二. 论学校教研共同体的构建 [J]. 当代教育科学, 2010 (12): 54.

[181] 胡艳, 邹学红. 美国教师专业发展学校标准评析 [J]. 教师教育研究, 2010, 22 (03): 76-80.

[182] 张东娇. 三方协作同盟: 学校发展新主张 [J]. 中国教育学刊, 2010 (04): 66-69.

[183] 胡艳. 美国教师专业发展学校述评 [J]. 中国教育学刊, 2010 (03): 65-68.

[184] 易森林. 教师专业发展学校对我国教师教育的启示 [J]. 教育探索, 2010 (01): 109-111.

[185] 程晋宽. 试论校长的课程领导角色与学校改进策略 [J]. 外国中小学教育, 2009 (11): 17-22.

[186] 黄嘉莉, 叶碧欣, 桑国元. 场域理论视角下民族地区教师专业发展的影响因素研究——基于多层线性模型的分析 [J]. 教育研究与实验, 2021 (01): 75-80.

[187] 许涛, 禹昱, 郭强. 2016年美国国家教育技术计划解读之教学篇——技术赋能的教师 [J]. 现代教育技术, 2016, 26 (10): 18-23.

[188] 谢笠, 戚业国. 建立校际教师专业发展联盟的实践与思考——以贵州新学校计划教师专业发展联盟为例 [J]. 教师教育研究, 2009, 21 (05): 46-51.

[189] 经柏龙. 美国教师专业发展学校ABC [J]. 教育科学, 2008 (05): 81-86.

[190] 王艳玲, 刘军, 苟顺明. 美国专业发展学校: 教师教育制度创新的范例 [J]. 教师教育研究, 2009 (05): 75-80.

[191] 林岚, 汪明帅. 教师专业发展背景下学校教研组改进构想 [J]. 教育科学研究, 2009 (08): 72-75.

[192] 宁虹. 教师教育: 教师专业意识品质的养成——教师发展学校的理论建设 [J]. 教育研究, 2009 (07): 74-80.

[193] 汤轶辉, 周跃良. 教师专业发展的新视野: "学校群"策略 [J]. 现代教育技术, 2009 (06): 19-22.

[194] 宋萑, 胡艳, 袁丽. 北京市中小学学校组织文化的现状调查 [J]. 教师教育研究, 2009, 21 (03): 43, 56-61.

[195] 王银燕. 构建多元化教师团队 促进学校可持续发展 [J]. 上海教育科研, 2009 (02): 72-74.

[196] 斯日古楞. 教师的幸福感——促进教师专业发展的有效学校文化 [J]. 前沿, 2009 (01): 194-196.

[197] 陈雨亭, 张斌. 深化教师专业发展 促进学校改革提升——以山东济南历城第二中学为例 [J]. 中国教育学刊, 2008 (12): 56-58.

[198] 李娟. 基于哈格里夫斯教师文化观的远程研修教师文化的探析 [J]. 当代教育科学, 2017 (05): 72-74.

[199] 喻浩. 美国专业发展学校 (PDS) 评介及其对我国教师教育的启示 [J]. 外国教育研究,

2008（07）：65-68.

[200] 张宝贵，翟艳. 校本教研的学校文化视阈［J］. 教育发展研究，2008（12）：29-33.

[201] 武龙宝. 以优质的管理服务促进学校发展［J］. 教育发展研究，2008（12）：79-81.

[202] 黄甫全. 让学校成为学习的天堂——校本学习研究引论［J］. 教育发展研究，2008（10）：37-42.

[203] 杨骞. 教师发展的学校责任与实践模式［J］. 教育研究，2008（04）：95-98，109.

[204] 宁莹莹. 英国教师专业发展标准的形成、特点及启示［J］. 教学与管理，2018（21）：119-121.

[205] 戴少娟，许明. 英国大学教师专业发展标准述评［J］. 福建师范大学学报（哲学社会科学版），2014（05）：146-153.

[206] 方勤华，吕松涛，杨贞贞，张硕. 农村小学数学教师专业发展状况与学习需求分析［J］. 数学教育学报，2019，28（02）：35-40.

[207] 王越. 外语教师专业标准与教师专业发展研究—评《外语教师专业标准研究》［J］. 教育发展研究，2015，35（24）：2.

[208] 杨斌.《幼儿园教师专业标准》视域下农村转岗幼儿教师专业发展研究［J］. 中国成人教育，2016（13）：152-154.

[209] 梁泉宝，胡继飞. 澳大利亚教师专业发展标准：框架、实施与启示［J］. 课程教学研究，2018（04）：43-48.

[210] 于文聪. 教师领导力的角色转变及其路径探寻［J］. 教学与管理，2018（18）：48-50.

[211] 朱旭东. 对教师专业标准的若干问题思考［J］. 中国教师，2012（13）：20-22.

[212] 黄友初. 教师专业素养：内涵、构成要素与提升路径［J］. 教育科学，2019，35（03）：27-34.

[213] 王竹立. 面向智能时代的知识观与学习观新论［J］. 远程教育杂志，2017，35（03）：3-10.

[214] 伍海云，范涌峰. 变与不变：人工智能时代教师专业能力重构［J］. 教育评论，2020（02）：108-114.

[215] 杨宗凯，吴砥. 人工智能促进教育创新［J］. 西部大开发，2019（04）：32-33.

[216] 张忠华，朱梅玲. 关于教师专业发展几个问题的思考［J］. 教育科学研究，2015（05）：70-74.

[217] 王嘉毅，程岭. 哈贝马斯交往理论对促进教师职业发展的启示［J］. 教育理论与实践，2014，34（13）：43-46.

[218] 靳玉乐，尹弘飚. 教学本质特殊交往说论析［J］. 教育理论与实践，2001（10）：35-40.

[219] 苗学杰，秦妍. 欧盟教师核心素养框架及其培育路径探析［J］. 外国教育研究，2020（07）：18-30.

[220] 孙杰，程晋宽. 共享、协作与重构：国外教师领导力研究新动向［J］. 外国教育研究，

2020，47（01）：103-115.

[221] 谷亚. 人工智能时代教师的职责坚守与角色转换［J］. 教学与管理，2019（15）：1-3.

[222] 马玉玺，李萍，李丽娟. 中考改革如何为教育教学赋能——对山西中考命题改革效能的调研分析［J］. 人民教育，2019（02）：49-55.

[223] 张云洁，唐玉光. 以合作为基础的教师专业发展［J］. 济南教育学院学报，2004（04）：25-30.

[224] 卢乃桂，钟亚妮. 国际视野中的教师专业发展［J］. 比较教育研究，2006（02）：71-76.

[225] 杨宗凯，吴砥，陈敏. 新兴技术助力教育生态重构［J］. 中国电化教育，2019（02）：1-5.

[226] 林秀清，杨现民，李怡斐. 中小学教师数据素养评价指标体系构建［J］. 中国远程教育，2020（02）：49-56，75，77.

[227] 宋萑. 校本学校改善与教师专业发展——为了教育质量提升之教师专业发展［J］. 教育发展研究，2006（14）：25-30.

[228] 田莉. 教师赋权增能视野下的学校改进：内涵及策略［J］. 教育理论与实践，2014，34（11）：3-5.

[229] 冯大鸣，刘胜男. 指向人工智能与教育深度融合的学校领导变革［J］. 中国教育学刊，2020（10）.

[230] 杨欣. AI时代的未来学校：机遇、形态与特征［J］. 中国电化教育，2021（02）：36-42，67.

[231] 周坤亮. 指向教师专发展的学校组织变革［J］. 教育理论与实践，2013（19）.

[232] 徐伯钧. 教科研训一体化：县域教师发展中心的功能融合［J］. 教育理论与实践，2015（11）.

[233] 徐伯钧. 我国中小学教研组建设研究述评［J］. 教育研究，2016（09）：73-82.

[234] 卢乃桂，陈峥. 赋权予教师：教师专业发展中的教师领导［J］. 教师教育研究，2007（04）：1-5.

[235] 张猛猛. 反思：初任校长领导力提升的关键——以《一个小学校长的日记》为中心的考察［J］. 教育理论与实践，2018，38（26）：6-9.

[236] 徐红，董泽芳. 改善我国教师专业发展机制的八大建议［J］. 教育研究与实验，2019（03）：55-60.

[237] 崔允漷，郑东辉. 论指向专业发展的教师合作［J］. 教育研究，2008（06）：78-83.

[238] 陈霜叶，卢乃桂. 大学知识的组织化形式：大学本科专业及其设置的四个分析维度［J］. 北京大学教育评论，2006（4）：18-28.

[239] 张优良，尚俊杰. 人工智能时代的教师角色再造［J］. 清华大学教育研究，2019（04）：39-45.

[240] 郑蕊. 人工智能的限度及教师的超越［J］. 当代教育科学，2019（10）：14-18.

[241] 邓满. 教育人工智能背景下高职教师职业价值变迁与角色重塑[J]. 职教论坛, 2019（07）: 93-97.

[242] 何钊哲. 高校音乐教师如何应对人工智能时代的到来——评《人工智能时代的教育革命》[J]. 中国科技论文, 2019, 14（07）: 825.

[243] 彭锻华, 刘春景. 智能时代, 如何保持教师的"专业性"[J]. 人民教育, 2019（12）: 47-48.

[244] 王晓鹏, 朱成科. 人工智能时代教师的角色危机、思维转换与实践路径[J]. 教学与管理, 2019（12）: 51-53.

[245] 赵德卿, 杨翠霞. 基于多元智能理论的设计类专业教师教学能力研究[J]. 职业技术教育, 2018, 39（26）: 55-58.

[246] 田间, 毛伟, 赵清芳. 多元学习共同体: 人工智能时代的教师发展道路[J]. 人民教育, 2018（Z2）: 85-88.

[247] 张瑞, 周芳. 基于智能移动终端的教师培训评价的实践架构[J]. 教育探索, 2016（12）: 97-100.

[248] 程岭. 智慧教育进程中教师教学反思智能模型设计研究[J]. 现代远距离教育, 2016（01）: 44-51.

[249] 王晓萍. 应用型人才智能结构与地方高校教师教学质量的评价[J]. 求索, 2015（07）: 188-192.

[250] 北京师范大学教师荣获第四届吴文俊人工智能科学技术创新奖一等奖[J]. 北京师范大学学报（自然科学版）, 2014, 50（06）: 594.

[251] 吴振利. 提高内省智能促进中小学教师专业发展——来自《名师成长轨迹访谈录》的启示[J]. 教育理论与实践, 2014, 34（14）: 27-29.

[252] 熊瑛. 从多元智能角度论美术教师教育中的职业素养形成[J]. 湖南科技大学学报（社会科学版）, 2010, 13（06）: 155-158.

[253] 赵慧勤, 孙波. 基于虚拟智能体技术的具有情感支持的三维虚拟教师的研究[J]. 中国电化教育, 2010（11）: 117-123.

[254] 柯登地. 论教师发展的智能系统与动力系统[J]. 教育发展研究, 2009, 28（Z2）: 49-54.

[255] AVA智能录播系统成功应用于"第八届全国中学物理青年教师教学大赛"[J]. 中国电化教育, 2009（01）: 116.

[256] 黄梅. 论智能时代体育教师的角色定位及其与心理品质的接轨[J]. 教育与职业, 2008（18）: 127-129.

[257] 吴振利. 提高教师人际关系智能, 促进教师专业发展[J]. 教育探索, 2008（01）: 97-98.

[258] 张玲. 对教师科学借鉴多元智能理论的思考[J]. 教学与管理, 2007（06）: 50-51.

[259] 王晓萍. 应用型人才智能结构与地方高校教师教学质量的评价[J]. 求索, 2015（07）: 188-192.

[260] 马莉, 程国忠, 张勇强. 智能教师代理在网络学习中的应用[J]. 现代远距离教育, 2006（02）: 62-64.

[261] 徐亚辉. 多元智能: 呼唤教师行为变化[J]. 教育理论与实践, 2004（18）: 29-30.

[262] 杨晓梦. 链接、赋能与重塑: 新时代教师的全专业发展——来自"第三届全国教师专业发展学术会议"的声音[J]. 中小学管理, 2019（03）: 41-43.

[263] 刘奕. 多元智能视野下的教师专业发展[J]. 当代教育科学, 2004（09）: 48-49.

[264] 郑智勇, 宋乃庆. 新时代基础教育增值评价的三重逻辑[J]. 教育发展研究, 2021, 41（10）: 1-7, 17.

[265] 殷蕾. 高职院校教师培训效果的评估研究[D]. 北京科技大学, 2019.

[266] 郑旭东. 面向我国中小学教师的数字胜任力模型构建及应用研究[D]. 华东师范大学, 2019.

[267] 雷励华. 技术扩散背景下教师专业发展生态研究[D]. 华中师范大学, 2017.

[268] 阮士桂. 促进信息技术教师课堂数据应用的策略研究[D]. 东北师范大学, 2017.

[269] 张静. 融合信息技术的教师知识发展研究[D]. 华中师范大学, 2014.

[270] 马欣研. 中小学教师信息素养研究[D]. 华东师范大学, 2019.

[271] 吴传刚. 我国现行中小学教师专业标准改进研究[D]. 哈尔滨师范大学, 2019.

[272] 孟翀. 整合技术视角下小学语文教师教学反思的影响因素研究[D]. 东北师范大学, 2021.

[273] 沈中宇. 面向教师教育的数学知识研究[D]. 华东师范大学, 2021.

[274] 李铁绳. 我国教师教育专业化演进及其逻辑研究[D]. 陕西师范大学, 2019.

[275] 曲茜茜. 区域内教师信息技术应用能力均衡发展的精准化路径与机制研究[D]. 东北师范大学, 2018.

[276] 刘胜男. 教师专业学习影响因素及其作用机制研究[D]. 华东师范大学, 2016.

[277] 张晓莉. 美国教师教育中大学与中小学合作的体制与机制研究[D]. 东北师范大学, 2013.

[278] 朱德友. 高校教师激励机制研究[D]. 武汉大学, 2010.

[279] 刘光余. 教师教学效能的生成机制研究[D]. 西南大学, 2009.

[280] 陈静静. 教师实践性知识及其生成机制研究[D]. 华东师范大学, 2009.

[281] 张立新. 教师实践性知识形成机制研究[D]. 上海师范大学, 2008.

[282] Guskey T R. What makes professional development effective?[J]. Phi Delta Kappan, 2003, 84（10）: 748-750.

[283] Shulman L S. Those who understand: Knowledge in Teaching[J]. Educational Researcher. 1986, 15（1）: 4-14.

［284］Hoyle E. The professionalization of teachers: A paradox［J］. British Journal of Educational Studies, 1982, 30（2）: 161-171.

［285］Evans L. What is teacher development?［J］. Oxford Review of Education, 2002, 28（1）: 123-137.

［286］Pindler J. Developing Teachers: The Challenges of Lifelong Learning［J］. Journal of Education for Teaching, 2000.

［287］Avalos B. Teacher Professional Development in Teaching and Teacher Education over Ten Years［J］. Teaching and Teacher Education, 2011, 27（1）: 10-20.

［288］Kirsten N. A systematic research review of teachers' professional development as a policy instrument［J］. Educational Research Review, 2020（31）: 100366.

［289］Labone E, Long J. Features of effective professional learning: a case study of the implementation of a system-based professional learning model［J］. Professional Development in Education, 2016, 42（1）: 54-77.

［290］Akiba M, Liang G. Effects of teacher professional learning activities on student achievement growth［J］. The Journal of Educational Research, 2016, 109（1）: 99-110.

［291］Lipowsky F, Rzejak D. Key Features of Effective Professional Development Programmes for Teachers［J］. Research and Innovation in Education, 2015, 7（2）: 27-51.

［292］Polly D, McGee J, Wang C, et al. Linking professional development, teacher outcomes, and student achievement: The case of a learner-centered mathematics program for elementary school teachers［J］. International Journal of Educational Research, 2015（72）: 26-37.

［293］Mislevy R J, Haertel G D. Implications of evidence - centered design for educational testing［J］. Educational Measurement: Issues and Practice, 2006, 25（4）: 6-20.

［294］Kafai Y B, Desai S, Peppler K A, et al. Mentoring partnerships in a community technology centre: A constructionist approach for fostering equitable service learning［J］. Mentoring & Tutoring: Partnership in Learning, 2008, 16（2）: 191-205.

［295］York-Barr J, Duke K. What do we know about teacher leadership? Findings from two decades of scholarship［J］. Review of Educational Research, 2004, 74（3）: 255-316.

［296］Prawat R S. Conversations with self and conversations with setting: a framework for thinking about teacher empowerment［J］. American Educational Research Journal, 1991（28）.

［297］Marks H M, Louis K S. Does teacher empowerment affect the classroom? The implications of teacher empowerment for instructional practice and student academic performance［J］. Educational Evaluation and Policy Analysis, 1997, 19（3）: 245-275.

［298］Mitchell V W. The Delphi technique: An exposition and application［J］. Technology Analysis & Strategic Management, 1991, 3（4）: 333-358.

［299］De Jong L, Meirink J, Admiraal W. School-based teacher collaboration: Different learning opportunities across various contexts［J］. Teaching and Teacher Education, 2019（86）: 102925.

［300］Binet A, Simon T. New methods for the diagnosis of the intellectual level of subnormals［J］. L'annee Psychologique, 1916（12）: 191-244.

［301］Sternberg R J. Successful intelligence: Finding a balance［J］. Trends in Cognitive Sciences, 1999, 3（11）: 436-442.

［302］Gottfredson L S. Mainstream science on intelligence: An editorial with 52 signatories, history, and bibliography［J］. Intelligence, 1997, 24（1）: 13-23.

［303］Rivkin S G, Hanushek E A, Kain J F. Teachers, schools, and academic achievement［J］. Econometrica, 2005, 73（2）: 417-458.

［304］Rowan B, Correnti R, Miller R. What large-scale survey research tells us about teacher effects on student achievement: Insights from the prospects study of elementary schools［J］. Teachers College Record, 2002（8）: 1525-1567.

［305］Nye B, Konstantopoulos S, Hedges L V. How large are teacher effects?［J］. Educational Evaluation and Policy Analysis, 2004, 26（3）: 237-257.

［306］De Jong L, Meirink J, Admiraal W. School-based teacher collaboration: Different learning opportunities across various contexts［J］. Teaching and Teacher Education, 2019（86）: 102-925.

［307］Edwards C, Edwards A, Spence P R, et al. teacher: using artificial intelligence（AI）and social robots in communication and instruction［J］. Communication Education, 2018, 67（4）: 473-480.

［308］Ambler T B. The day-to-day work of primary school teachers: a source of professional learning［J］. Professional Development in Education, 2016, 42（2）: 276-289.

［309］Pain K. The effect of key features of high quality professional development on student achievement in reading and mathematics［D］. University of St. Francis, 2015.